# ATTACK ON TITAN
## NO REGRETS



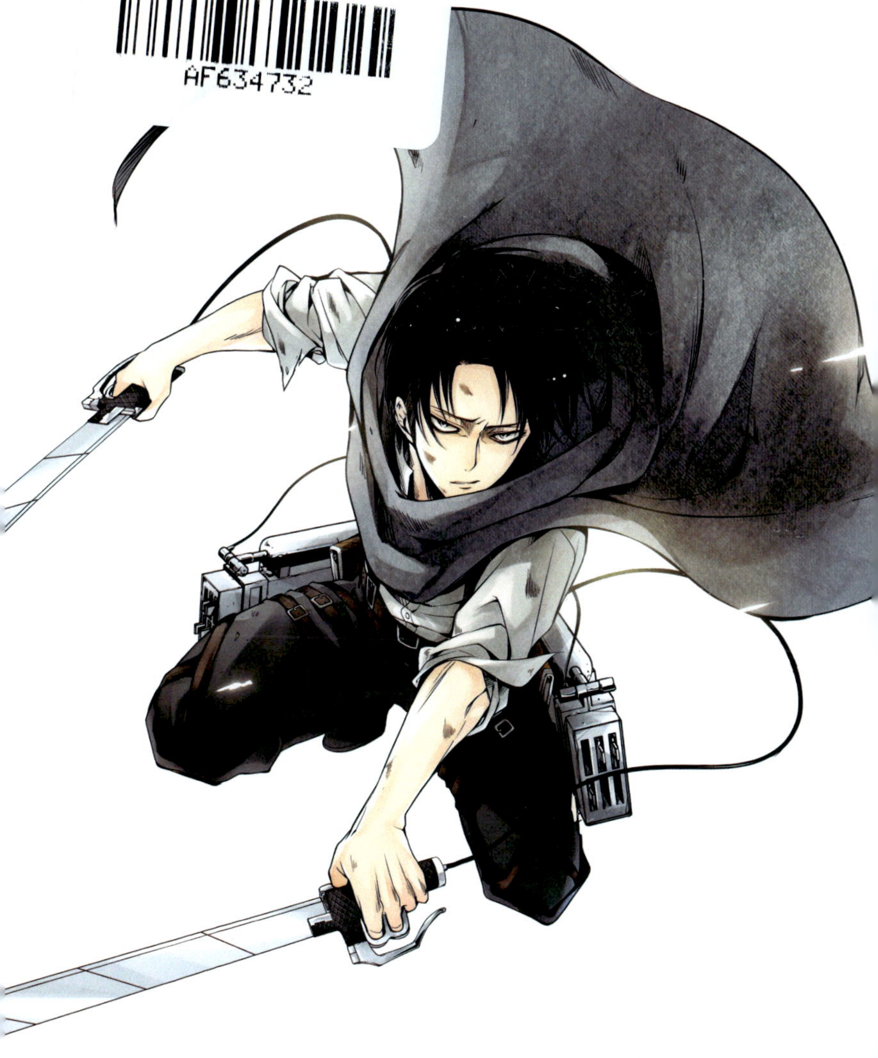

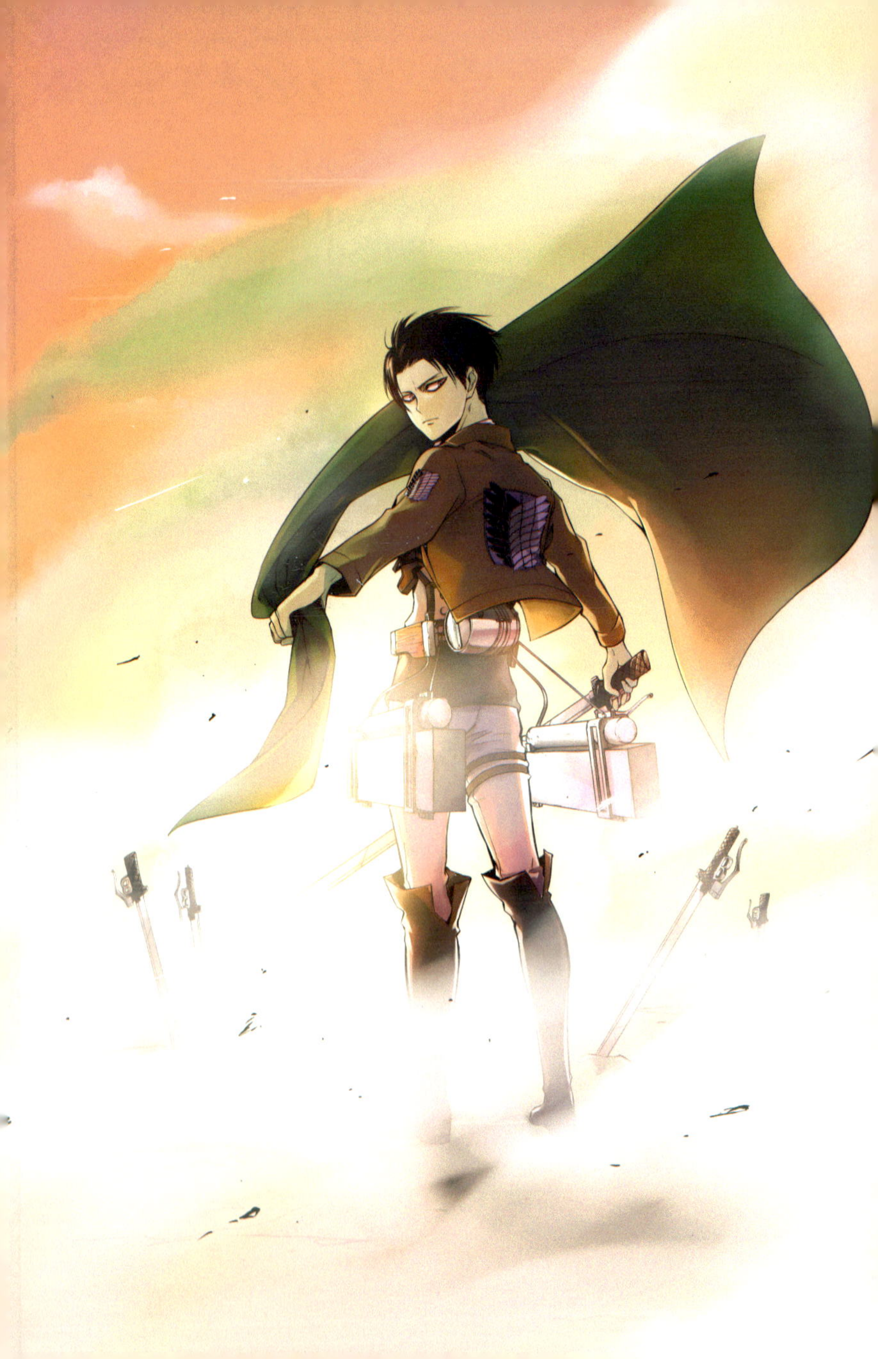

# ATTACK ON TITAN
## NO REGRETS

2

CARLSEN MANGA!

# INHALTSVERZEICHNIS



ATTACK ON TITAN

NO REGRETS

# Die Charaktere

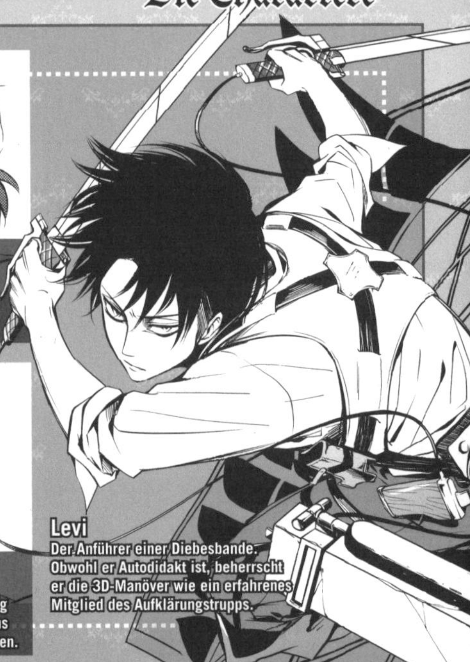

**Levi**
Der Anführer einer Diebesbande. Obwohl er Autodidakt ist, beherrscht er die 3D-Manöver wie ein erfahrenes Mitglied des Aufklärungstrupps.

## Die Gefährten aus der Unterwelt

**Isabel**
Sie hat eine große Begabung für 3D-Manöver und himmelt Levi an wie einen großen Bruder.

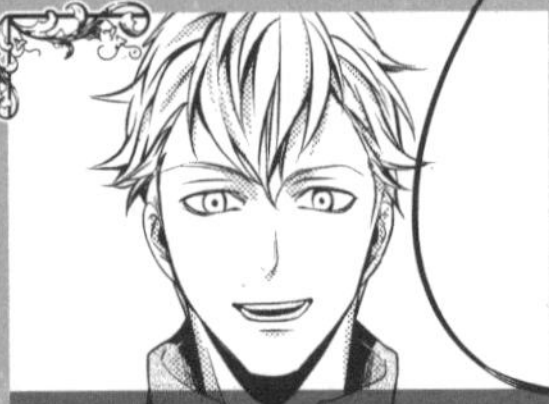

**Furlan**
Levis gelassener Kumpel ist ehrgeizig und sucht für seinen »Plan« in Erwins Umgebung nach wichtigen Dokumenten.

## Der Aufklärungstrupp

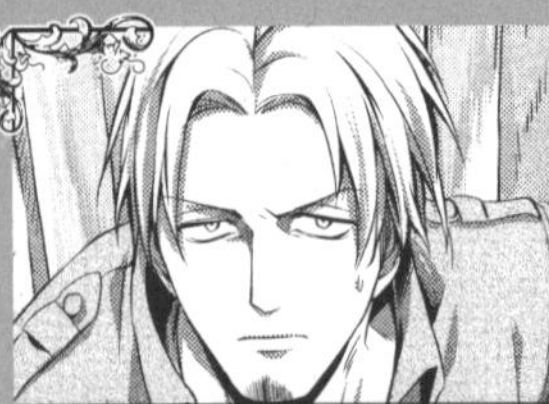

**Fragon Darlett**
Abteilungsführer und Befehlshaber der Abteilung, der Levi, Furlan und Isabel angehören.

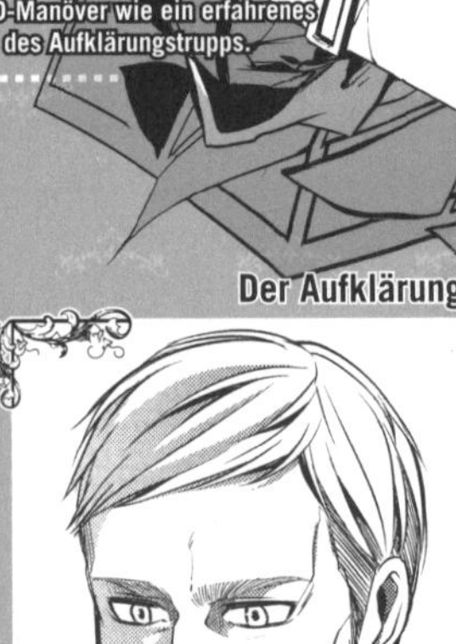

**Erwin Smith**
Ein junger Abteilungsführer des Aufklärungstrupps. Sein Interesse gilt Levi, weil er ein ganz bestimmtes Ziel verfolgt.

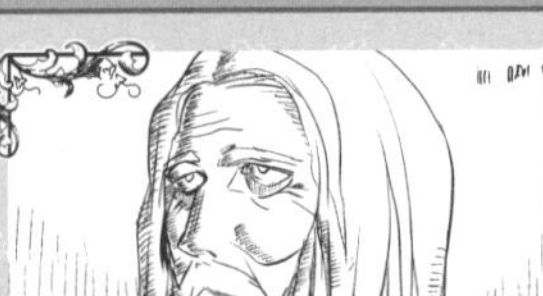

**Nicholas Lobov**
Ein Senatsabgeordneter und Gegner der Expeditionen ins Titanengebiet. Er beauftragt Levi und die anderen mit einer besonderen »Mission«.

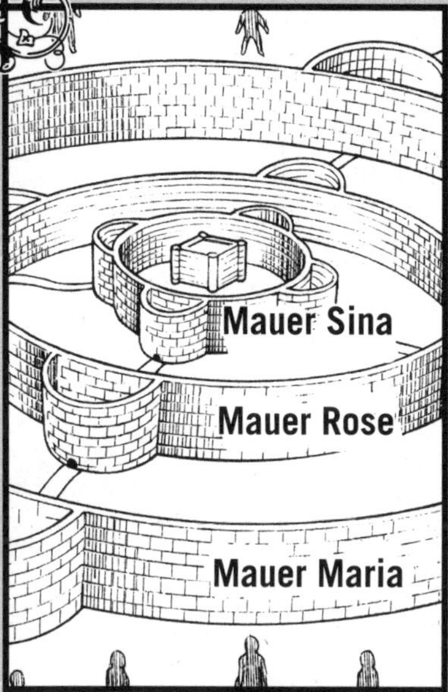


**Wir schreiben das Jahr 844.**

Durch das Auftauchen der Titanen musste die Menschheit sich in den Schutz dreier Mauern zurückziehen. Im Zentrum dieses Gebietes befindet sich die königliche Hauptstadt, unter deren prächtiger Oberfläche sich eine unterirdische Stadt erstreckt, in der die Armen und Ausgestoßenen ihr Dasein fristen.

Eines Tages wird Levis dreiköpfige, mit 3D-Manöver-Ausrüstungen operierende Diebesbande von Erwin und anderen Mitgliedern des Aufklärungstrupps festgenommen und vor die Wahl gestellt: Wenn sie nicht für ihre Verbrechen bestraft werden wollen, müssen sie dem Aufklärungstrupp beitreten.

Die drei lassen sich zunächst auf den Deal ein, und als Levi schwört, Erwin bei erstbester Gelegenheit zu töten, ermahnt Furlan ihn, den »Plan« im Auge zu behalten und damit noch zu warten. Levi denkt über seine Worte nach und beschließt, seinem Freund zu vertrauen.

Einige Monate nachdem Levi und die anderen dem Aufklärungstrupp beigetreten sind, rücken sie zu einer Expedition aus. Auf ihrem ersten Trip ins Gebiet jenseits der Mauern erblicken sie die große, weite Welt – und Titanen. Als sie auf einen Abnormen stoßen, dem mehrere ihrer Kameraden zum Opfer fallen, bringt Levi den Titanen mit einem atemberaubenden 3D-Manöver zu Fall. Sein direkter Vorgesetzter Fragon ist perplex, während Erwin innerlich vor Freude jubelt.

**Wohin werden Levis und Erwins Absichten die beiden wohl führen? Und was erwartet sie auf der Expedition ins Titanengebiet?!**

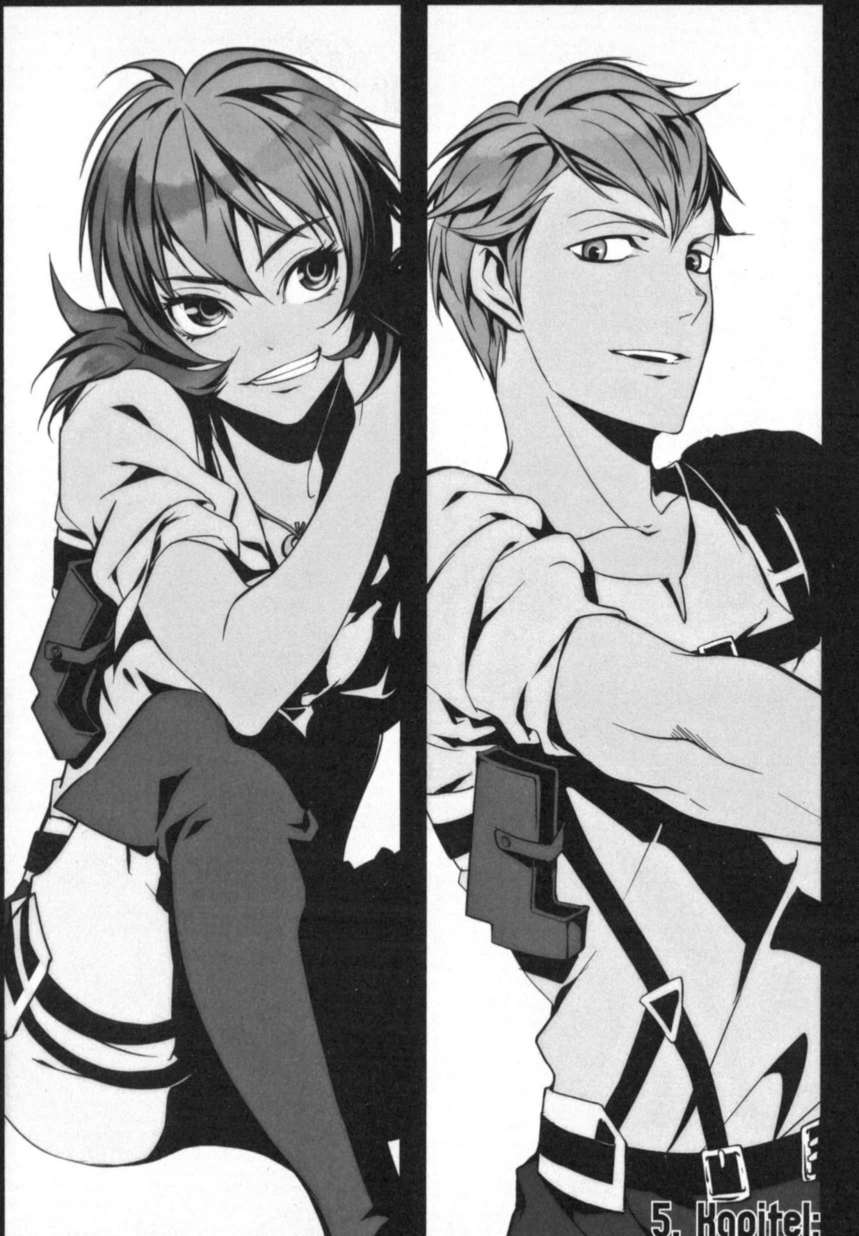

# 5. Kapitel: Mit ganzem Herzen

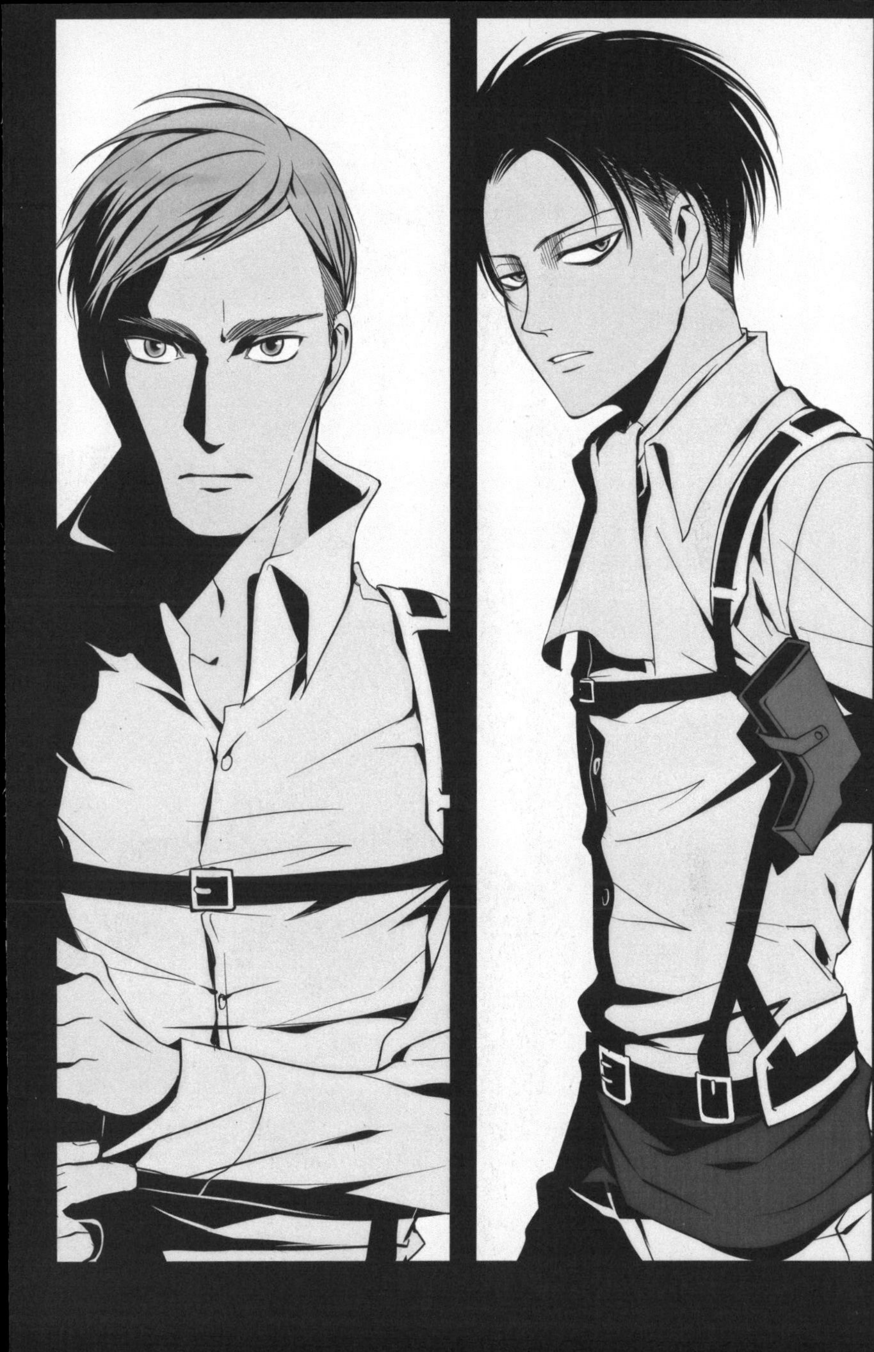

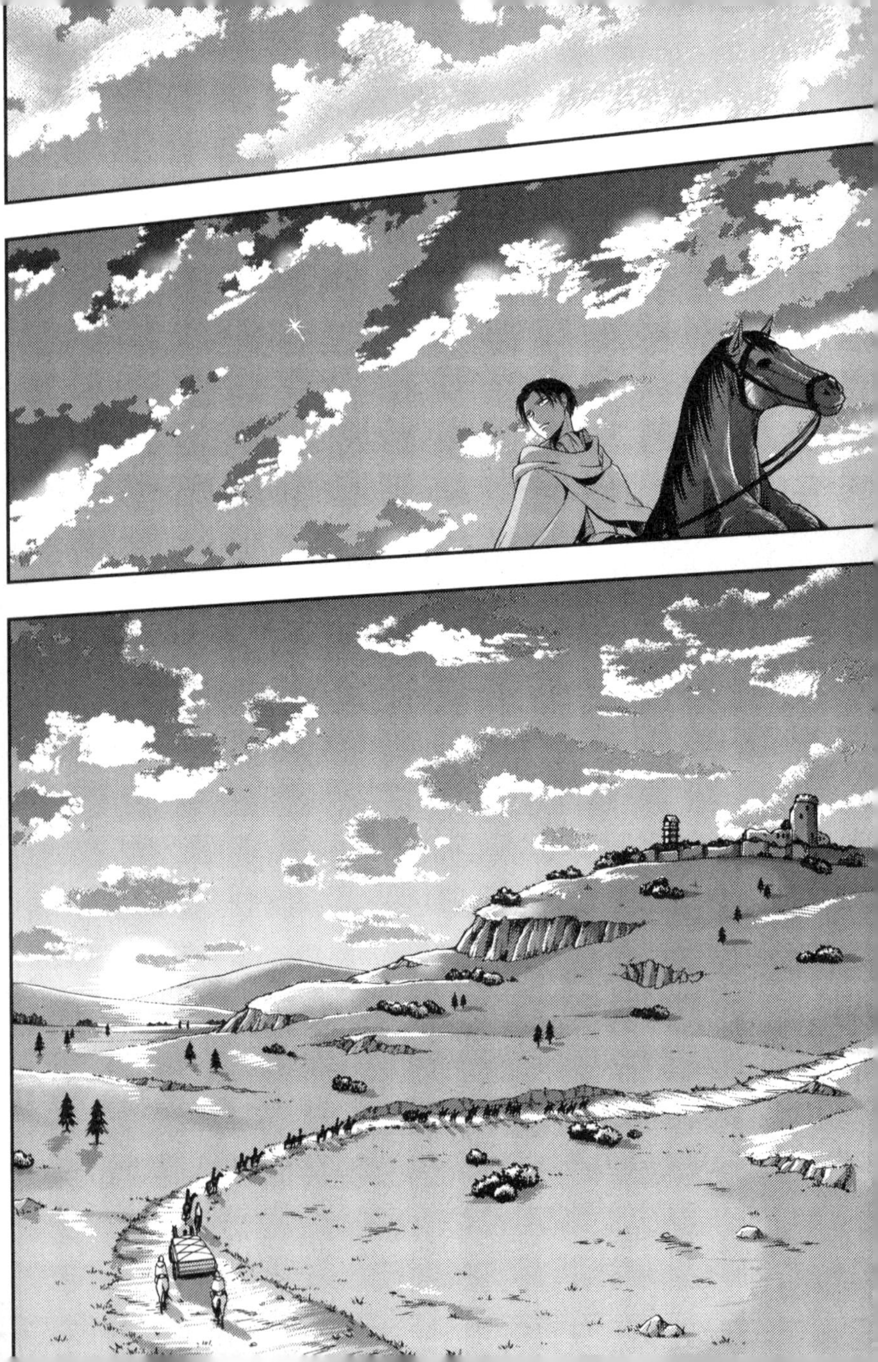

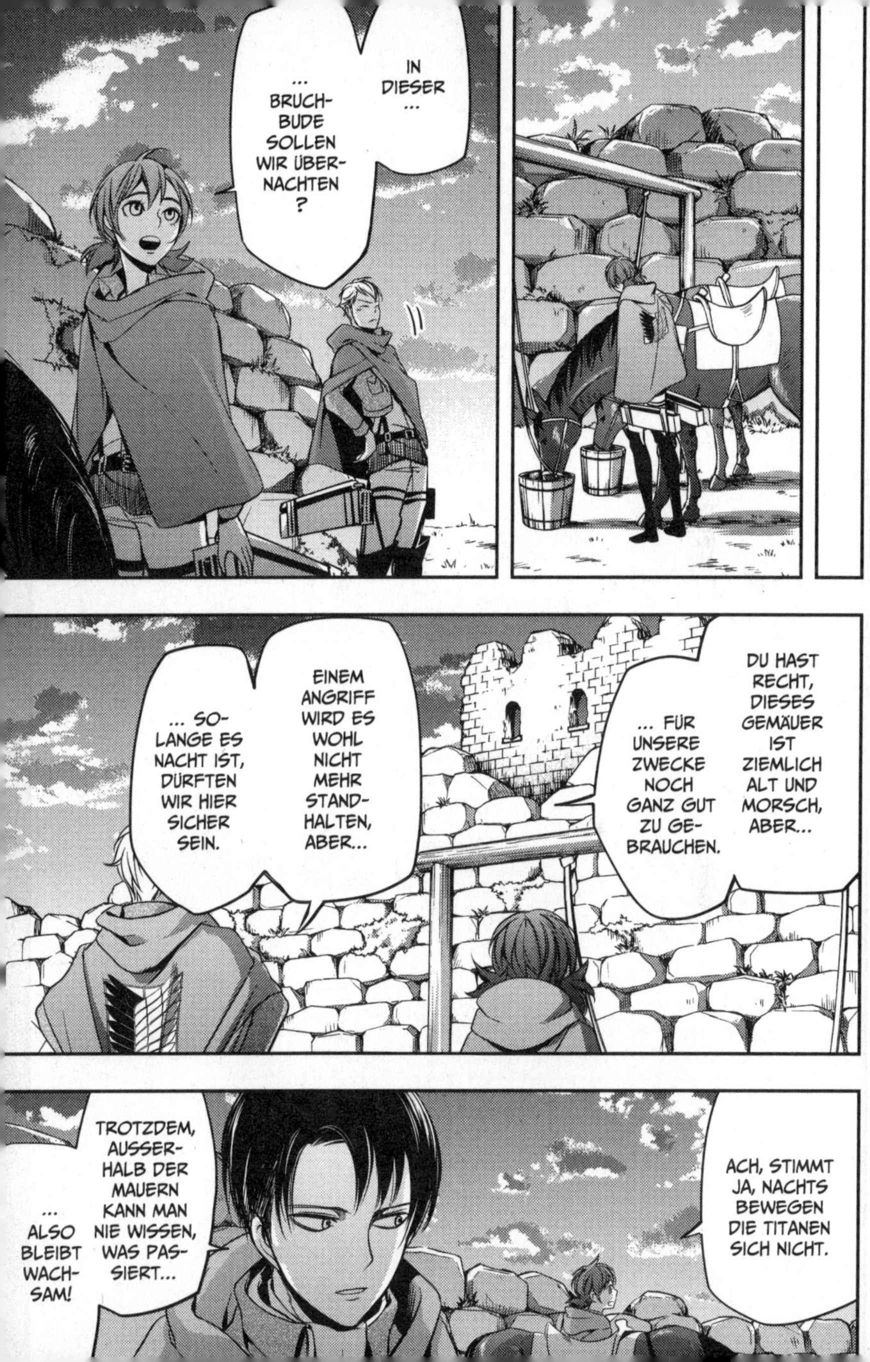
IN DIESER ...
... BRUCHBUDE SOLLEN WIR ÜBERNACHTEN?
DU HAST RECHT, DIESES GEMÄUER IST ZIEMLICH ALT UND MORSCH, ABER...
... FÜR UNSERE ZWECKE NOCH GANZ GUT ZU GEBRAUCHEN.
EINEM ANGRIFF WIRD ES WOHL NICHT MEHR STANDHALTEN, ABER...
... SOLANGE ES NACHT IST, DÜRFTEN WIR HIER SICHER SEIN.
ACH, STIMMT JA, NACHTS BEWEGEN DIE TITANEN SICH NICHT.
TROTZDEM, AUSSERHALB DER MAUERN KANN MAN NIE WISSEN, WAS PASSIERT...
... ALSO BLEIBT WACHSAM!

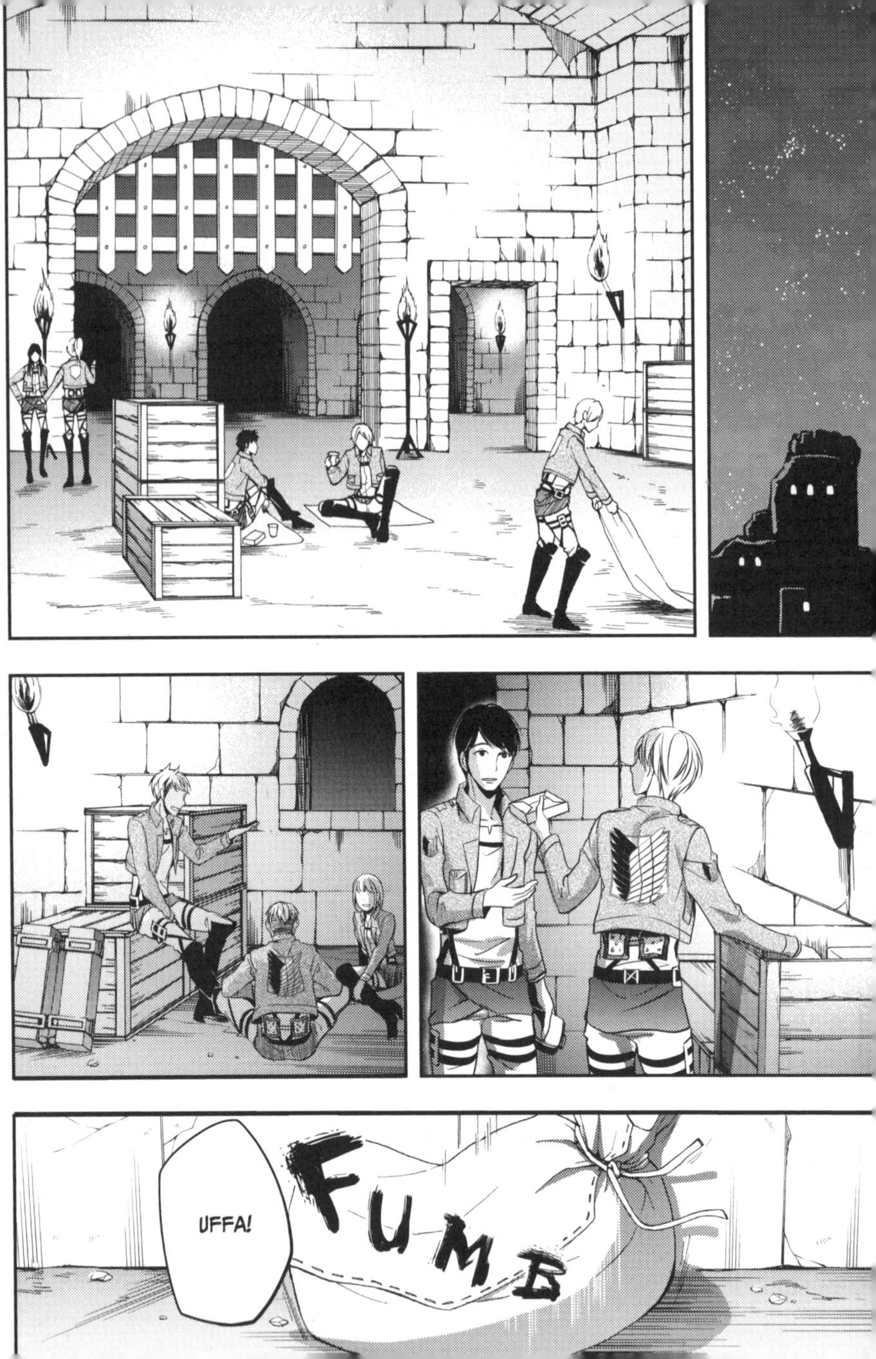
UFFA!
FUMB

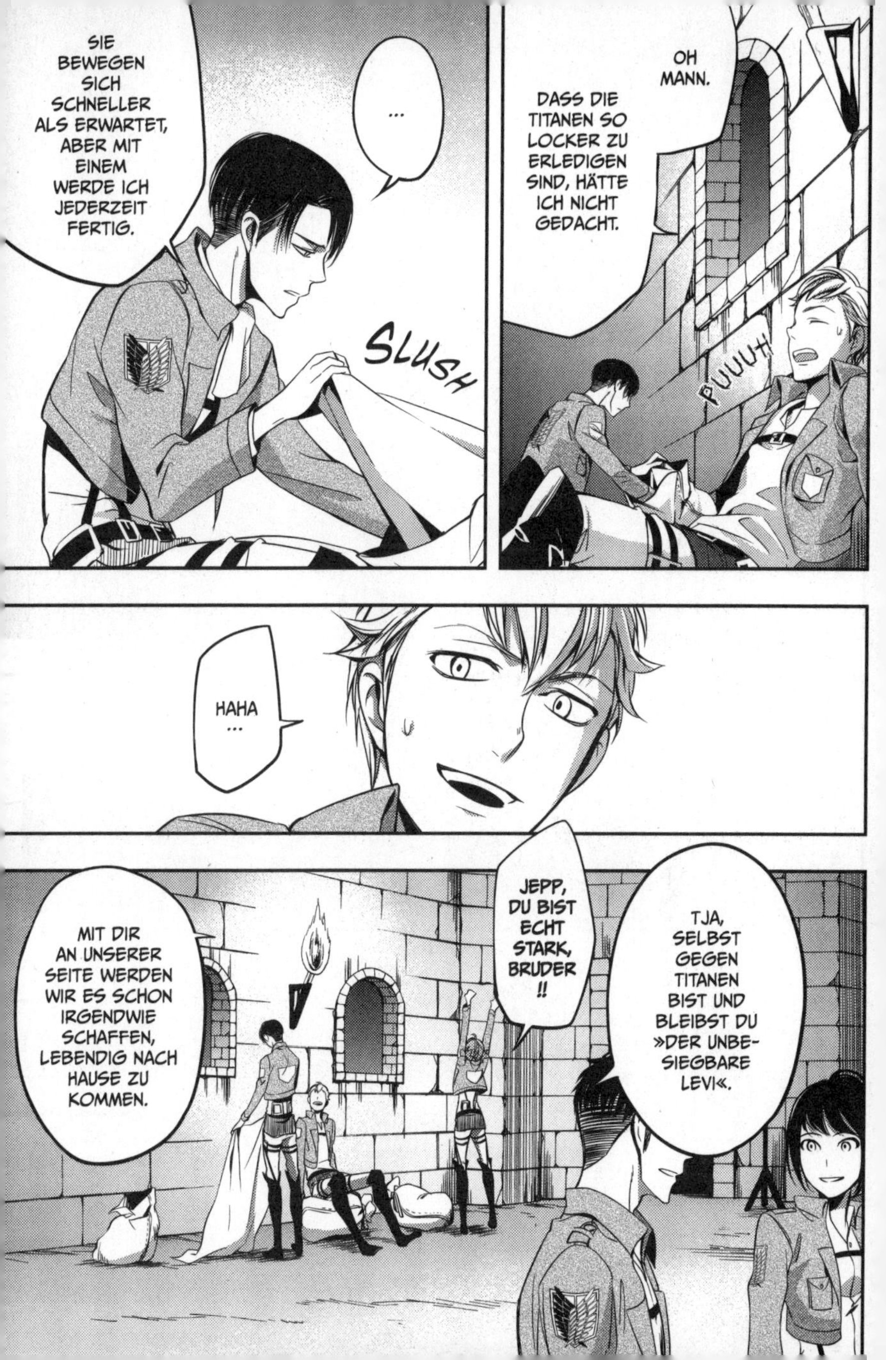
OH MANN.
DASS DIE TITANEN SO LOCKER ZU ERLEDIGEN SIND, HÄTTE ICH NICHT GEDACHT.
PUUUH
...
SIE BEWEGEN SICH SCHNELLER ALS ERWARTET, ABER MIT EINEM WERDE ICH JEDERZEIT FERTIG.
SLUSH
HAHA ...
TJA, SELBST GEGEN TITANEN BIST UND BLEIBST DU »DER UNBE-SIEGBARE LEVI«.
JEPP, DU BIST ECHT STARK, BRUDER !!
MIT DIR AN UNSERER SEITE WERDEN WIR ES SCHON IRGENDWIE SCHAFFEN, LEBENDIG NACH HAUSE ZU KOMMEN.

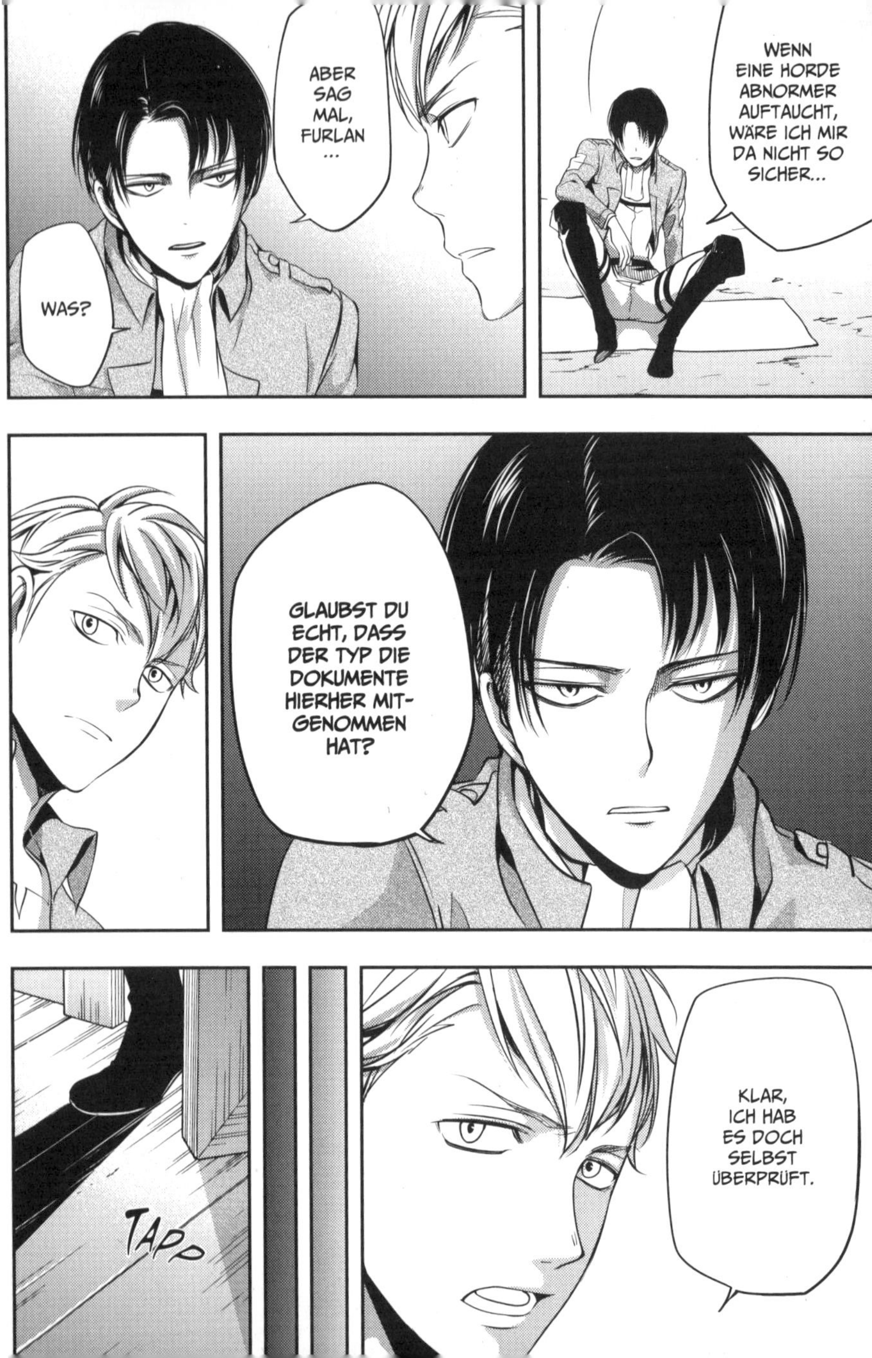
WENN EINE HORDE ABNORMER AUFTAUCHT, WÄRE ICH MIR DA NICHT SO SICHER...
ABER SAG MAL, FURLAN ...
WAS?
GLAUBST DU ECHT, DASS DER TYP DIE DOKUMENTE HIERHER MIT-GENOMMEN HAT?
KLAR, ICH HAB ES DOCH SELBST ÜBERPRÜFT.
TAPP

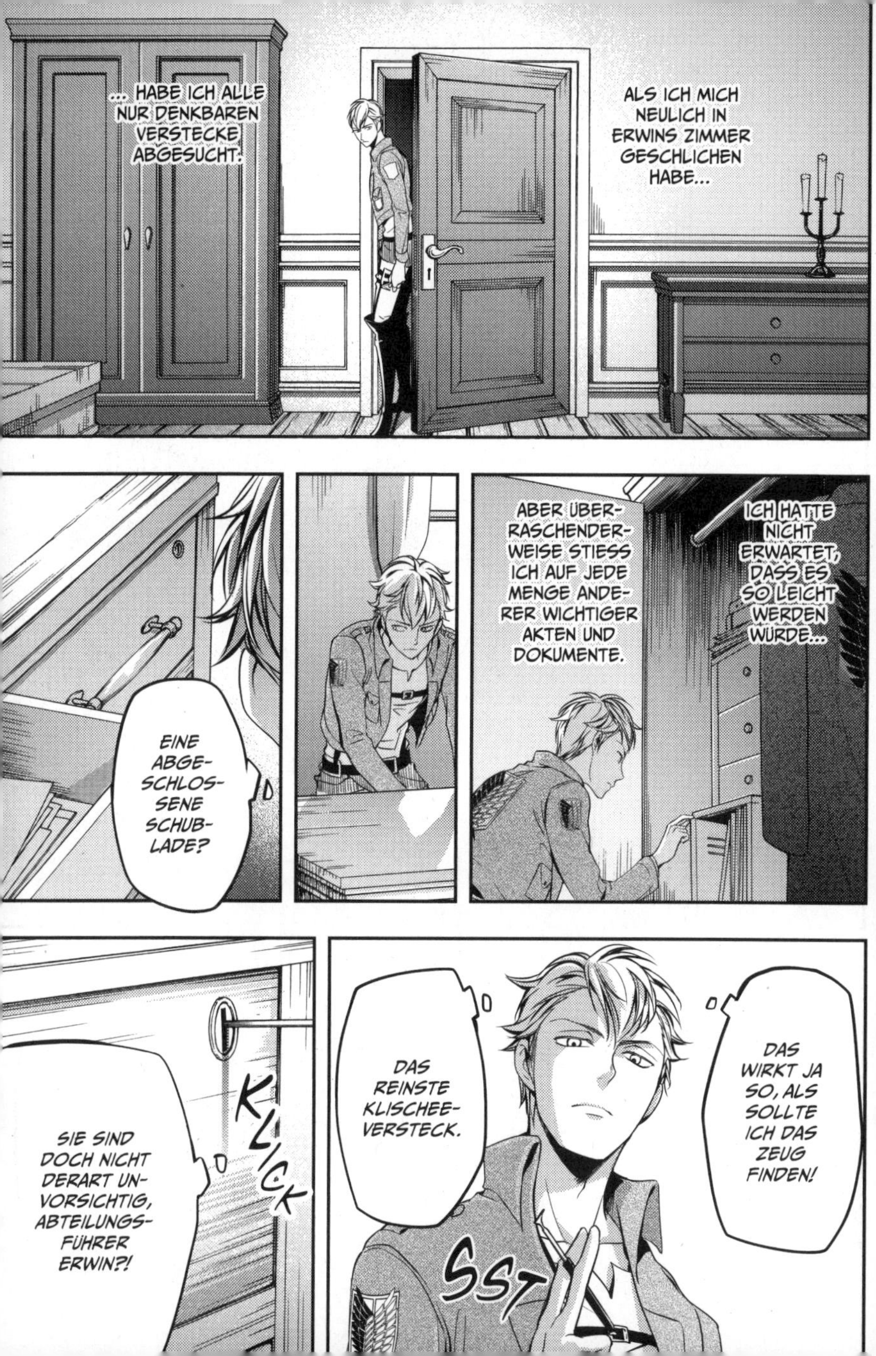
ALS ICH MICH NEULICH IN ERWINS ZIMMER GESCHLICHEN HABE...
... HABE ICH ALLE NUR DENKBAREN VERSTECKE ABGESUCHT.
ICH HATTE NICHT ERWARTET, DASS ES SO LEICHT WERDEN WÜRDE...
ABER ÜBERRASCHENDERWEISE STIESS ICH AUF JEDE MENGE ANDERER WICHTIGER AKTEN UND DOKUMENTE.
EINE ABGESCHLOSSENE SCHUBLADE?
DAS WIRKT JA SO, ALS SOLLTE ICH DAS ZEUG FINDEN!
DAS REINSTE KLISCHEEVERSTECK.
SST
KLICK
SIE SIND DOCH NICHT DERART UNVORSICHTIG, ABTEILUNGSFÜHRER ERWIN?!

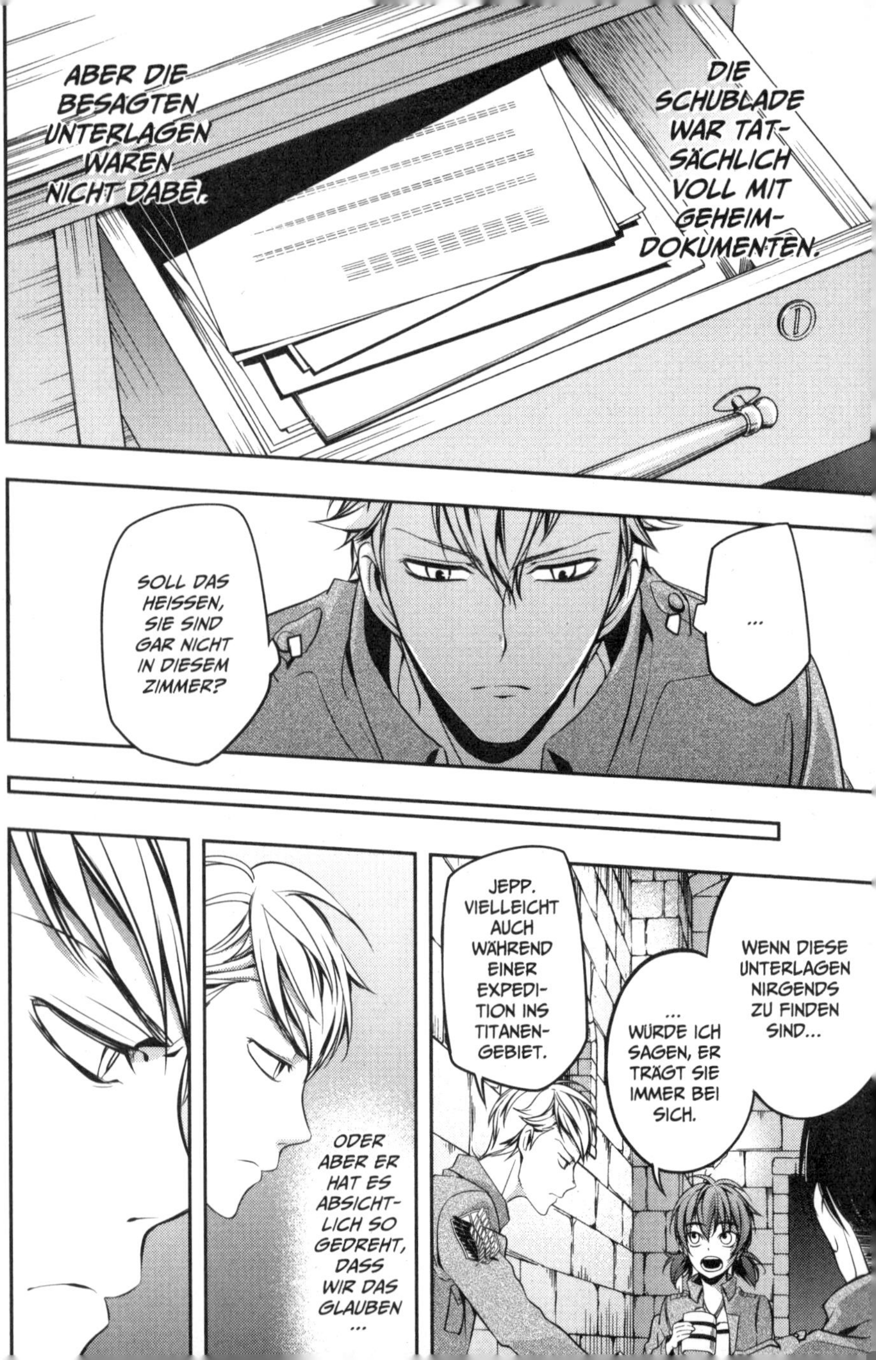
DIE SCHUBLADE WAR TATSÄCHLICH VOLL MIT GEHEIMDOKUMENTEN.
ABER DIE BESAGTEN UNTERLAGEN WAREN NICHT DABEI.
...
SOLL DAS HEISSEN, SIE SIND GAR NICHT IN DIESEM ZIMMER?
WENN DIESE UNTERLAGEN NIRGENDS ZU FINDEN SIND...
... WÜRDE ICH SAGEN, ER TRÄGT SIE IMMER BEI SICH.
JEPP. VIELLEICHT AUCH WÄHREND EINER EXPEDITION INS TITANENGEBIET.
ODER ABER ER HAT ES ABSICHTLICH SO GEDREHT, DASS WIR DAS GLAUBEN ...

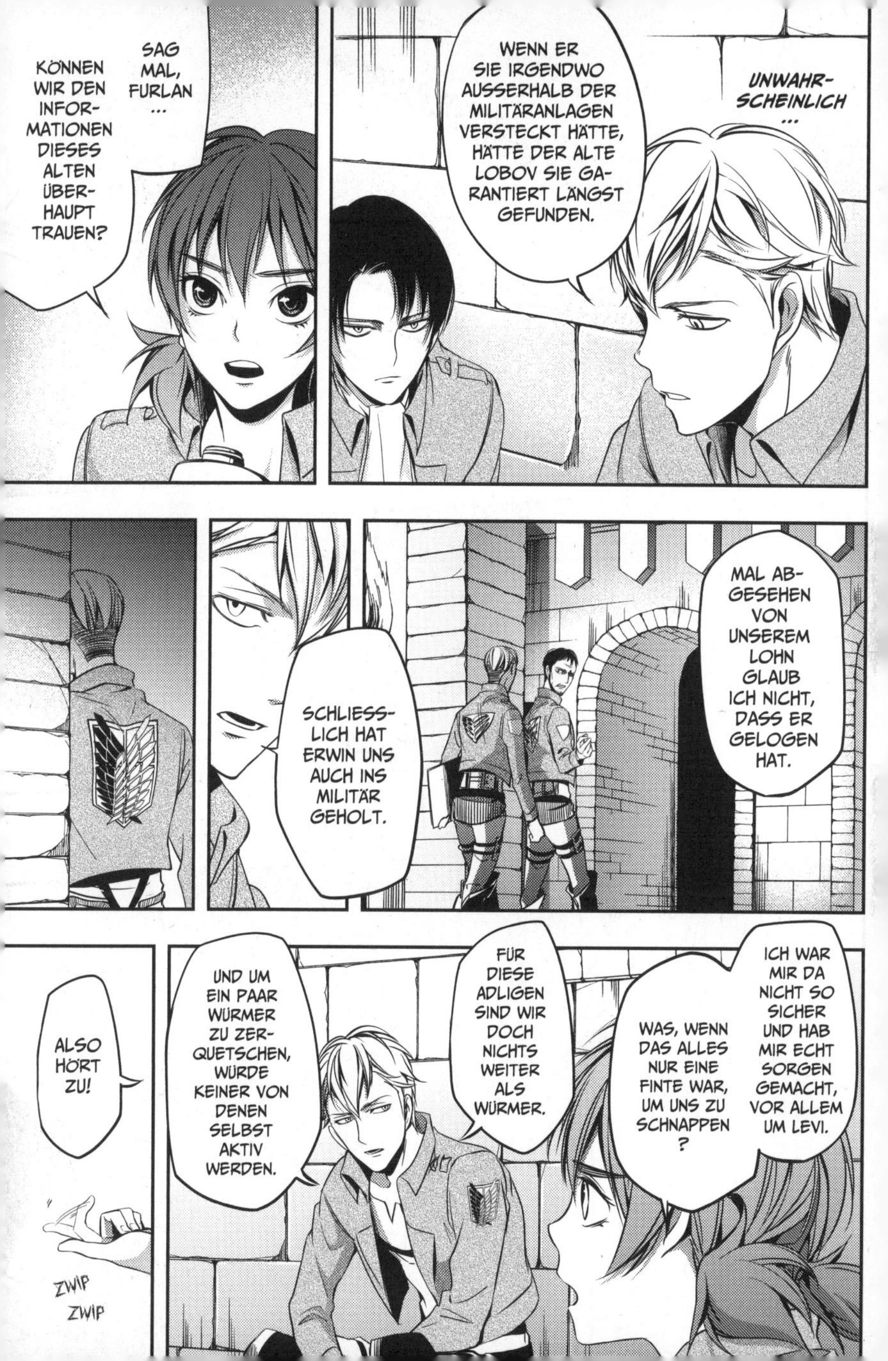
UNWAHRSCHEINLICH ...
WENN ER SIE IRGENDWO AUSSERHALB DER MILITÄRANLAGEN VERSTECKT HÄTTE, HÄTTE DER ALTE LOBOV SIE GARANTIERT LÄNGST GEFUNDEN.
SAG MAL, FURLAN ...
KÖNNEN WIR DEN INFORMATIONEN DIESES ALTEN ÜBERHAUPT TRAUEN?
MAL ABGESEHEN VON UNSEREM LOHN GLAUB ICH NICHT, DASS ER GELOGEN HAT.
SCHLIESSLICH HAT ERWIN UNS AUCH INS MILITÄR GEHOLT.
ICH WAR MIR DA NICHT SO SICHER UND HAB MIR ECHT SORGEN GEMACHT, VOR ALLEM UM LEVI.
WAS, WENN DAS ALLES NUR EINE FINTE WAR, UM UNS ZU SCHNAPPEN?
FÜR DIESE ADLIGEN SIND WIR DOCH NICHTS WEITER ALS WÜRMER.
UND UM EIN PAAR WÜRMER ZU ZERQUETSCHEN, WÜRDE KEINER VON DENEN SELBST AKTIV WERDEN.
ALSO HÖRT ZU!
ZWIP
ZWIP

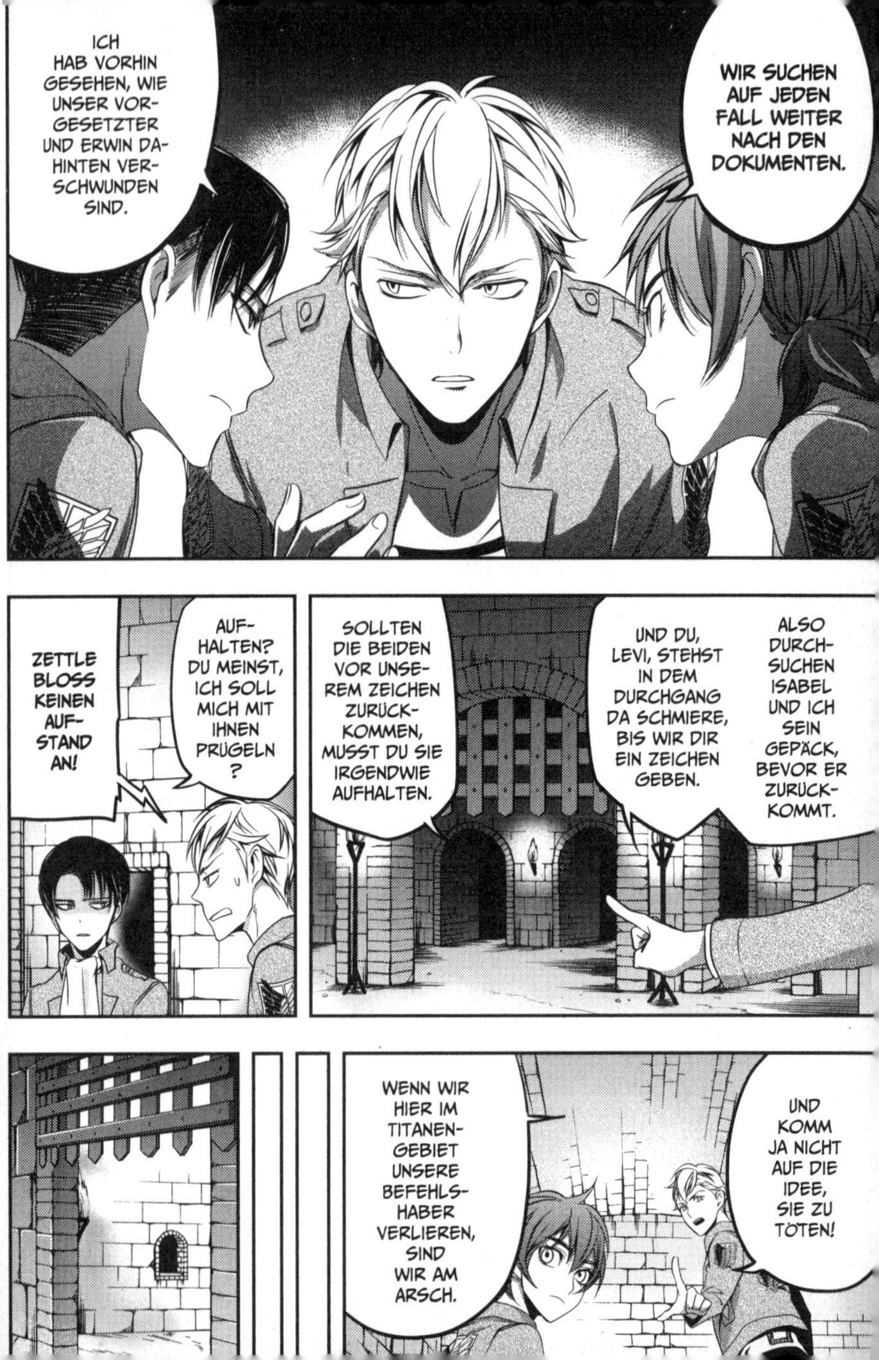
WIR SUCHEN AUF JEDEN FALL WEITER NACH DEN DOKUMENTEN.
ICH HAB VORHIN GESEHEN, WIE UNSER VORGESETZTER UND ERWIN DAHINTEN VERSCHWUNDEN SIND.
ALSO DURCHSUCHEN ISABEL UND ICH SEIN GEPÄCK, BEVOR ER ZURÜCKKOMMT.
UND DU, LEVI, STEHST IN DEM DURCHGANG DA SCHMIERE, BIS WIR DIR EIN ZEICHEN GEBEN.
SOLLTEN DIE BEIDEN VOR UNSEREM ZEICHEN ZURÜCKKOMMEN, MUSST DU SIE IRGENDWIE AUFHALTEN.
AUFHALTEN? DU MEINST, ICH SOLL MICH MIT IHNEN PRÜGELN?
ZETTLE BLOSS KEINEN AUFSTAND AN!
UND KOMM JA NICHT AUF DIE IDEE, SIE ZU TÖTEN!
WENN WIR HIER IM TITANENGEBIET UNSERE BEFEHLSHABER VERLIEREN, SIND WIR AM ARSCH.

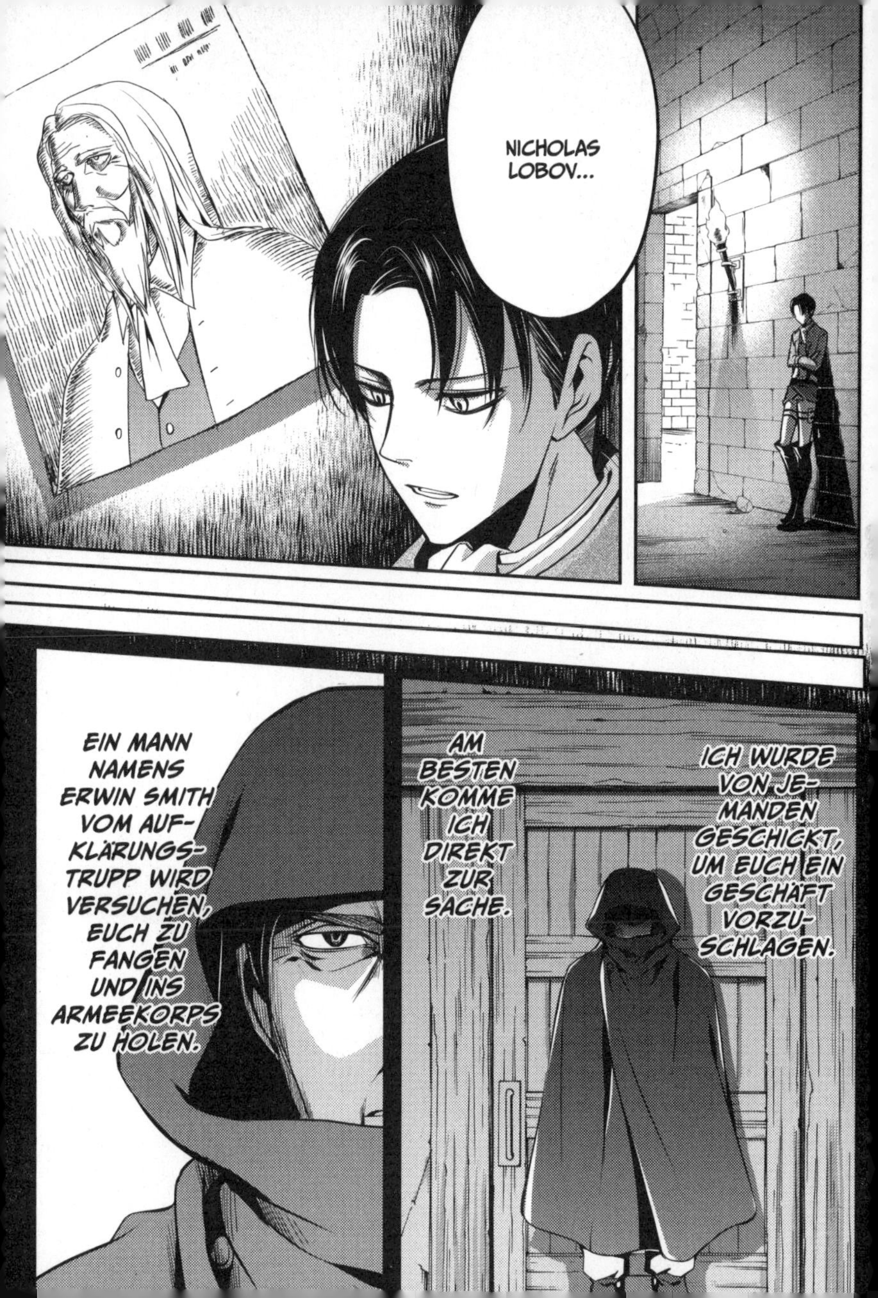
NICHOLAS LOBOV...
ICH WURDE VON JEMANDEN GESCHICKT, UM EUCH EIN GESCHÄFT VORZUSCHLAGEN.
AM BESTEN KOMME ICH DIREKT ZUR SACHE.
EIN MANN NAMENS ERWIN SMITH VOM AUFKLÄRUNGSTRUPP WIRD VERSUCHEN, EUCH ZU FANGEN UND INS ARMEEKORPS ZU HOLEN.

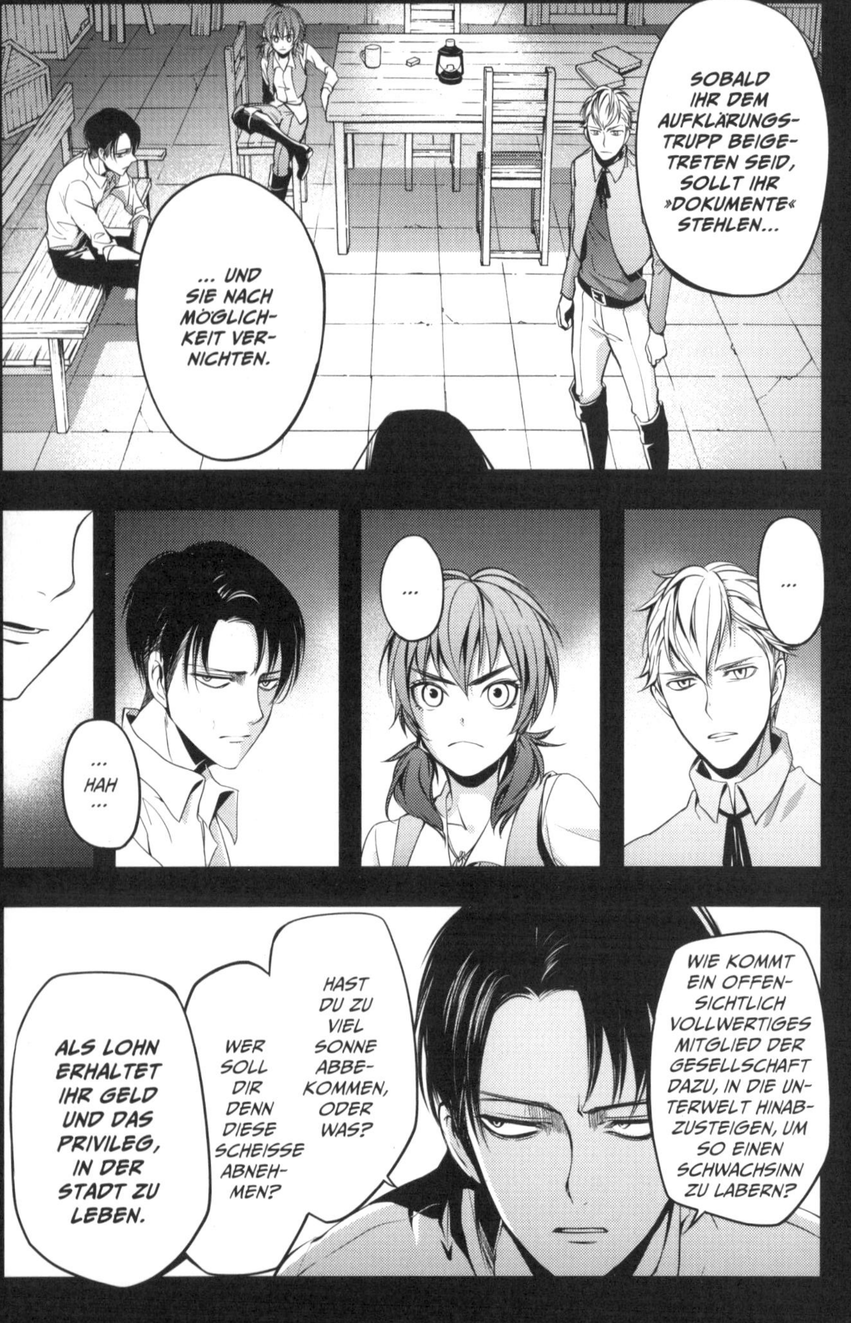
SOBALD IHR DEM AUFKLÄRUNGSTRUPP BEIGETRETEN SEID, SOLLT IHR »DOKUMENTE« STEHLEN...
... UND SIE NACH MÖGLICHKEIT VERNICHTEN.
...
...
... HAH ...
WIE KOMMT EIN OFFENSICHTLICH VOLLWERTIGES MITGLIED DER GESELLSCHAFT DAZU, IN DIE UNTERWELT HINABZUSTEIGEN, UM SO EINEN SCHWACHSINN ZU LABERN?
HAST DU ZU VIEL SONNE ABBEKOMMEN, ODER WAS?
WER SOLL DIR DENN DIESE SCHEISSE ABNEHMEN?
ALS LOHN ERHALTET IHR GELD UND DAS PRIVILEG, IN DER STADT ZU LEBEN.

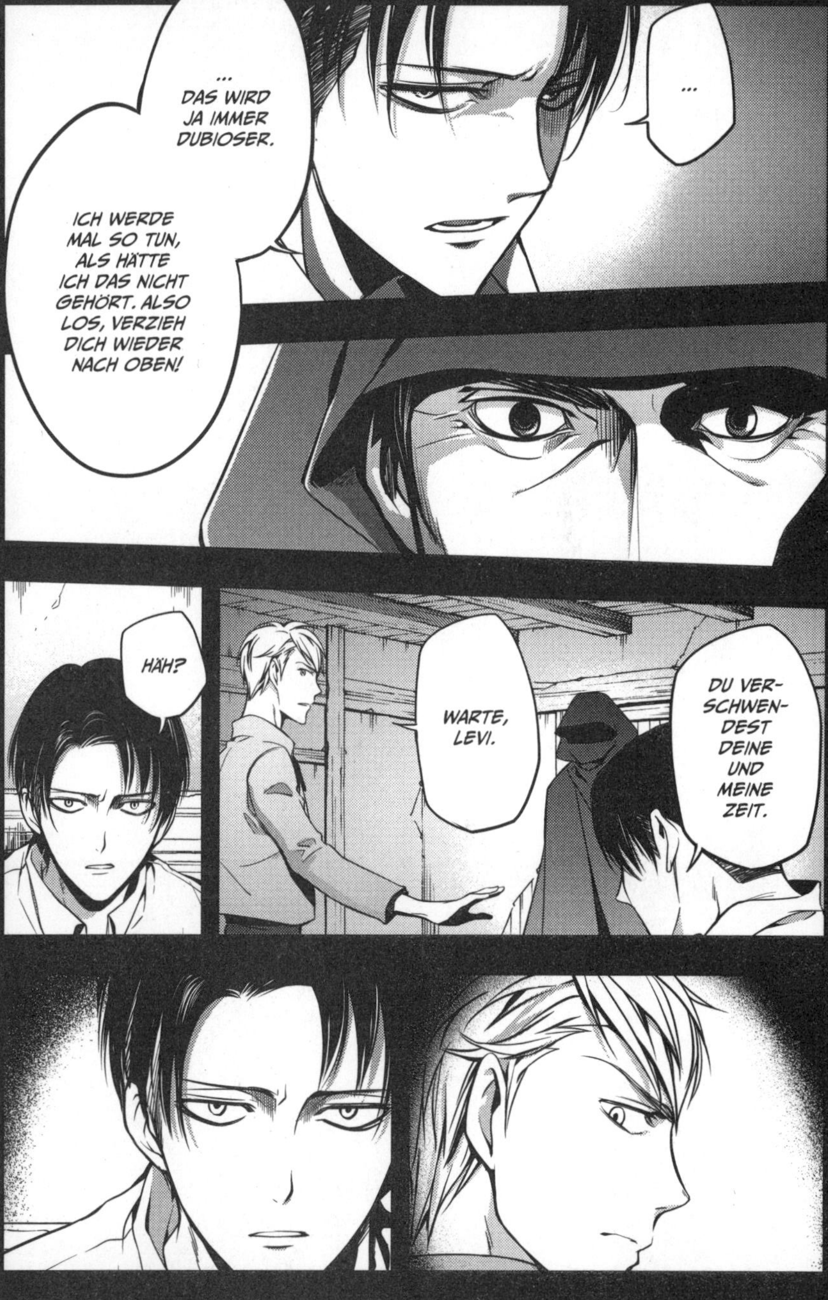
...
... DAS WIRD JA IMMER DUBIOSER.
ICH WERDE MAL SO TUN, ALS HÄTTE ICH DAS NICHT GEHÖRT. ALSO LOS, VERZIEH DICH WIEDER NACH OBEN!
DU VER-SCHWEN-DEST DEINE UND MEINE ZEIT.
WARTE, LEVI.
HÄH?

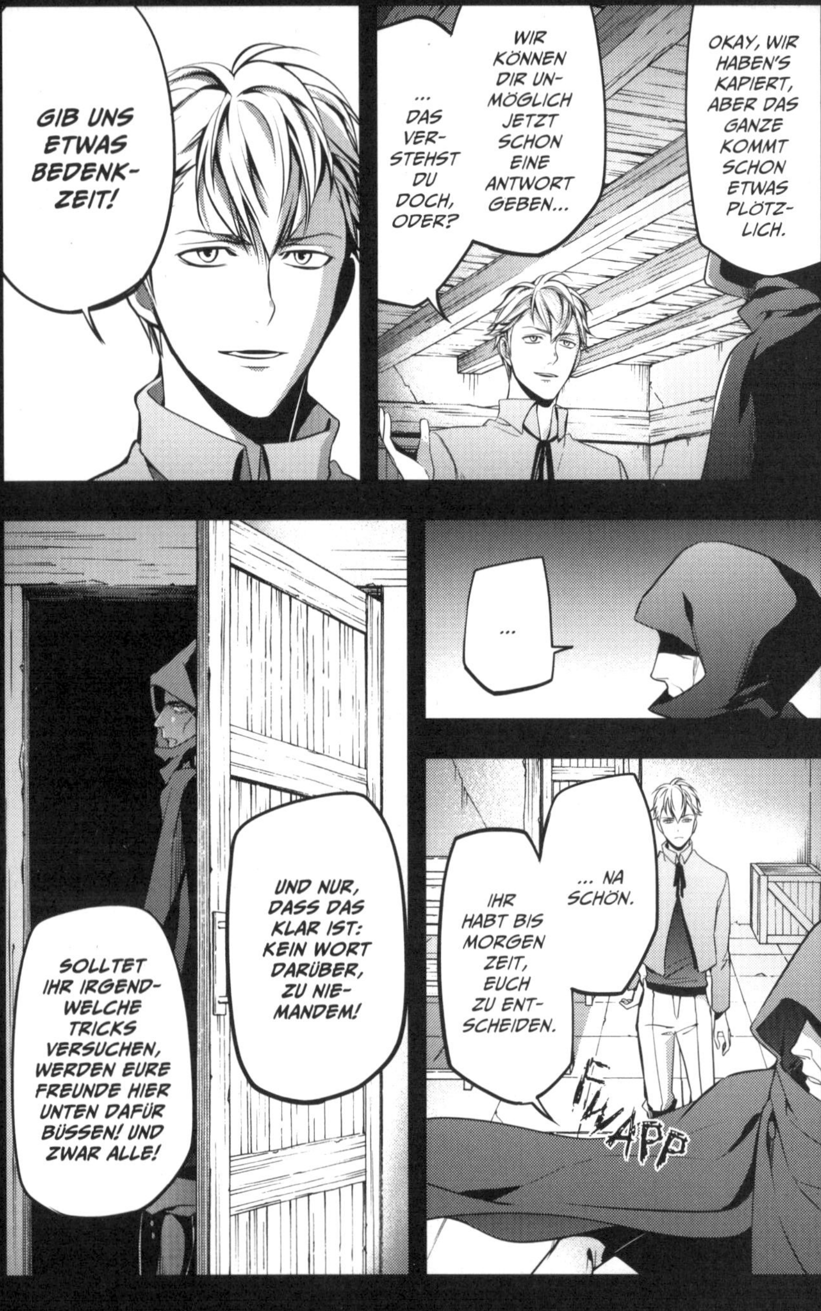
OKAY, WIR HABEN'S KAPIERT, ABER DAS GANZE KOMMT SCHON ETWAS PLÖTZLICH.
WIR KÖNNEN DIR UNMÖGLICH JETZT SCHON EINE ANTWORT GEBEN...
... DAS VERSTEHST DU DOCH, ODER?
GIB UNS ETWAS BEDENKZEIT!
...
... NA SCHÖN.
IHR HABT BIS MORGEN ZEIT, EUCH ZU ENTSCHEIDEN.
FWAPP
UND NUR, DASS DAS KLAR IST: KEIN WORT DARÜBER, ZU NIEMANDEM!
SOLLTET IHR IRGENDWELCHE TRICKS VERSUCHEN, WERDEN EURE FREUNDE HIER UNTEN DAFÜR BÜSSEN! UND ZWAR ALLE!

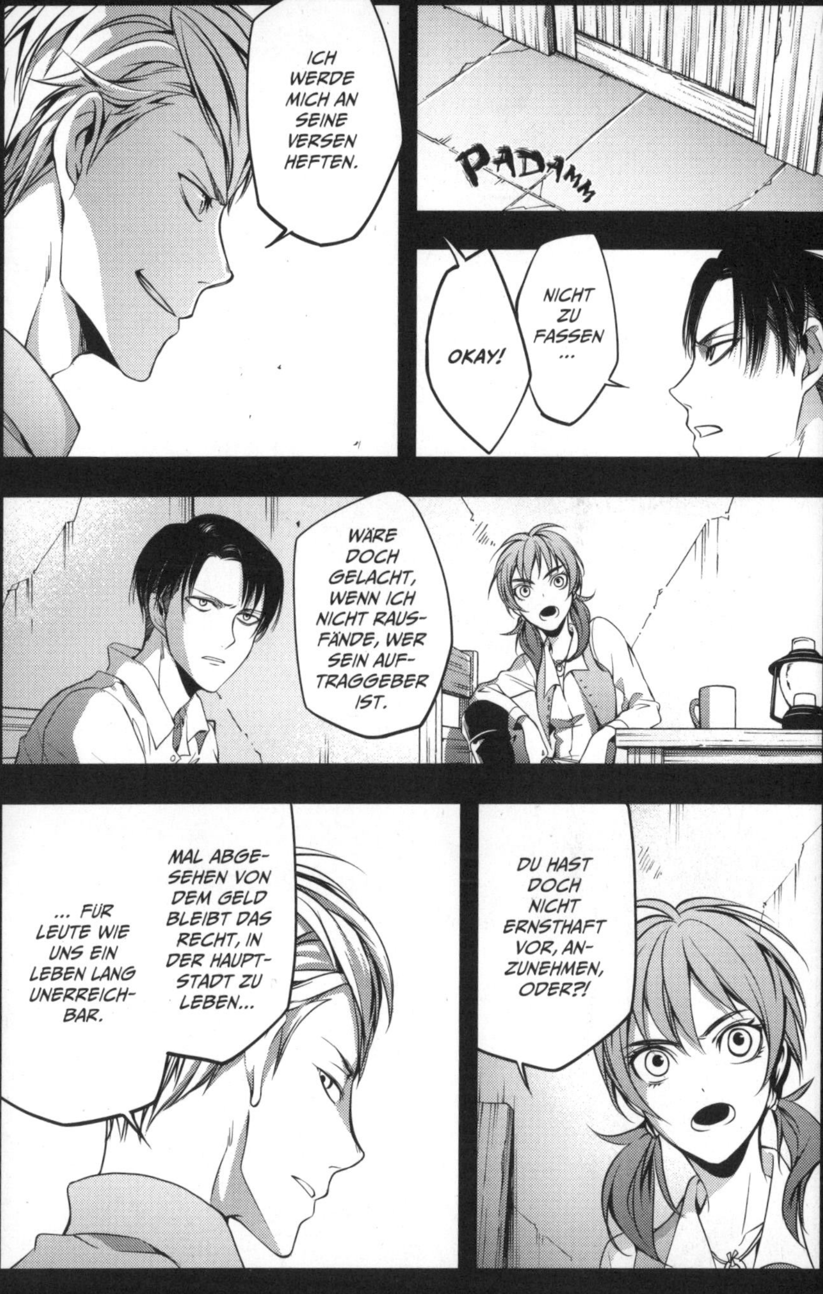
PADAMM
ICH WERDE MICH AN SEINE VERSEN HEFTEN.
NICHT ZU FASSEN ...
OKAY!
WÄRE DOCH GELACHT, WENN ICH NICHT RAUS-FÄNDE, WER SEIN AUF-TRAGGEBER IST.
DU HAST DOCH NICHT ERNSTHAFT VOR, AN-ZUNEHMEN, ODER?!
MAL ABGE-SEHEN VON DEM GELD BLEIBT DAS RECHT, IN DER HAUPT-STADT ZU LEBEN...
... FÜR LEUTE WIE UNS EIN LEBEN LANG UNERREICH-BAR.

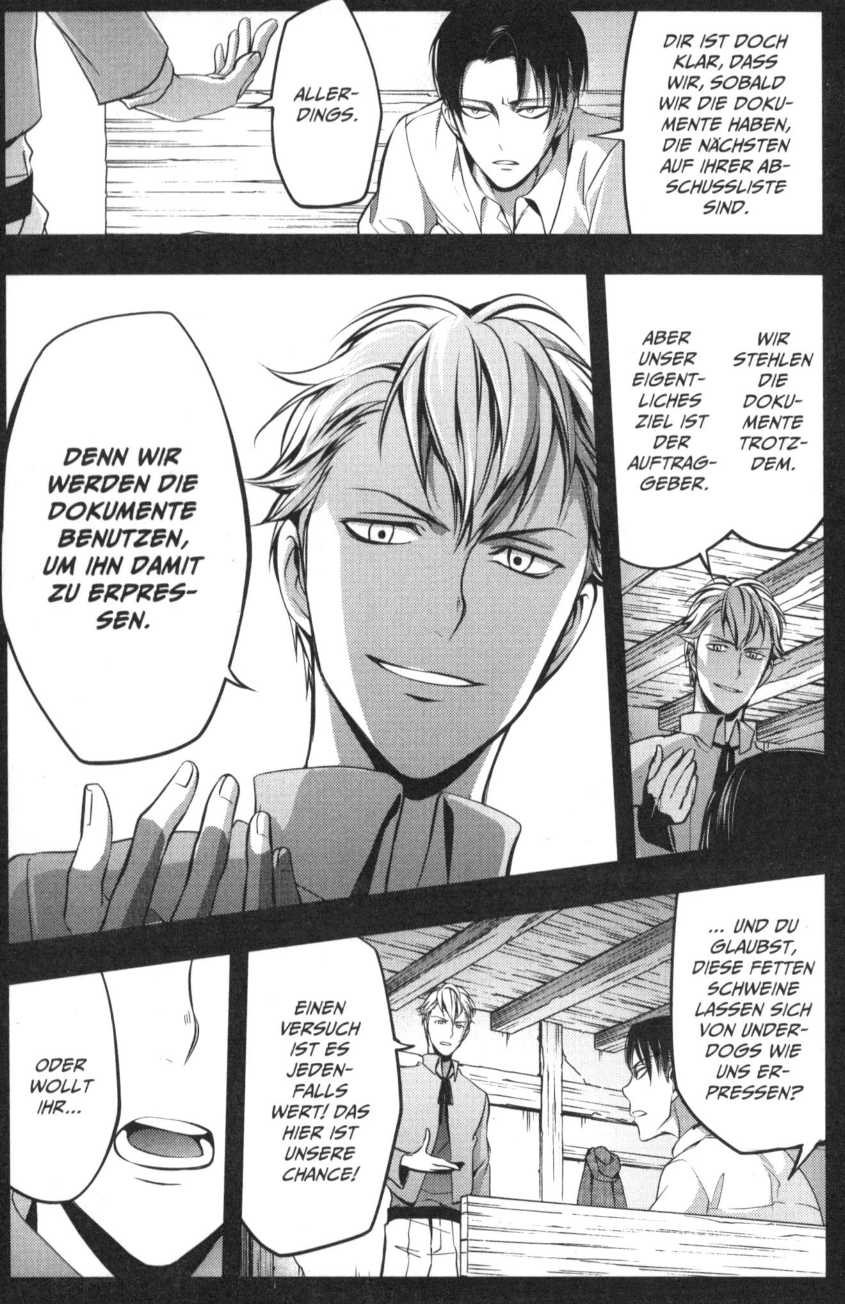
DIR IST DOCH KLAR, DASS WIR, SOBALD WIR DIE DOKUMENTE HABEN, DIE NÄCHSTEN AUF IHRER ABSCHUSSLISTE SIND.
ALLERDINGS.
WIR STEHLEN DIE DOKUMENTE TROTZDEM.
ABER UNSER EIGENTLICHES ZIEL IST DER AUFTRAGGEBER.
DENN WIR WERDEN DIE DOKUMENTE BENUTZEN, UM IHN DAMIT ZU ERPRESSEN.
... UND DU GLAUBST, DIESE FETTEN SCHWEINE LASSEN SICH VON UNDERDOGS WIE UNS ERPRESSEN?
EINEN VERSUCH IST ES JEDENFALLS WERT! DAS HIER IST UNSERE CHANCE!
ODER WOLLT IHR...

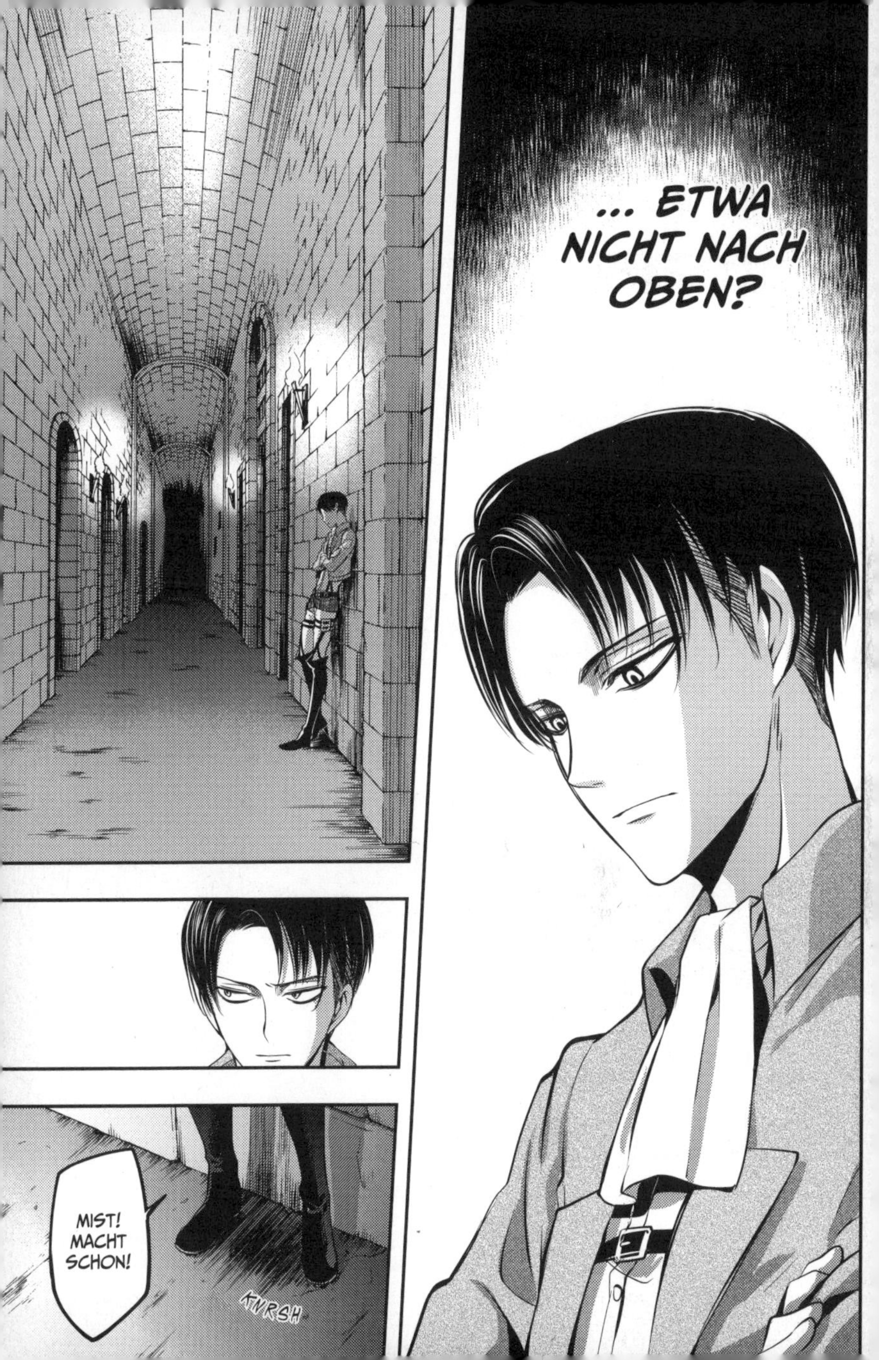
... ETWA NICHT NACH OBEN?
MIST! MACHT SCHON!
KNRSH

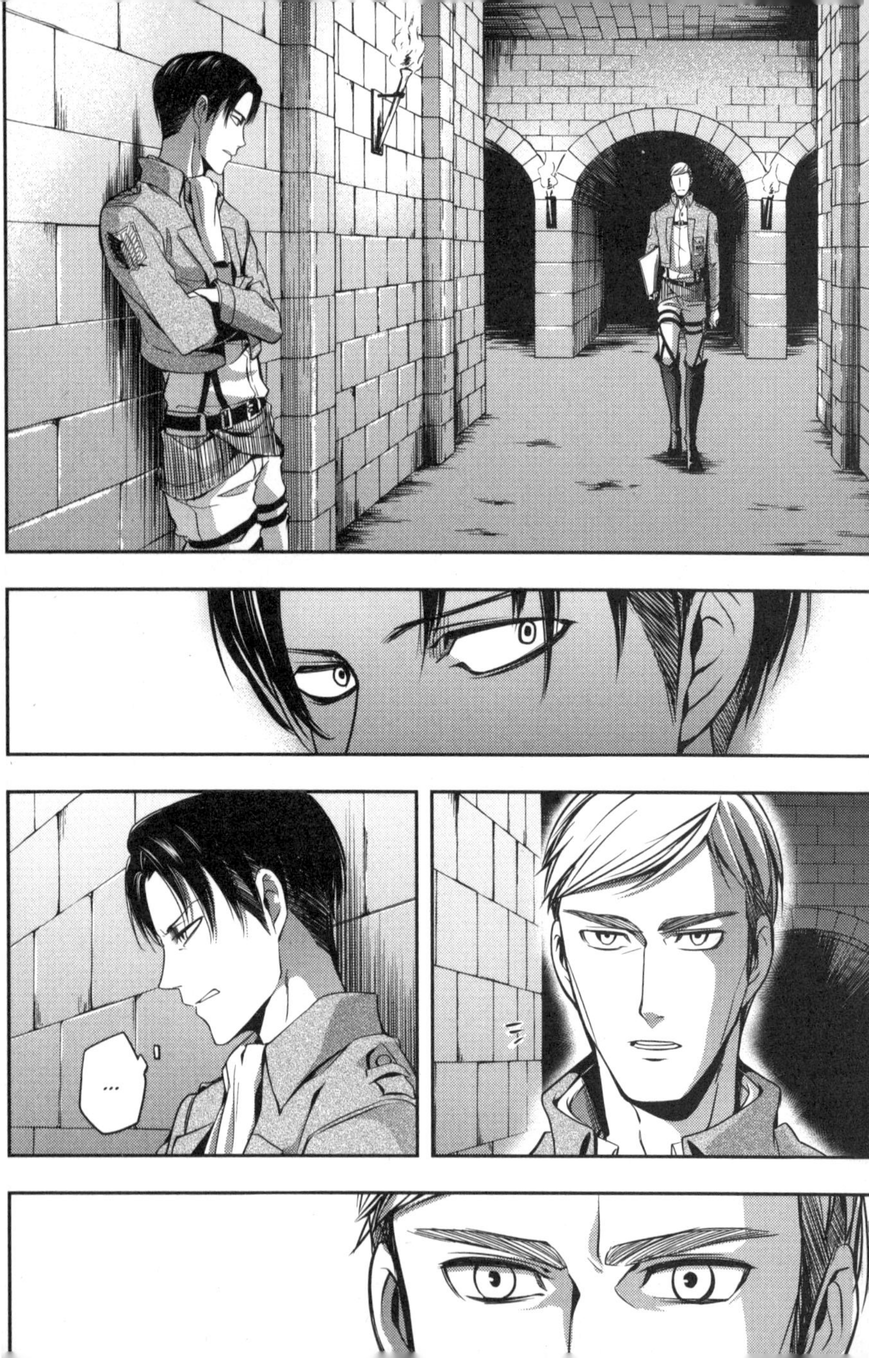

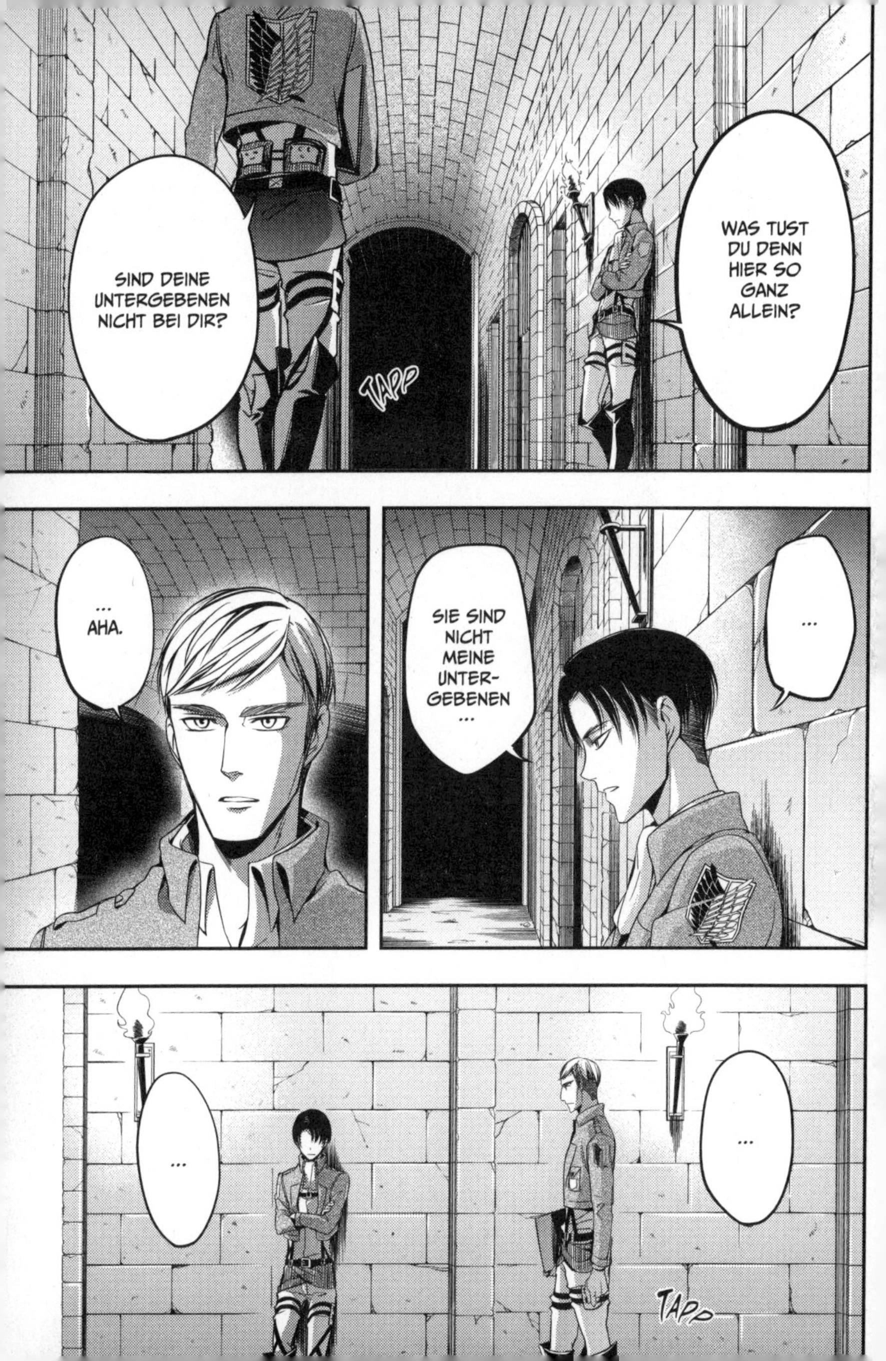
WAS TUST DU DENN HIER SO GANZ ALLEIN?
SIND DEINE UNTERGEBENEN NICHT BEI DIR?
TAPP
...
SIE SIND NICHT MEINE UNTER-GEBENEN ...
... AHA.
...
TAPP
...

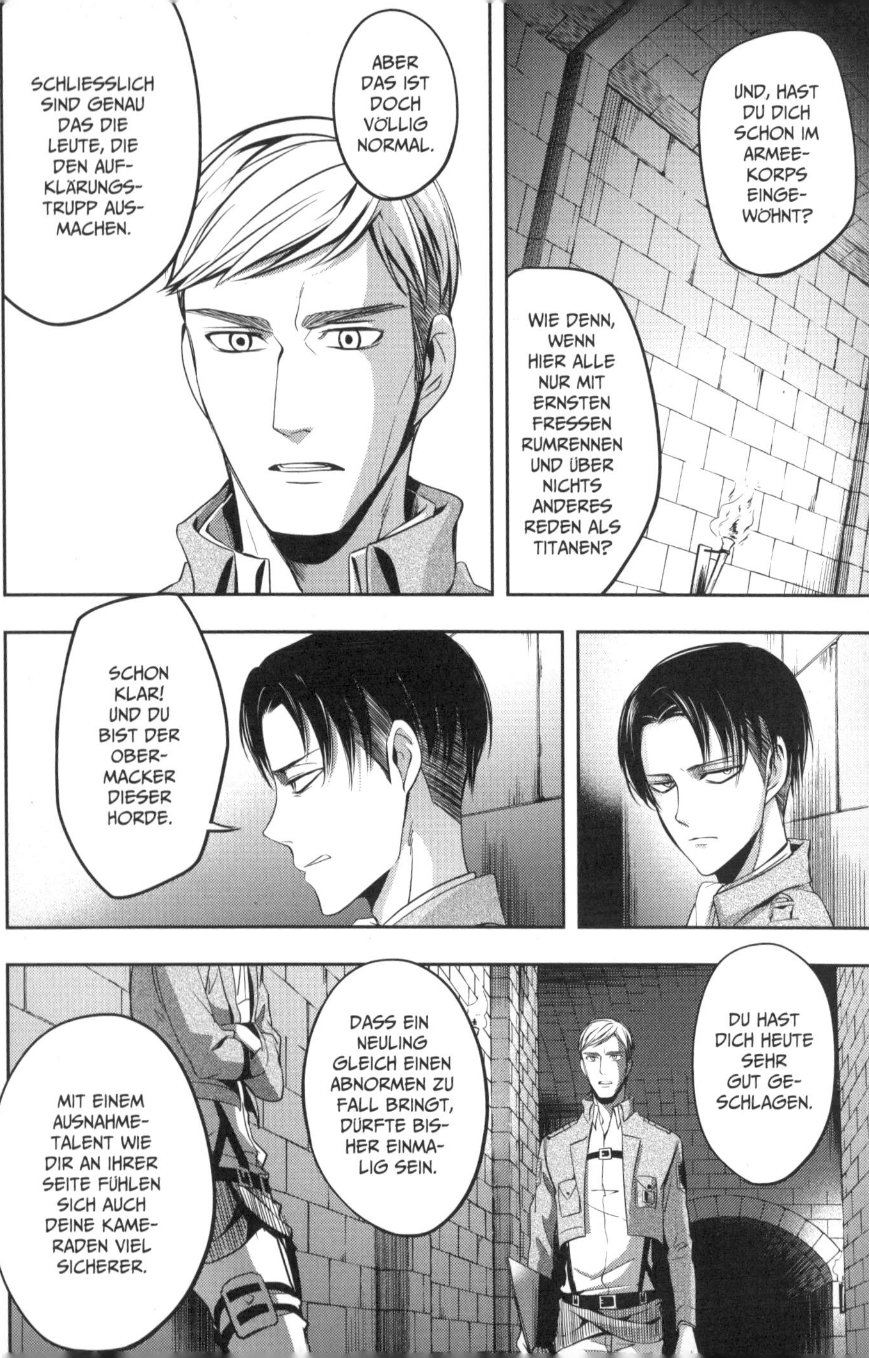
UND, HAST DU DICH SCHON IM ARMEEKORPS EINGEWÖHNT?
WIE DENN, WENN HIER ALLE NUR MIT ERNSTEN FRESSEN RUMRENNEN UND ÜBER NICHTS ANDERES REDEN ALS TITANEN?
ABER DAS IST DOCH VÖLLIG NORMAL.
SCHLIESSLICH SIND GENAU DAS DIE LEUTE, DIE DEN AUFKLÄRUNGSTRUPP AUSMACHEN.
SCHON KLAR! UND DU BIST DER OBERMACKER DIESER HORDE.
DU HAST DICH HEUTE SEHR GUT GESCHLAGEN.
DASS EIN NEULING GLEICH EINEN ABNORMEN ZU FALL BRINGT, DÜRFTE BISHER EINMALIG SEIN.
MIT EINEM AUSNAHMETALENT WIE DIR AN IHRER SEITE FÜHLEN SICH AUCH DEINE KAMERADEN VIEL SICHERER.

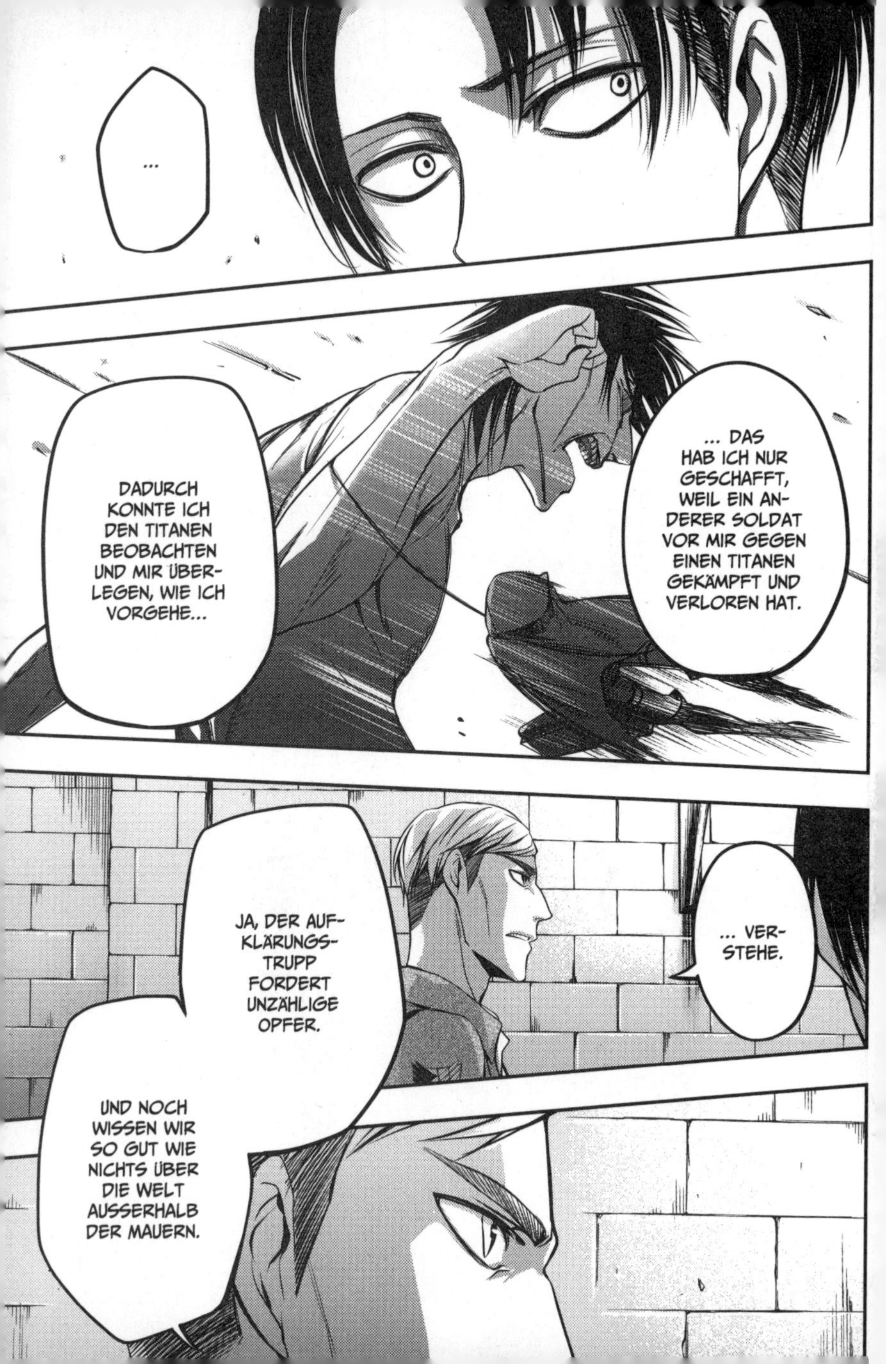
...
... DAS HAB ICH NUR GESCHAFFT, WEIL EIN ANDERER SOLDAT VOR MIR GEGEN EINEN TITANEN GEKÄMPFT UND VERLOREN HAT.
DADURCH KONNTE ICH DEN TITANEN BEOBACHTEN UND MIR ÜBERLEGEN, WIE ICH VORGEHE...
... VERSTEHE.
JA, DER AUFKLÄRUNGSTRUPP FORDERT UNZÄHLIGE OPFER.
UND NOCH WISSEN WIR SO GUT WIE NICHTS ÜBER DIE WELT AUSSERHALB DER MAUERN.

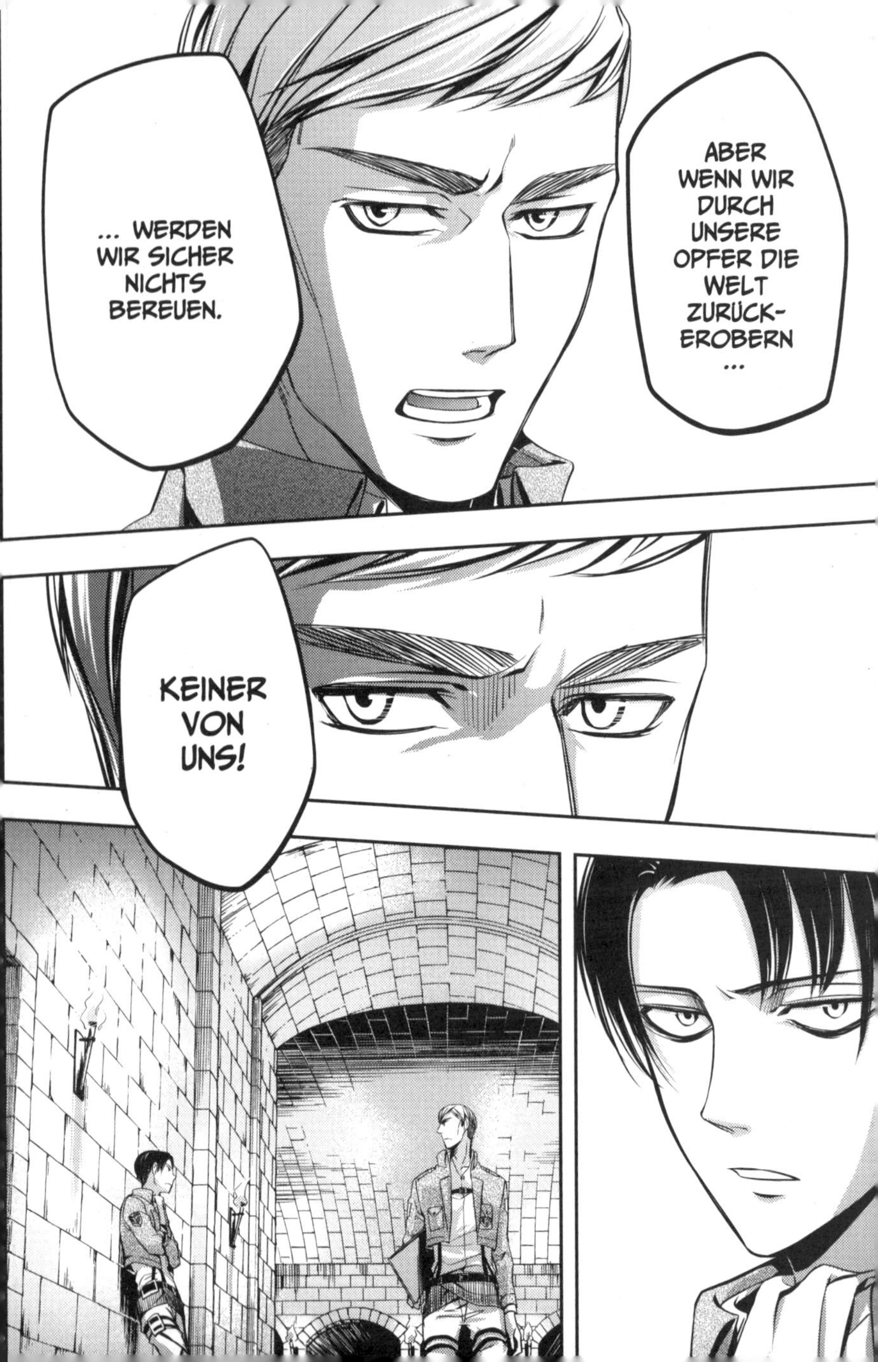
ABER WENN WIR DURCH UNSERE OPFER DIE WELT ZURÜCK-EROBERN ...
... WERDEN WIR SICHER NICHTS BEREUEN.
KEINER VON UNS!

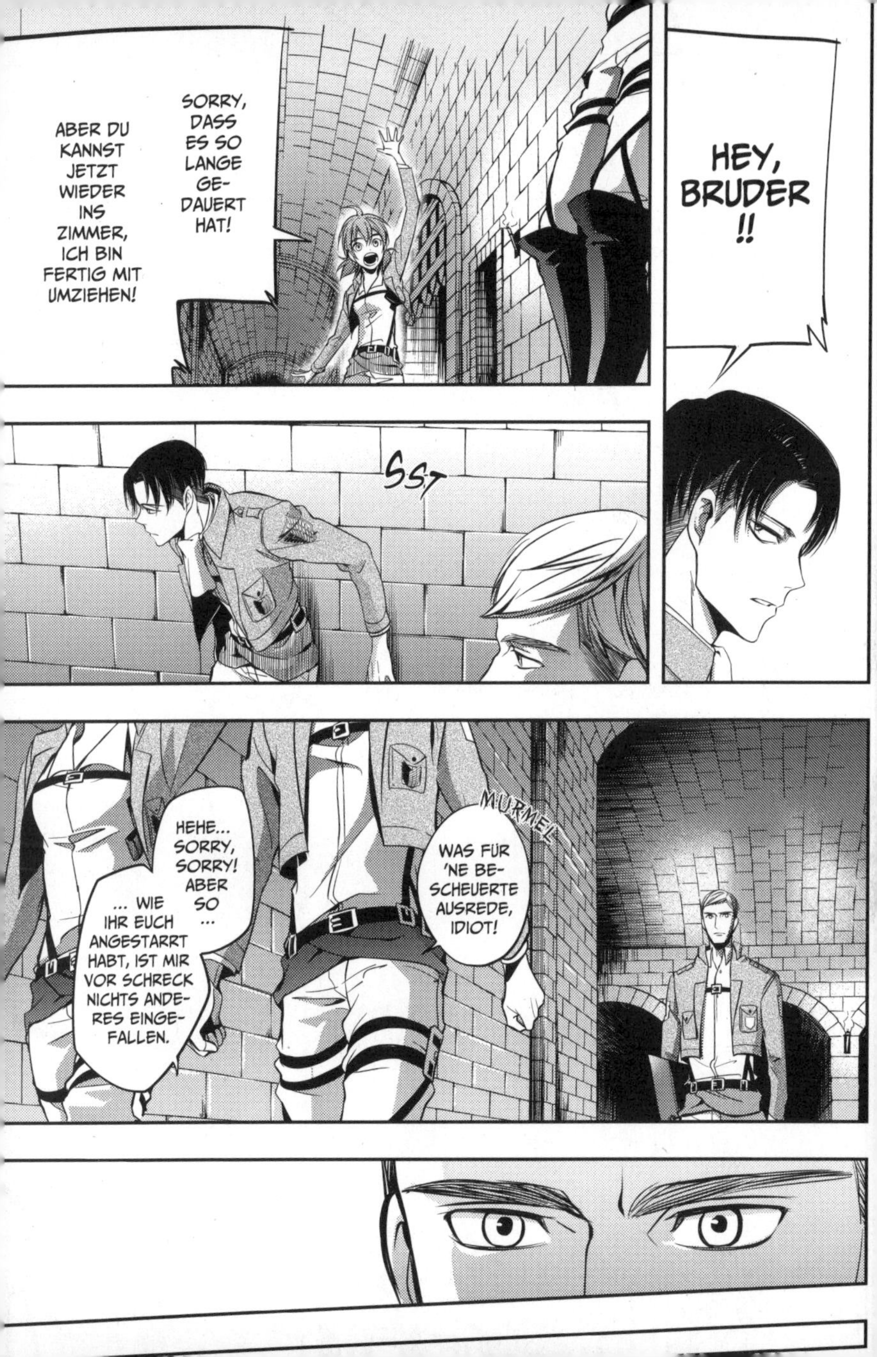
HEY, BRUDER !!
SORRY, DASS ES SO LANGE GE- DAUERT HAT!
ABER DU KANNST JETZT WIEDER INS ZIMMER, ICH BIN FERTIG MIT UMZIEHEN!
SST
MURMEL
WAS FÜR 'NE BE- SCHEUERTE AUSREDE, IDIOT!
HEHE... SORRY, SORRY! ABER SO ...
... WIE IHR EUCH ANGESTARRT HABT, IST MIR VOR SCHRECK NICHTS ANDE- RES EINGE- FALLEN.

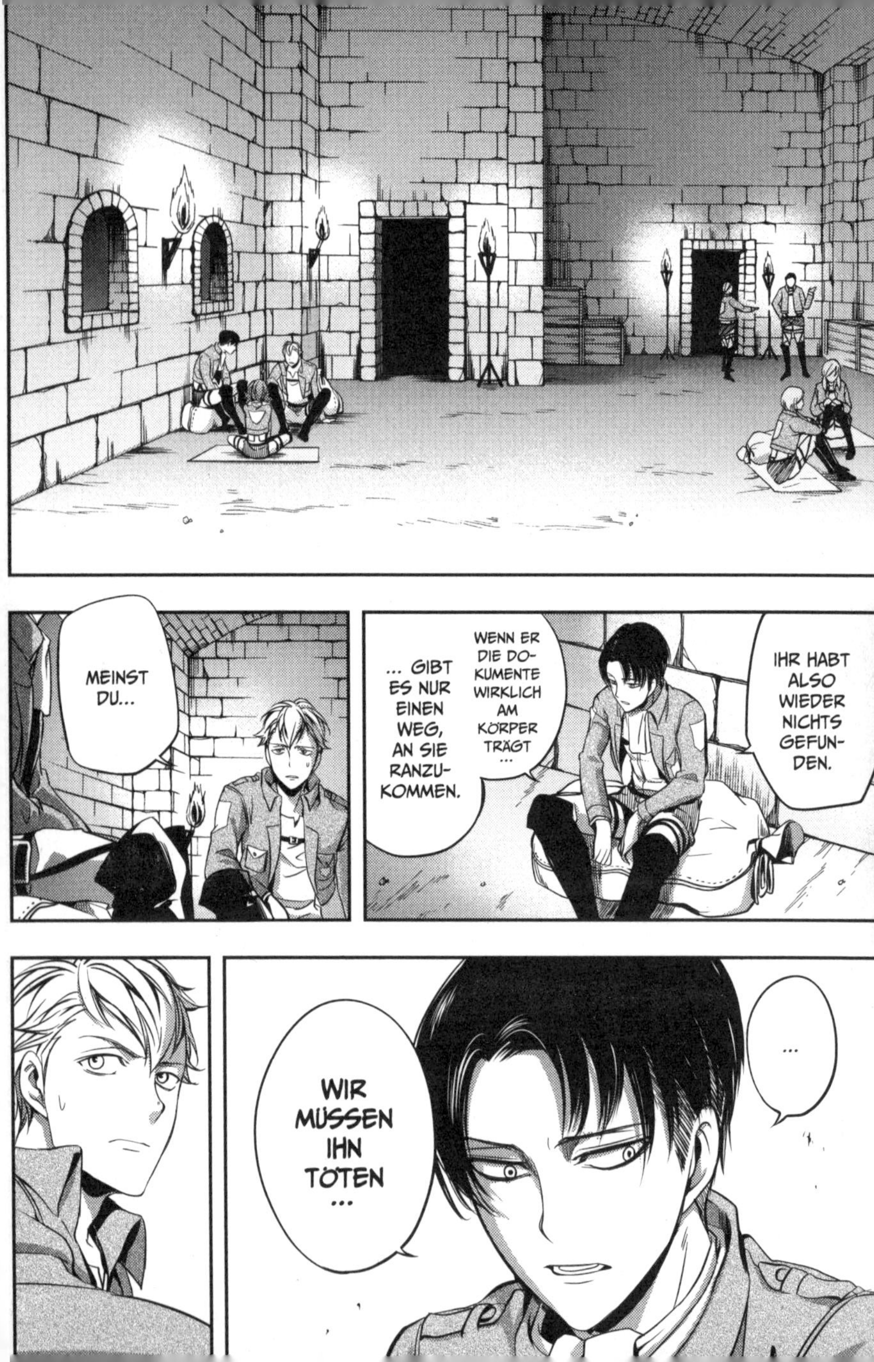
IHR HABT ALSO WIEDER NICHTS GEFUNDEN.
WENN ER DIE DOKUMENTE WIRKLICH AM KÖRPER TRÄGT ...
... GIBT ES NUR EINEN WEG, AN SIE RANZUKOMMEN.
MEINST DU...
...
WIR MÜSSEN IHN TÖTEN ...

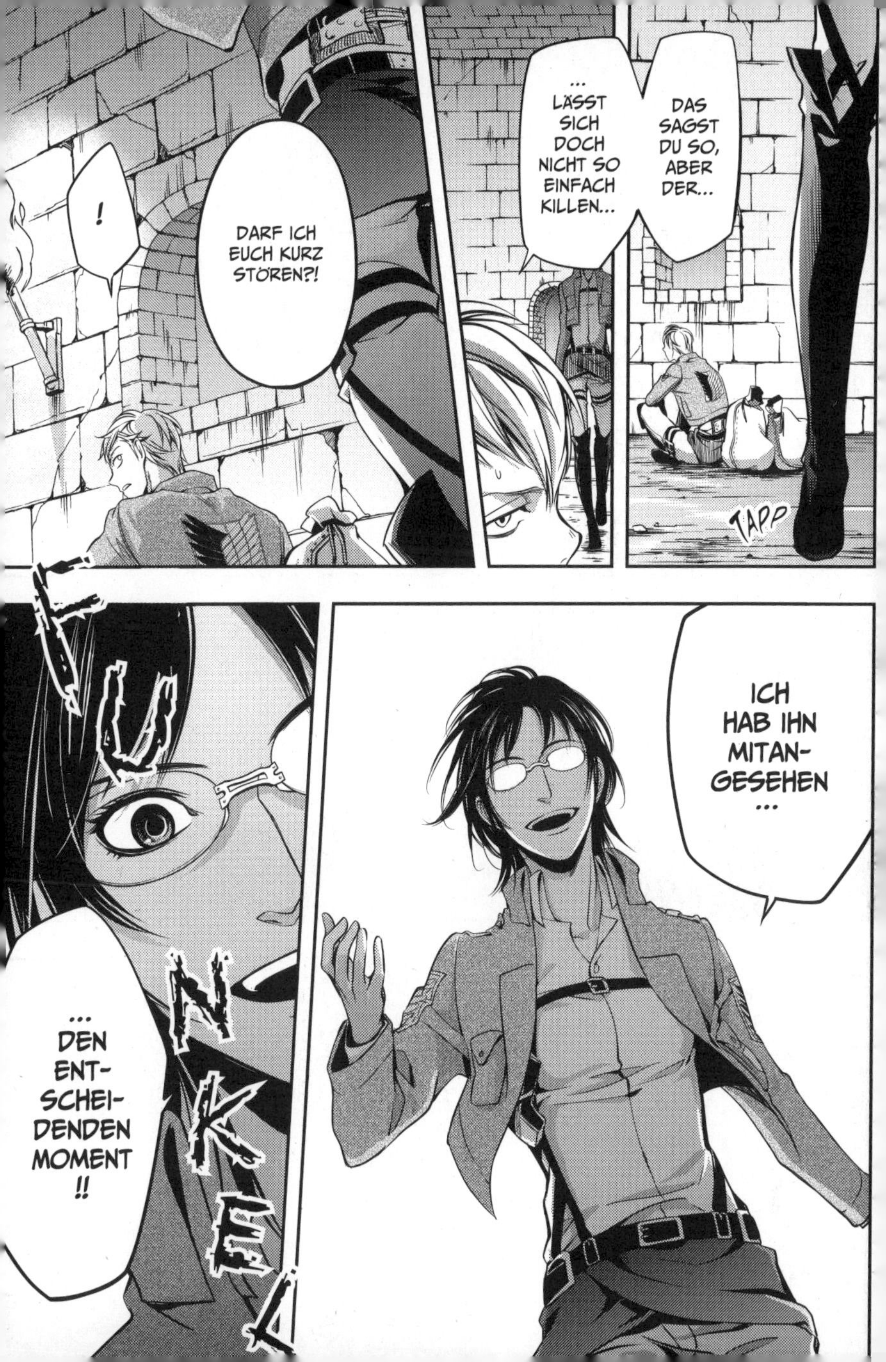

DAS SAGST DU SO, ABER DER...
... LÄSST SICH DOCH NICHT SO EINFACH KILLEN...
TAPP
DARF ICH EUCH KURZ STÖREN?!
!
ICH HAB IHN MITAN-GESEHEN ...
... DEN ENT-SCHEI-DENDEN MOMENT !!

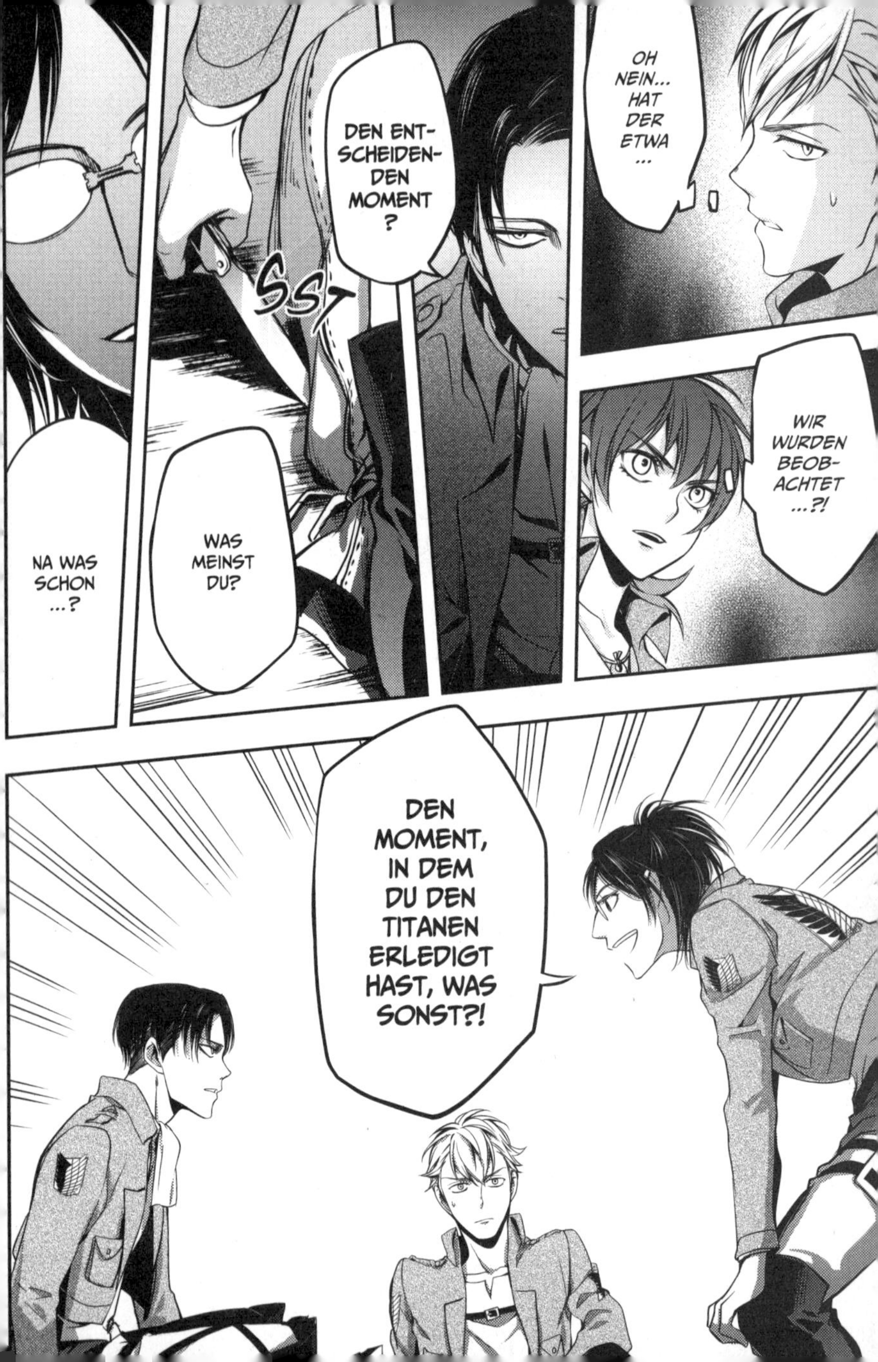
OH NEIN... HAT DER ETWA ...
DEN ENT-SCHEIDEN-DEN MOMENT ?
SST
WIR WURDEN BEOB-ACHTET ...?!
WAS MEINST DU?
NA WAS SCHON ...?
DEN MOMENT, IN DEM DU DEN TITANEN ERLEDIGT HAST, WAS SONST?!

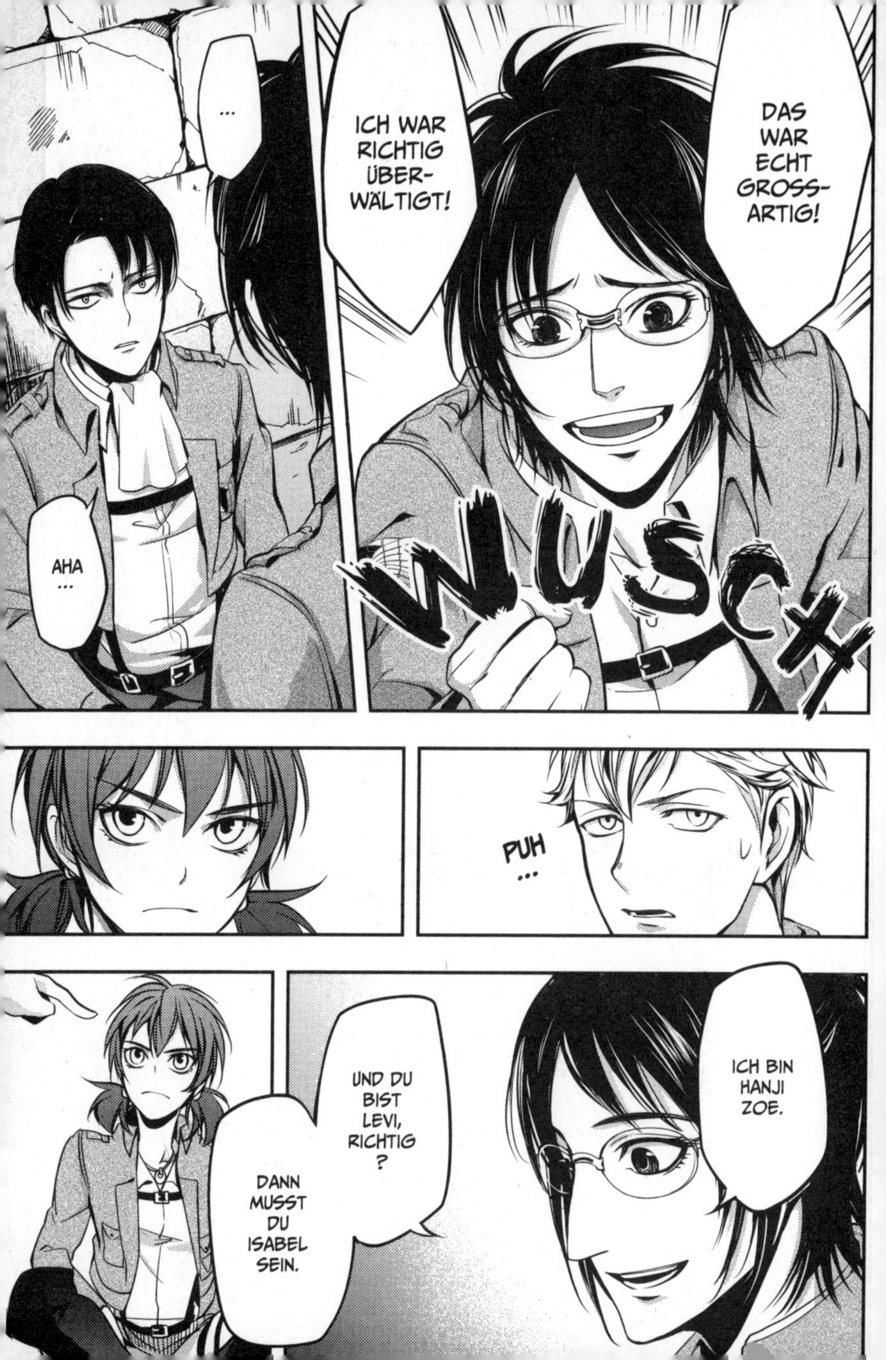
DAS WAR ECHT GROSS-ARTIG!
ICH WAR RICHTIG ÜBER-WÄLTIGT!
WUSCH
...
AHA ...
PUH ...
ICH BIN HANJI ZOE.
UND DU BIST LEVI, RICHTIG?
DANN MUSST DU ISABEL SEIN.

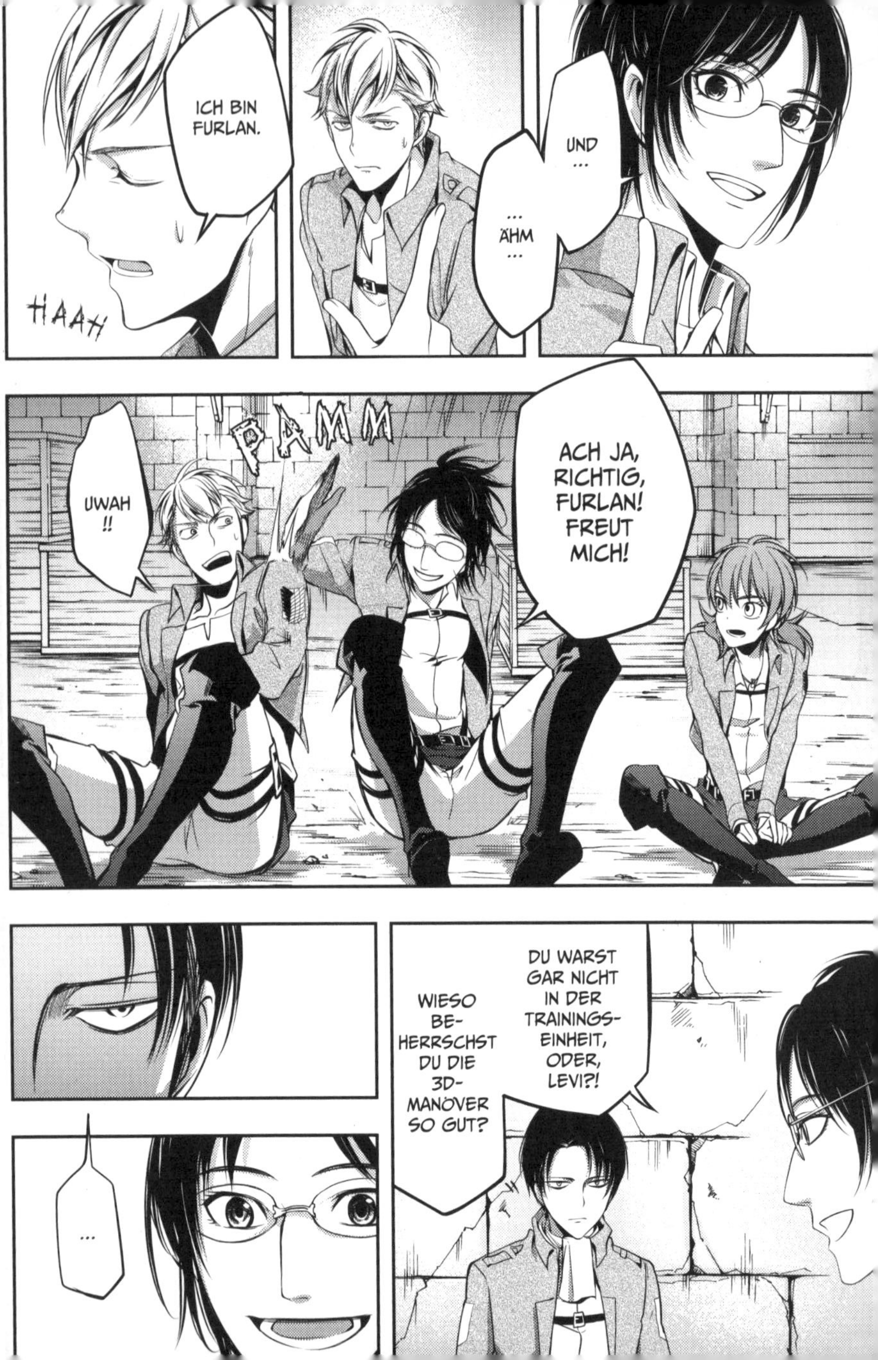
UND ...
... ÄHM ...
ICH BIN FURLAN.
HAAH
ACH JA, RICHTIG, FURLAN! FREUT MICH!
PAMM
UWAH !!
DU WARST GAR NICHT IN DER TRAININGS-EINHEIT, ODER, LEVI?!
WIESO BE-HERRSCHST DU DIE 3D-MANÖVER SO GUT?
...

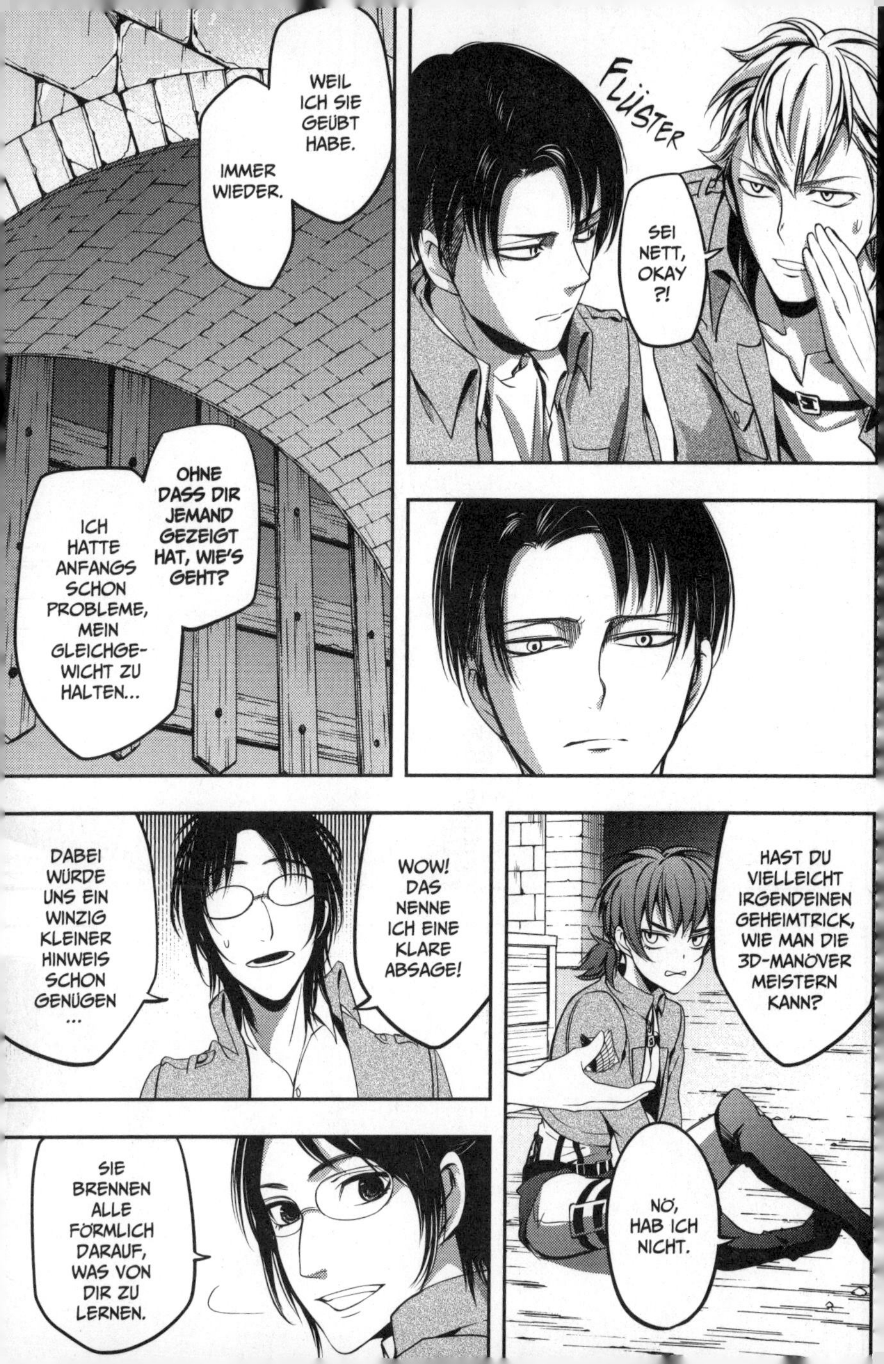
FLÜSTER
SEI NETT, OKAY ?!
WEIL ICH SIE GEÜBT HABE.
IMMER WIEDER.
OHNE DASS DIR JEMAND GEZEIGT HAT, WIE'S GEHT?
ICH HATTE ANFANGS SCHON PROBLEME, MEIN GLEICHGE-WICHT ZU HALTEN...
HAST DU VIELLEICHT IRGENDEINEN GEHEIMTRICK, WIE MAN DIE 3D-MANÖVER MEISTERN KANN?
NÖ, HAB ICH NICHT.
WOW! DAS NENNE ICH EINE KLARE ABSAGE!
DABEI WÜRDE UNS EIN WINZIG KLEINER HINWEIS SCHON GENÜGEN ...
SIE BRENNEN ALLE FÖRMLICH DARAUF, WAS VON DIR ZU LERNEN.

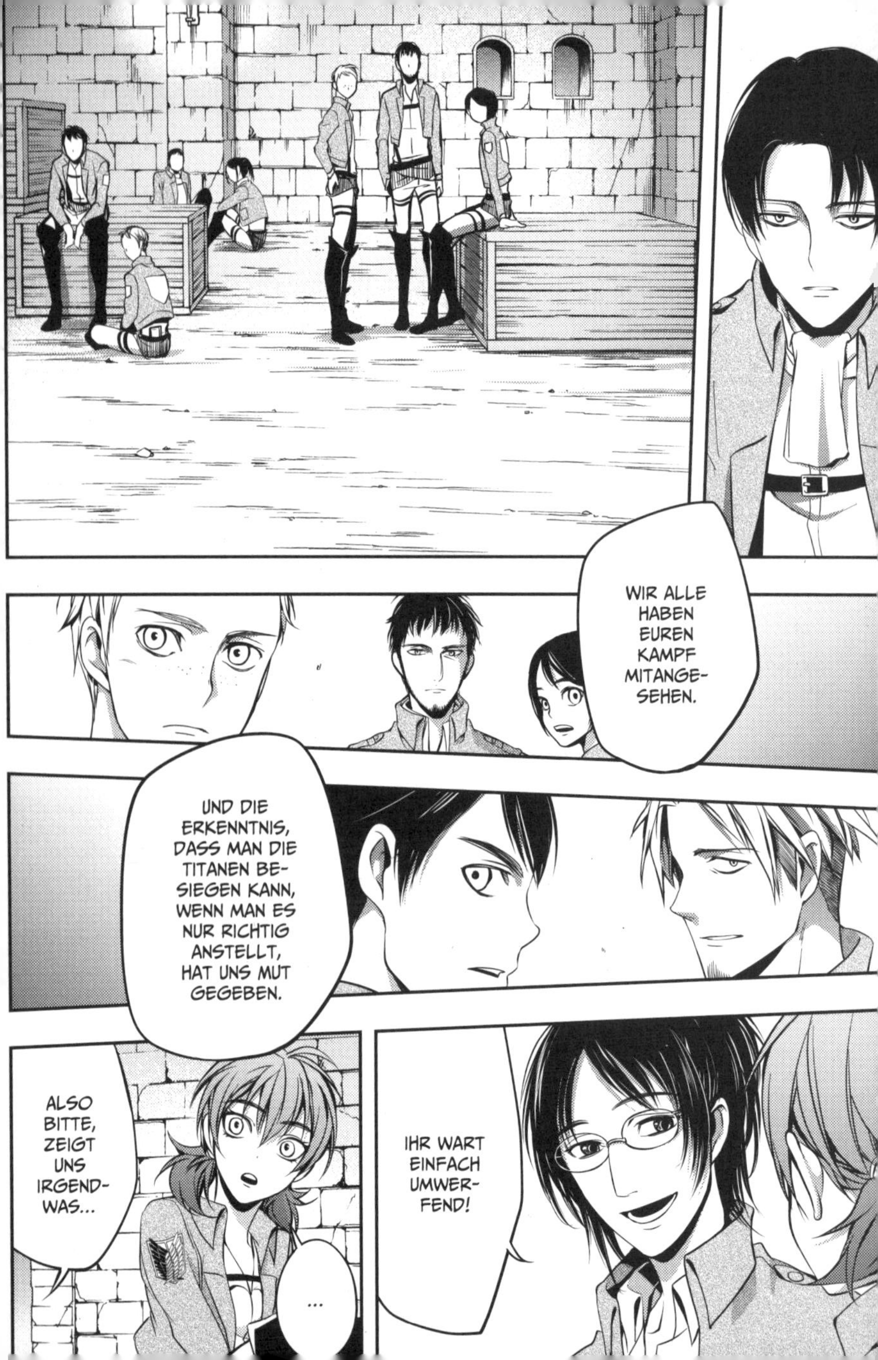
WIR ALLE HABEN EUREN KAMPF MITANGE-SEHEN.
UND DIE ERKENNTNIS, DASS MAN DIE TITANEN BE-SIEGEN KANN, WENN MAN ES NUR RICHTIG ANSTELLT, HAT UNS MUT GEGEBEN.
IHR WART EINFACH UMWER-FEND!
ALSO BITTE, ZEIGT UNS IRGEND-WAS...
...

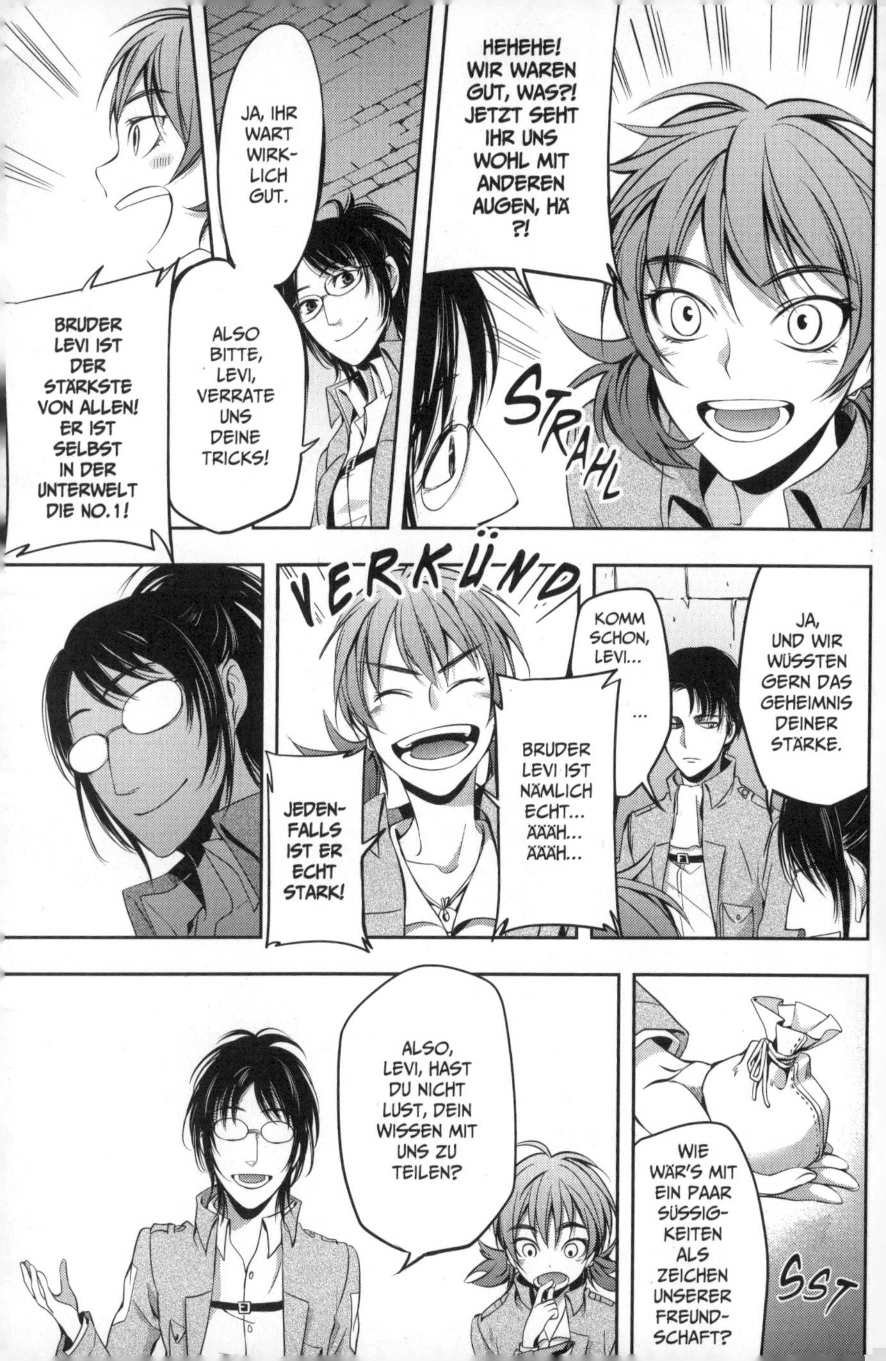
HEHEHE! WIR WAREN GUT, WAS?! JETZT SEHT IHR UNS WOHL MIT ANDEREN AUGEN, HÄ ?!
STRAHL
JA, IHR WART WIRKLICH GUT.
ALSO BITTE, LEVI, VERRATE UNS DEINE TRICKS!
BRUDER LEVI IST DER STÄRKSTE VON ALLEN! ER IST SELBST IN DER UNTERWELT DIE NO.1!
JA, UND WIR WÜSSTEN GERN DAS GEHEIMNIS DEINER STÄRKE.
KOMM SCHON, LEVI...
...
VERKÜND
BRUDER LEVI IST NÄMLICH ECHT... ÄÄÄH... ÄÄÄH...
JEDENFALLS IST ER ECHT STARK!
ALSO, LEVI, HAST DU NICHT LUST, DEIN WISSEN MIT UNS ZU TEILEN?
WIE WÄR'S MIT EIN PAAR SÜSSIGKEITEN ALS ZEICHEN UNSERER FREUNDSCHAFT?
SST

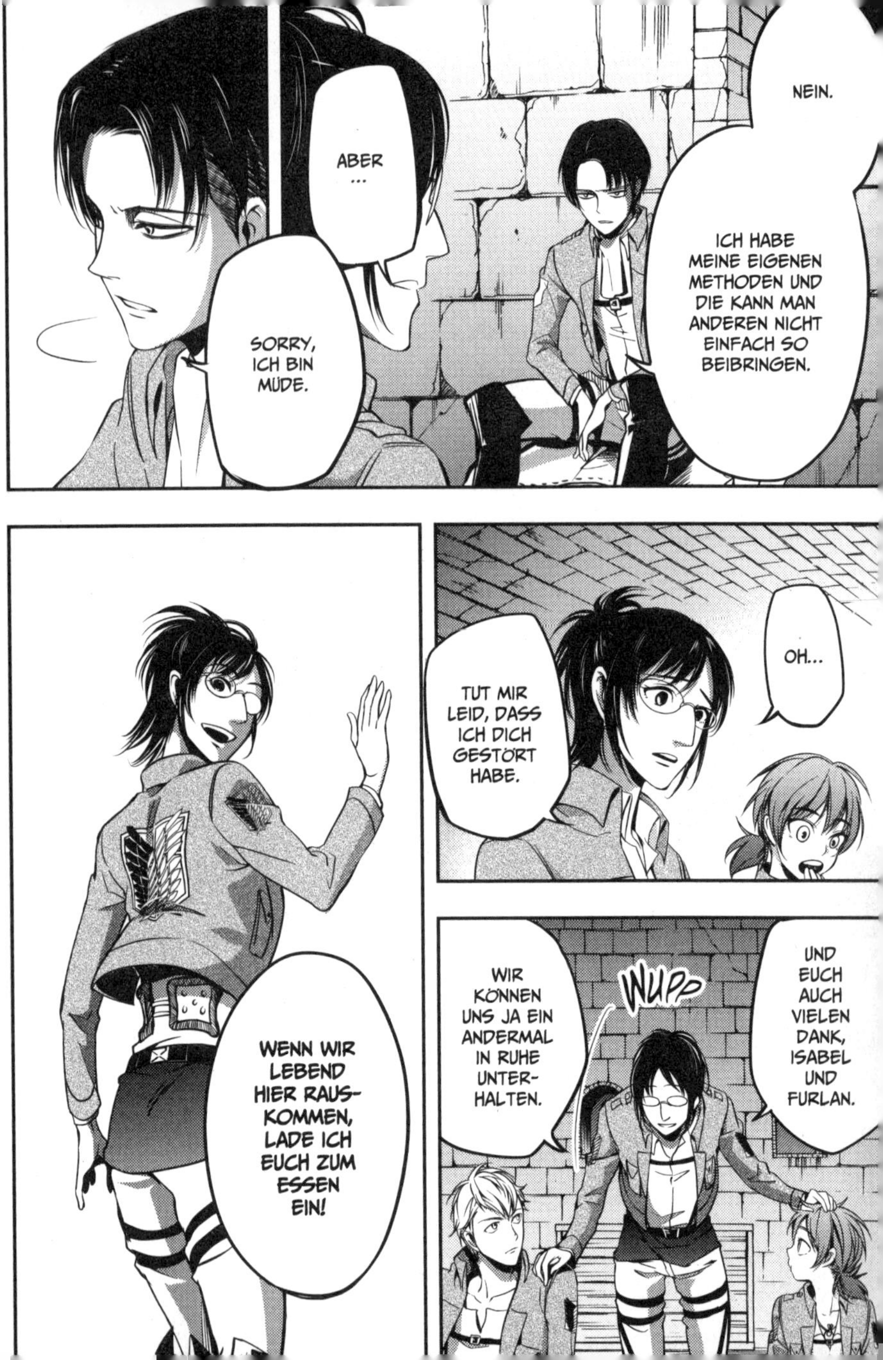
NEIN.
ICH HABE MEINE EIGENEN METHODEN UND DIE KANN MAN ANDEREN NICHT EINFACH SO BEIBRINGEN.
ABER ...
SORRY, ICH BIN MÜDE.
OH...
TUT MIR LEID, DASS ICH DICH GESTÖRT HABE.
UND EUCH AUCH VIELEN DANK, ISABEL UND FURLAN.
WUPP
WIR KÖNNEN UNS JA EIN ANDERMAL IN RUHE UNTER-HALTEN.
WENN WIR LEBEND HIER RAUS-KOMMEN, LADE ICH EUCH ZUM ESSEN EIN!

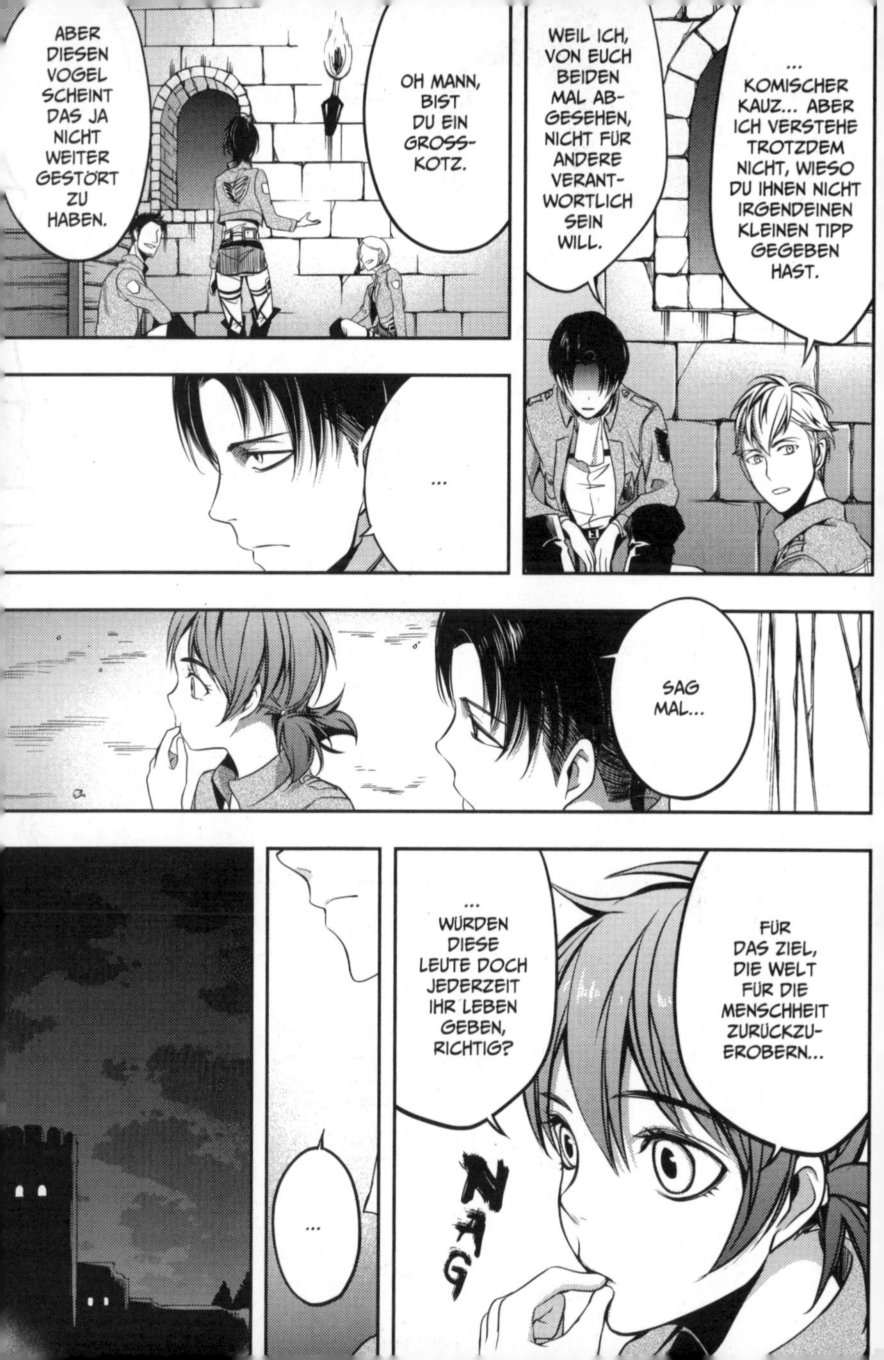
... KOMISCHER KAUZ... ABER ICH VERSTEHE TROTZDEM NICHT, WIESO DU IHNEN NICHT IRGENDEINEN KLEINEN TIPP GEGEBEN HAST.
WEIL ICH, VON EUCH BEIDEN MAL ABGESEHEN, NICHT FÜR ANDERE VERANTWORTLICH SEIN WILL.
OH MANN, BIST DU EIN GROSSKOTZ.
ABER DIESEN VOGEL SCHEINT DAS JA NICHT WEITER GESTÖRT ZU HABEN.
...
SAG MAL...
FÜR DAS ZIEL, DIE WELT FÜR DIE MENSCHHEIT ZURÜCKZUEROBERN...
... WÜRDEN DIESE LEUTE DOCH JEDERZEIT IHR LEBEN GEBEN, RICHTIG?
ZAG
...

ATTACK ON TITAN
NO REGRETS

# 6. Kapitel: Organische Einheit

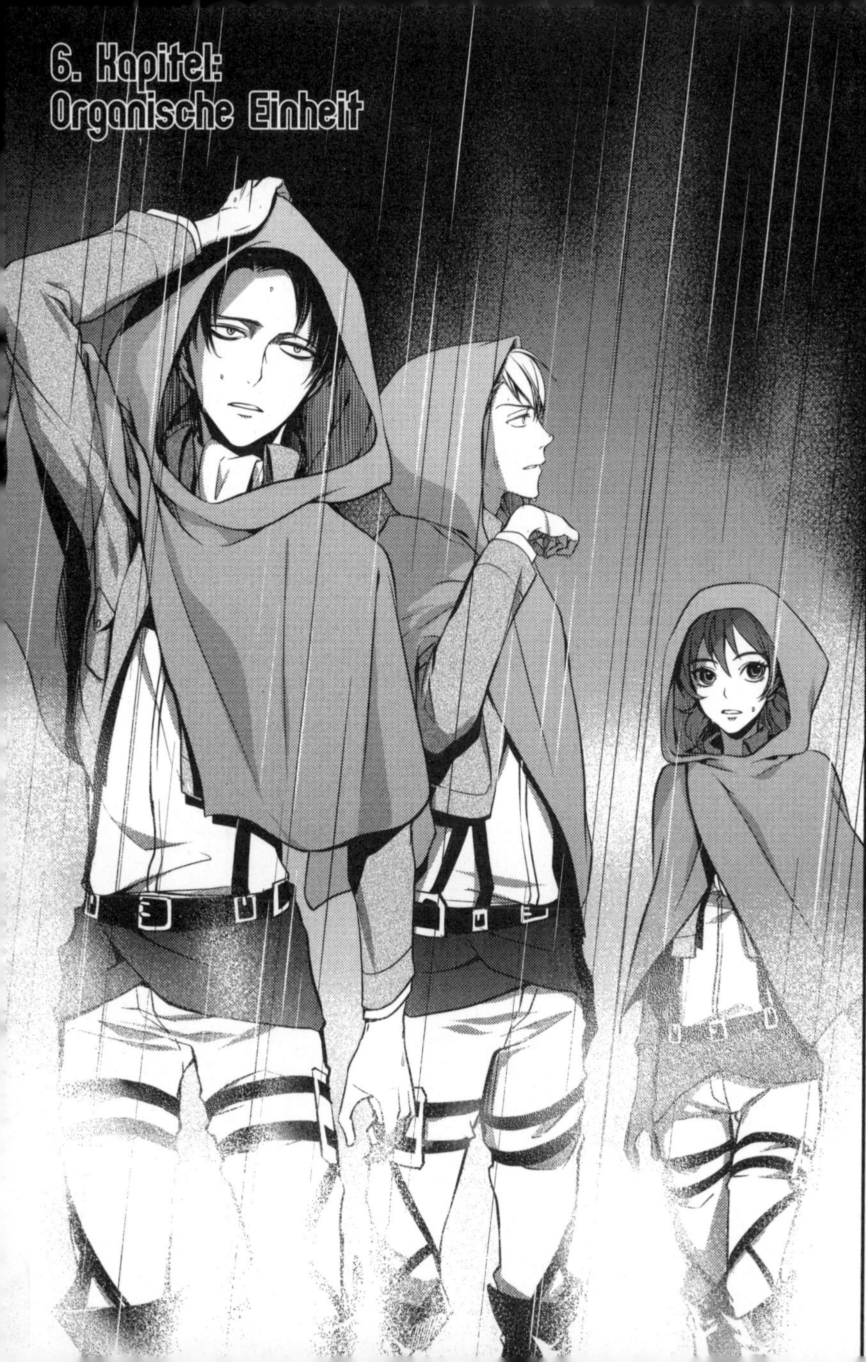

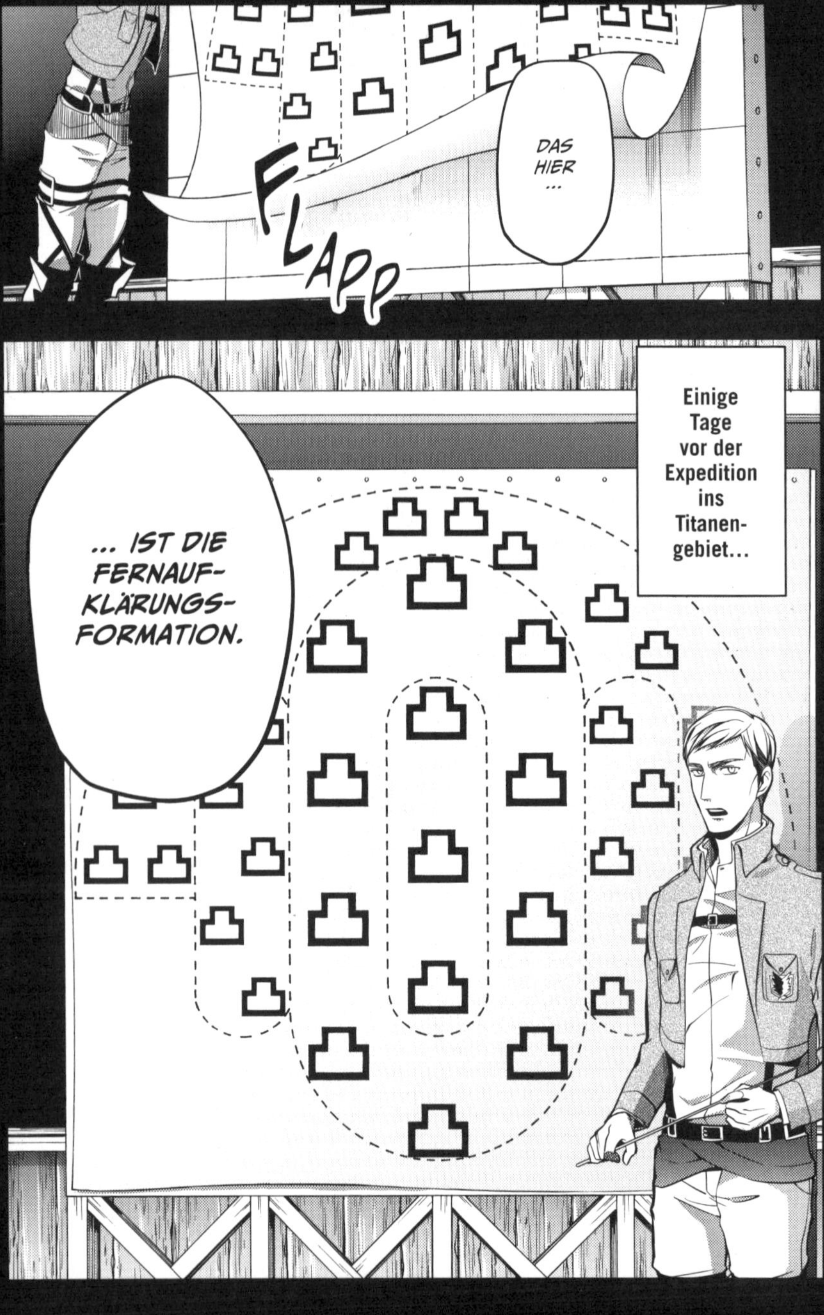
DAS HIER ...
FLAPP
Einige Tage vor der Expedition ins Titanengebiet...
... IST DIE FERNAUFKLÄRUNGSFORMATION.

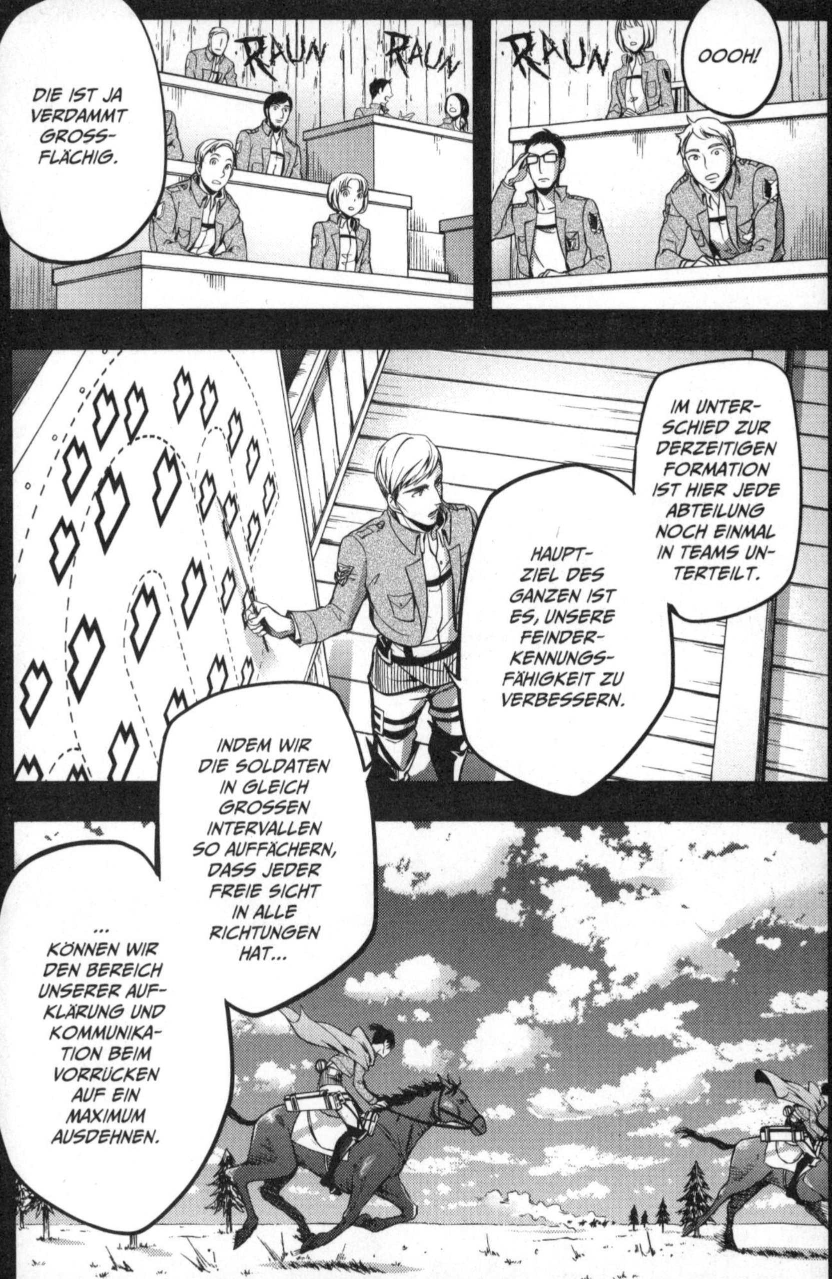
RAUN RAUN
RAUN
OOOH!
DIE IST JA VERDAMMT GROSS-FLÄCHIG.
IM UNTER-SCHIED ZUR DERZEITIGEN FORMATION IST HIER JEDE ABTEILUNG NOCH EINMAL IN TEAMS UN-TERTEILT.
HAUPT-ZIEL DES GANZEN IST ES, UNSERE FEINDER-KENNUNGS-FÄHIGKEIT ZU VERBESSERN.
INDEM WIR DIE SOLDATEN IN GLEICH GROSSEN INTERVALLEN SO AUFFÄCHERN, DASS JEDER FREIE SICHT IN ALLE RICHTUNGEN HAT...
... KÖNNEN WIR DEN BEREICH UNSERER AUF-KLÄRUNG UND KOMMUNIKA-TION BEIM VORRÜCKEN AUF EIN MAXIMUM AUSDEHNEN.

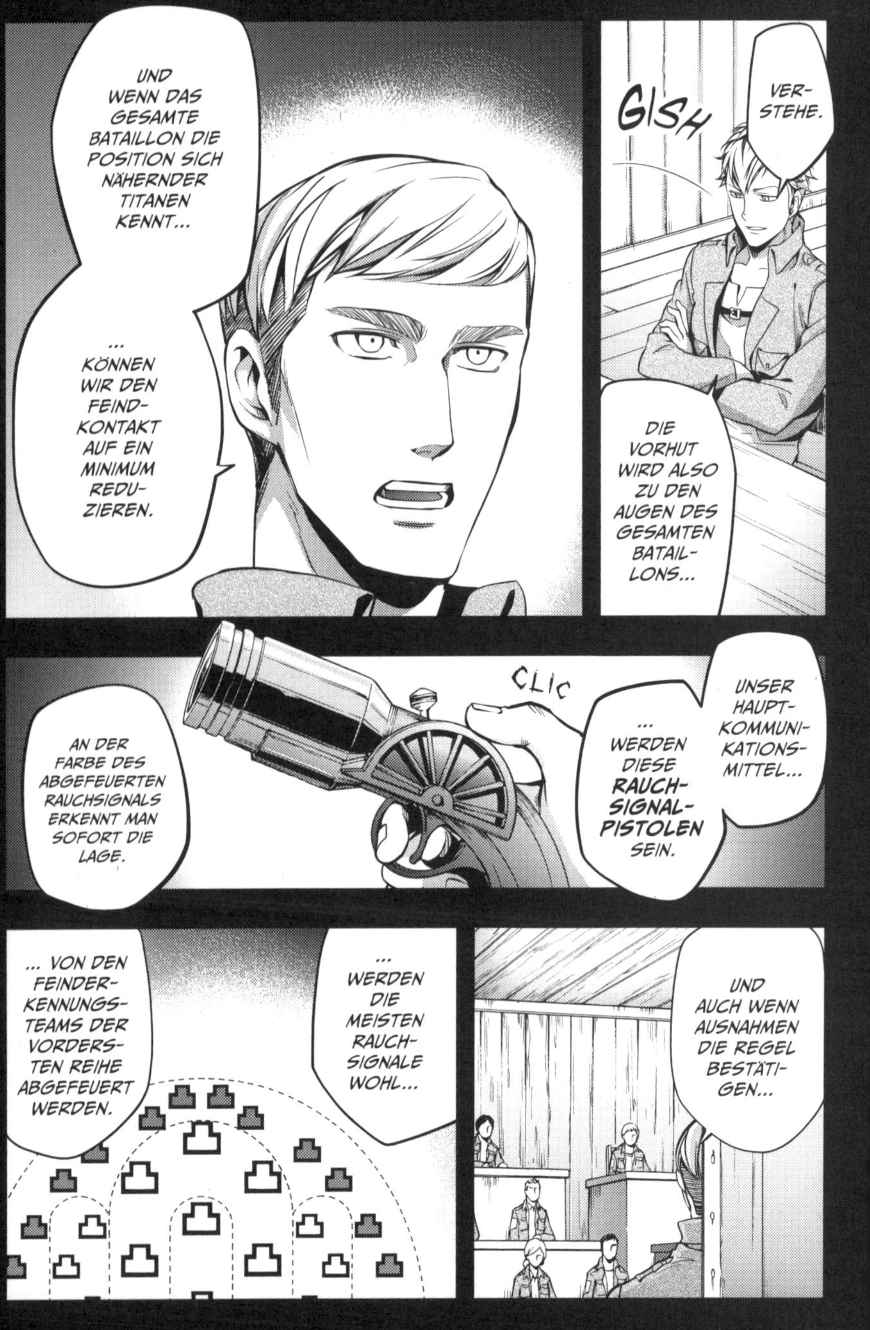

GISH
VERSTEHE.
DIE VORHUT WIRD ALSO ZU DEN AUGEN DES GESAMTEN BATAILLONS...
UND WENN DAS GESAMTE BATAILLON DIE POSITION SICH NÄHERNDER TITANEN KENNT...
... KÖNNEN WIR DEN FEINDKONTAKT AUF EIN MINIMUM REDUZIEREN.
UNSER HAUPTKOMMUNIKATIONSMITTEL...
... WERDEN DIESE **RAUCHSIGNALPISTOLEN** SEIN.
CLIC
AN DER FARBE DES ABGEFEUERTEN RAUCHSIGNALS ERKENNT MAN SOFORT DIE LAGE.
UND AUCH WENN AUSNAHMEN DIE REGEL BESTÄTIGEN...
... WERDEN DIE MEISTEN RAUCHSIGNALE WOHL...
... VON DEN FEINDERKENNUNGSTEAMS DER VORDERSTEN REIHE ABGEFEUERT WERDEN.

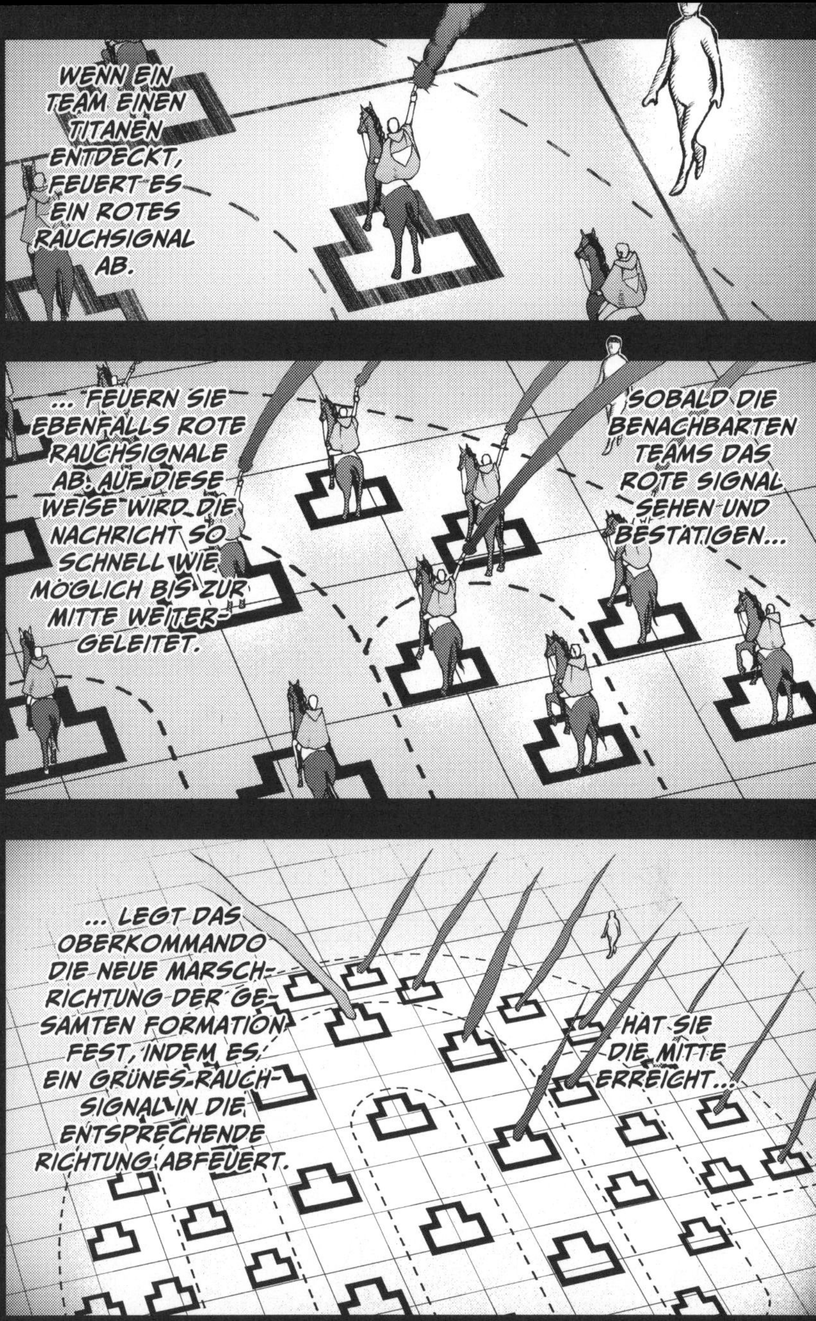
WENN EIN TEAM EINEN TITANEN ENTDECKT, FEUERT ES EIN ROTES RAUCHSIGNAL AB.
SOBALD DIE BENACHBARTEN TEAMS DAS ROTE SIGNAL SEHEN UND BESTÄTIGEN...
... FEUERN SIE EBENFALLS ROTE RAUCHSIGNALE AB. AUF DIESE WEISE WIRD DIE NACHRICHT SO SCHNELL WIE MÖGLICH BIS ZUR MITTE WEITER-GELEITET.
HAT SIE DIE MITTE ERREICHT...
... LEGT DAS OBERKOMMANDO DIE NEUE MARSCH-RICHTUNG DER GE-SAMTEN FORMATION FEST, INDEM ES EIN GRÜNES RAUCH-SIGNAL IN DIE ENTSPRECHENDE RICHTUNG ABFEUERT.

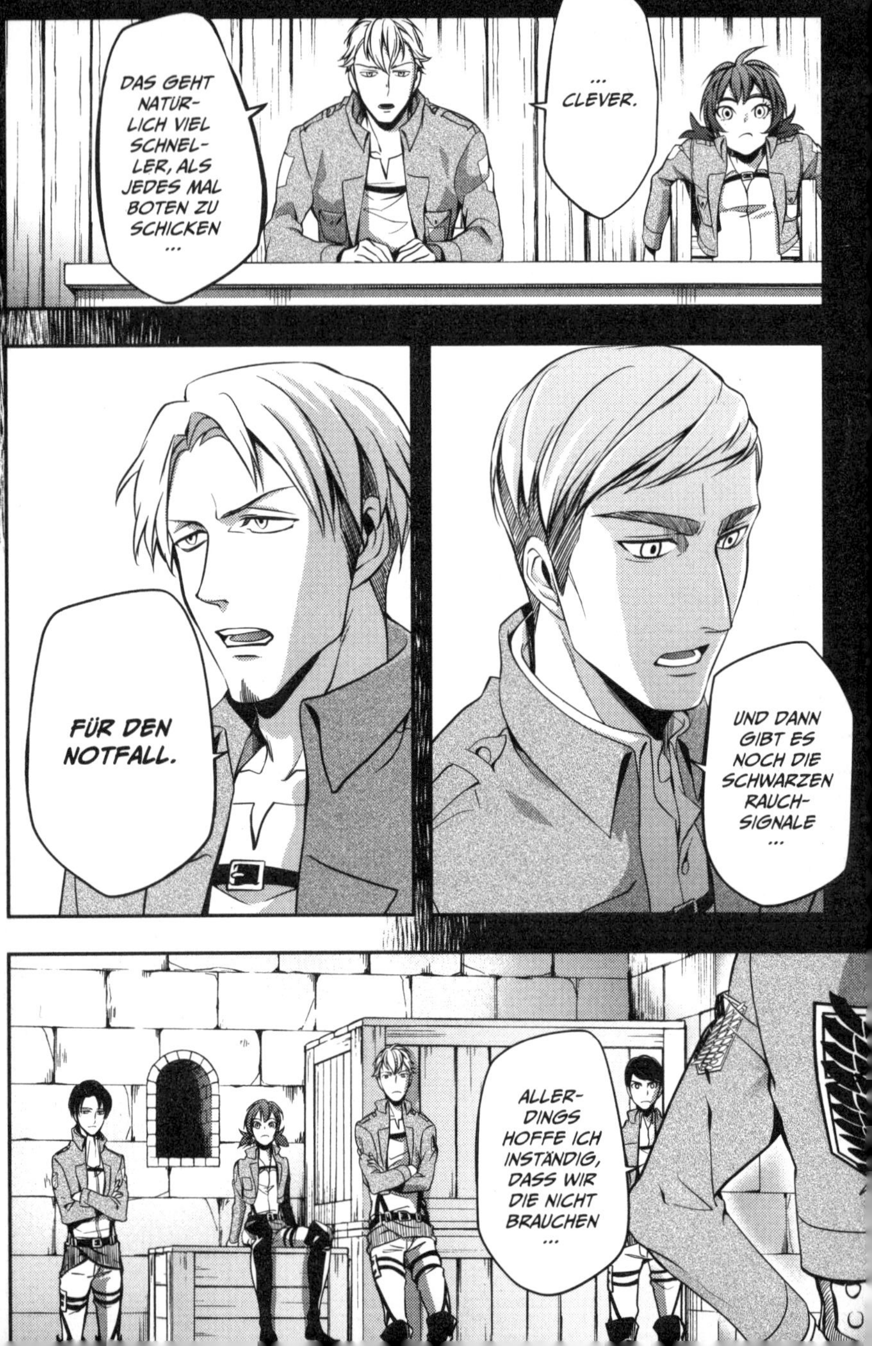
... CLEVER.
DAS GEHT NATÜRLICH VIEL SCHNELLER, ALS JEDES MAL BOTEN ZU SCHICKEN ...
UND DANN GIBT ES NOCH DIE SCHWARZEN RAUCHSIGNALE ...
FÜR DEN NOTFALL.
ALLERDINGS HOFFE ICH INSTÄNDIG, DASS WIR DIE NICHT BRAUCHEN ...

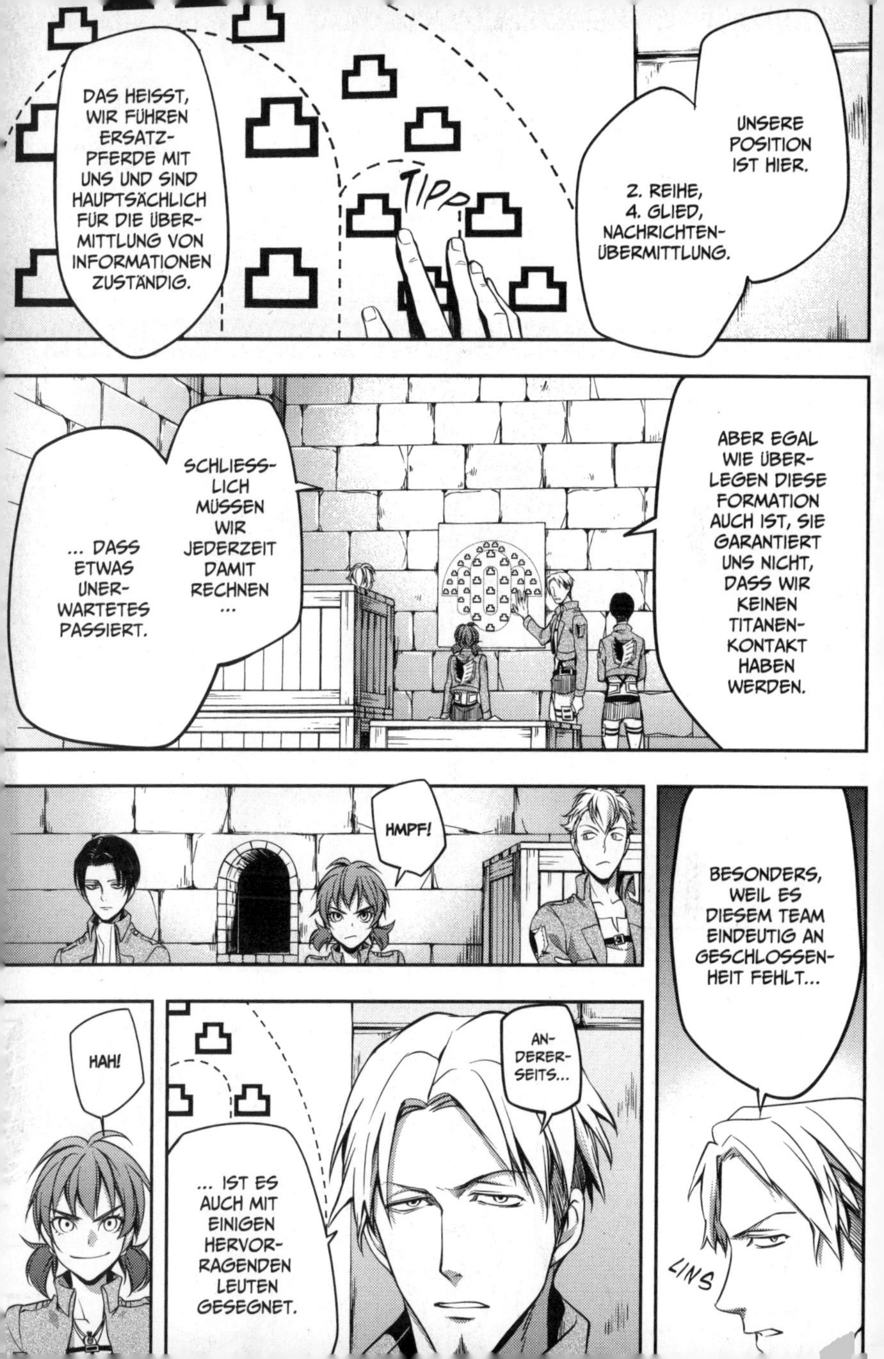
UNSERE POSITION IST HIER.
2. REIHE, 4. GLIED, NACHRICHTENÜBERMITTLUNG.
TIPP
DAS HEISST, WIR FÜHREN ERSATZPFERDE MIT UNS UND SIND HAUPTSÄCHLICH FÜR DIE ÜBERMITTLUNG VON INFORMATIONEN ZUSTÄNDIG.
ABER EGAL WIE ÜBERLEGEN DIESE FORMATION AUCH IST, SIE GARANTIERT UNS NICHT, DASS WIR KEINEN TITANENKONTAKT HABEN WERDEN.
SCHLIESSLICH MÜSSEN WIR JEDERZEIT DAMIT RECHNEN ...
... DASS ETWAS UNERWARTETES PASSIERT.
BESONDERS, WEIL ES DIESEM TEAM EINDEUTIG AN GESCHLOSSENHEIT FEHLT...
HMPF!
ANDERERSEITS...
LINS
... IST ES AUCH MIT EINIGEN HERVORRAGENDEN LEUTEN GESEGNET.
HAH!

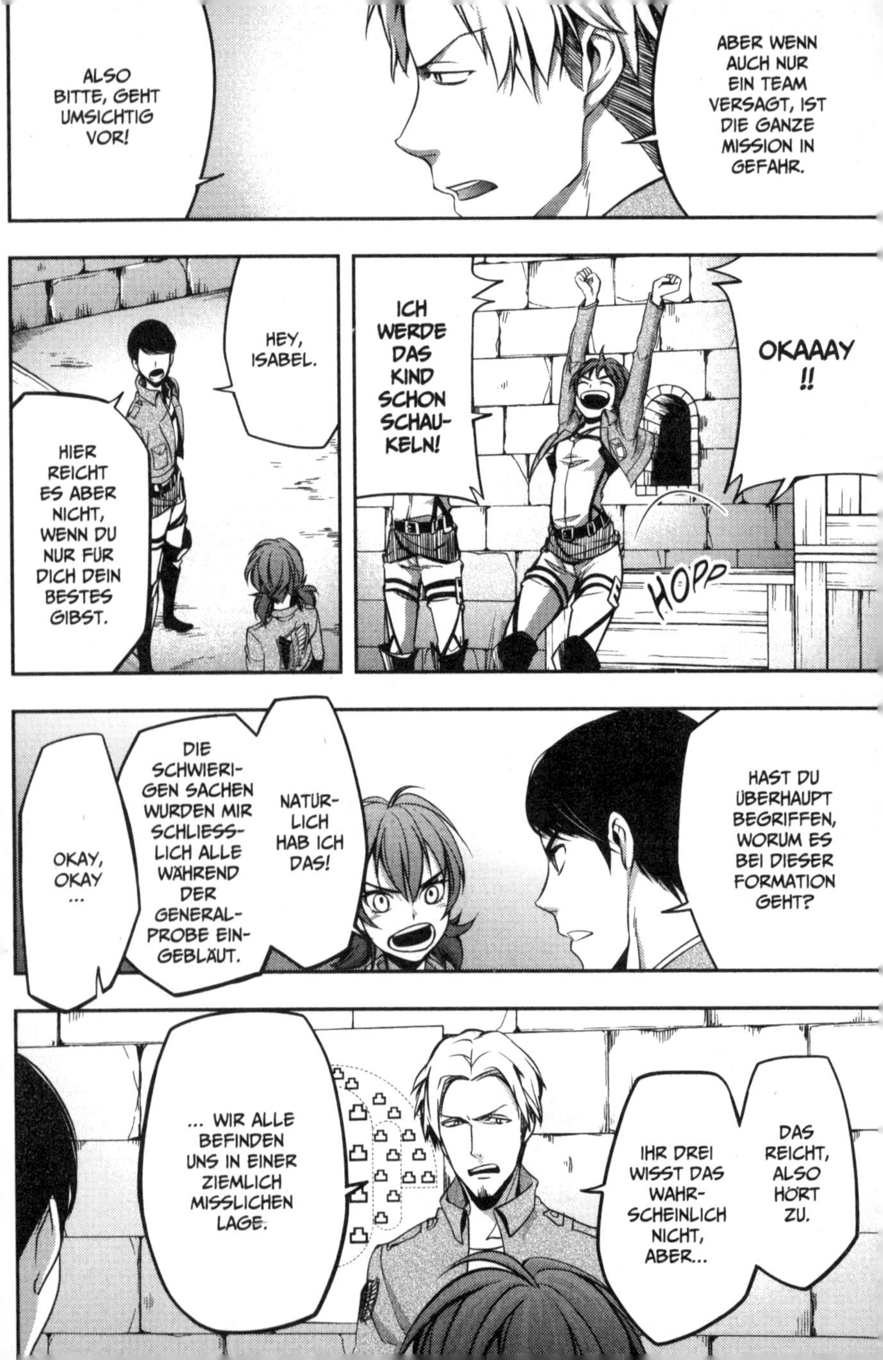
ABER WENN AUCH NUR EIN TEAM VERSAGT, IST DIE GANZE MISSION IN GEFAHR.
ALSO BITTE, GEHT UMSICHTIG VOR!
OKAAAY!!
ICH WERDE DAS KIND SCHON SCHAUKELN!
HOPP
HEY, ISABEL.
HIER REICHT ES ABER NICHT, WENN DU NUR FÜR DICH DEIN BESTES GIBST.
HAST DU ÜBERHAUPT BEGRIFFEN, WORUM ES BEI DIESER FORMATION GEHT?
NATÜRLICH HAB ICH DAS!
DIE SCHWIERIGEN SACHEN WURDEN MIR SCHLIESSLICH ALLE WÄHREND DER GENERALPROBE EINGEBLÄUT.
OKAY, OKAY ...
DAS REICHT, ALSO HÖRT ZU.
IHR DREI WISST DAS WAHRSCHEINLICH NICHT, ABER...
... WIR ALLE BEFINDEN UNS IN EINER ZIEMLICH MISSLICHEN LAGE.

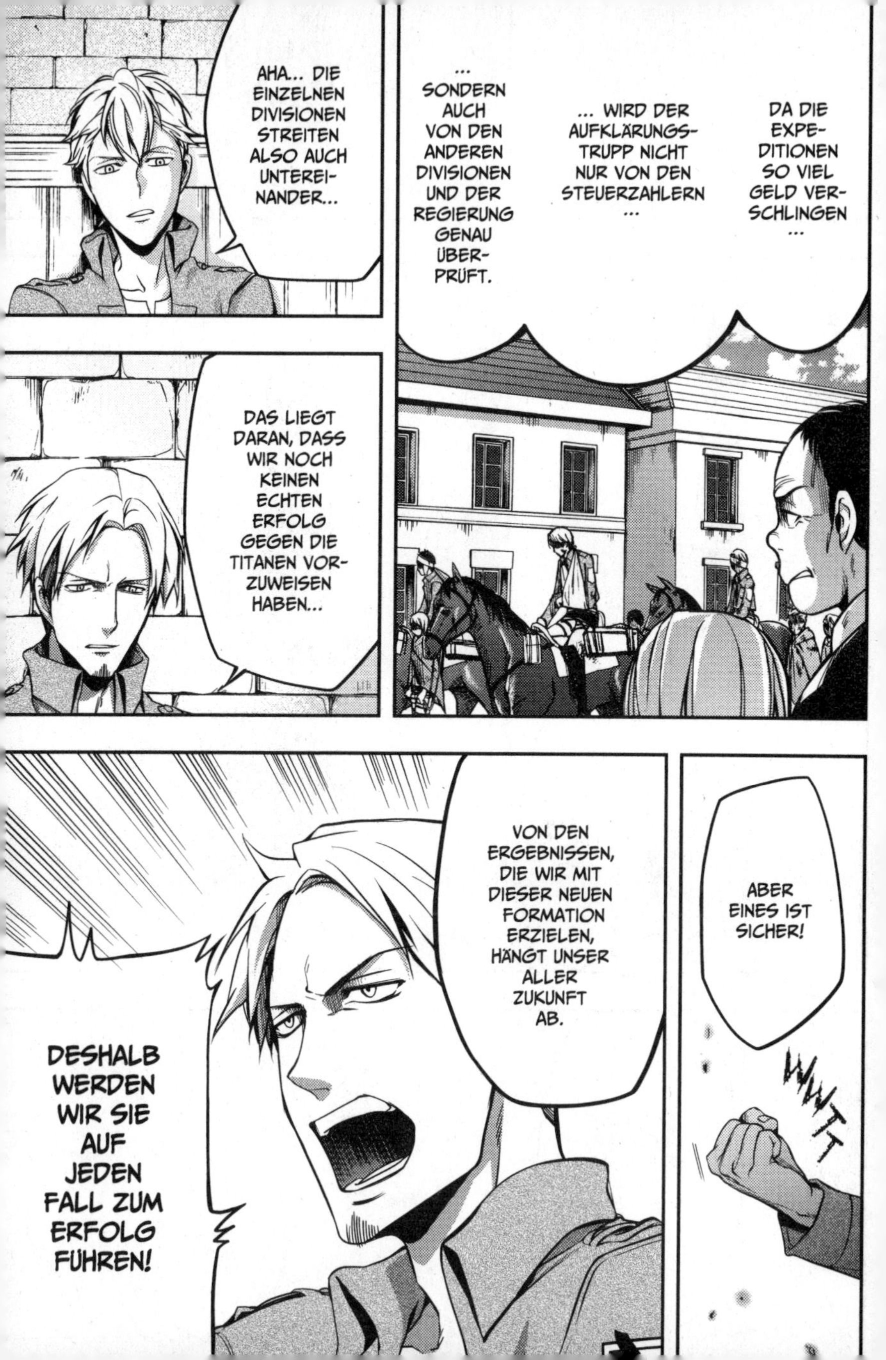
DA DIE EXPEDITIONEN SO VIEL GELD VERSCHLINGEN ...
... WIRD DER AUFKLÄRUNGSTRUPP NICHT NUR VON DEN STEUERZAHLERN ...
... SONDERN AUCH VON DEN ANDEREN DIVISIONEN UND DER REGIERUNG GENAU ÜBERPRÜFT.
AHA... DIE EINZELNEN DIVISIONEN STREITEN ALSO AUCH UNTEREINANDER...
DAS LIEGT DARAN, DASS WIR NOCH KEINEN ECHTEN ERFOLG GEGEN DIE TITANEN VORZUWEISEN HABEN...
ABER EINES IST SICHER!
VON DEN ERGEBNISSEN, DIE WIR MIT DIESER NEUEN FORMATION ERZIELEN, HÄNGT UNSER ALLER ZUKUNFT AB.
DESHALB WERDEN WIR SIE AUF JEDEN FALL ZUM ERFOLG FÜHREN!

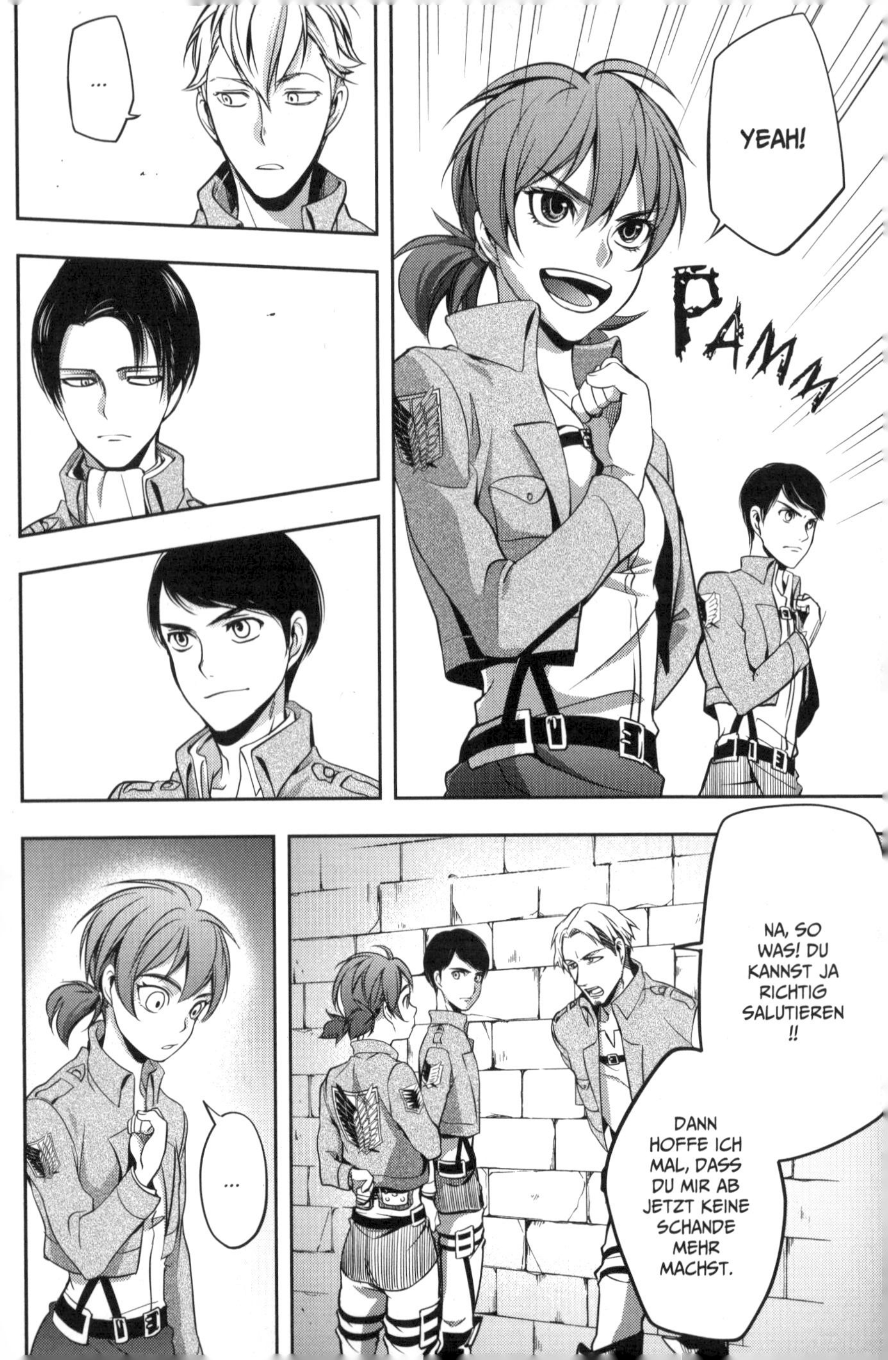
YEAH!
PAMM
...
NA, SO WAS! DU KANNST JA RICHTIG SALUTIEREN !!
DANN HOFFE ICH MAL, DASS DU MIR AB JETZT KEINE SCHANDE MEHR MACHST.
...

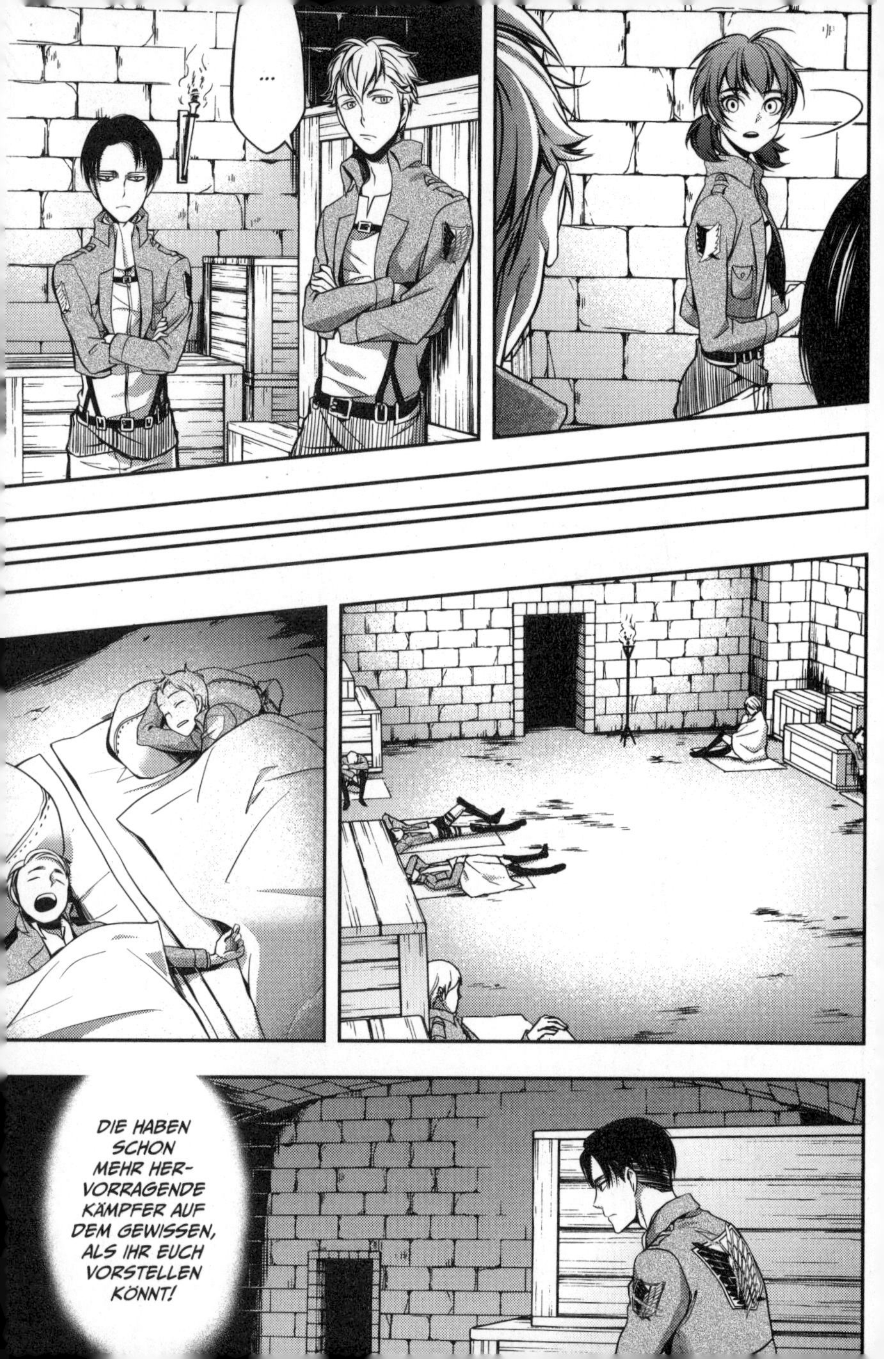
...
DIE HABEN SCHON MEHR HER-VORRAGENDE KÄMPFER AUF DEM GEWISSEN, ALS IHR EUCH VORSTELLEN KÖNNT!

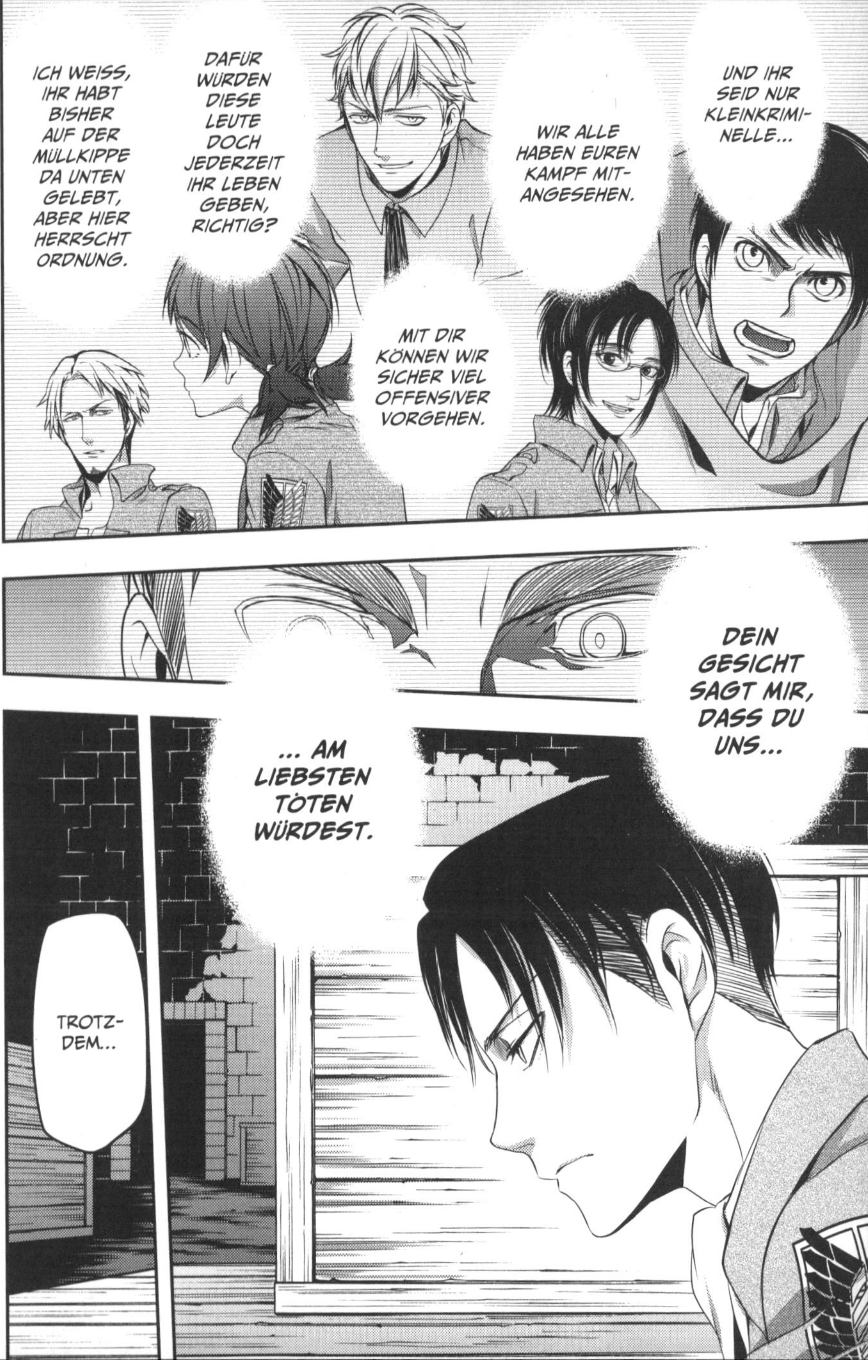
UND IHR SEID NUR KLEINKRIMI-NELLE...
WIR ALLE HABEN EUREN KAMPF MIT-ANGESEHEN.
DAFÜR WÜRDEN DIESE LEUTE DOCH JEDERZEIT IHR LEBEN GEBEN, RICHTIG?
ICH WEISS, IHR HABT BISHER AUF DER MÜLLKIPPE DA UNTEN GELEBT, ABER HIER HERRSCHT ORDNUNG.
MIT DIR KÖNNEN WIR SICHER VIEL OFFENSIVER VORGEHEN.
DEIN GESICHT SAGT MIR, DASS DU UNS...
... AM LIEBSTEN TÖTEN WÜRDEST.
TROTZ-DEM...

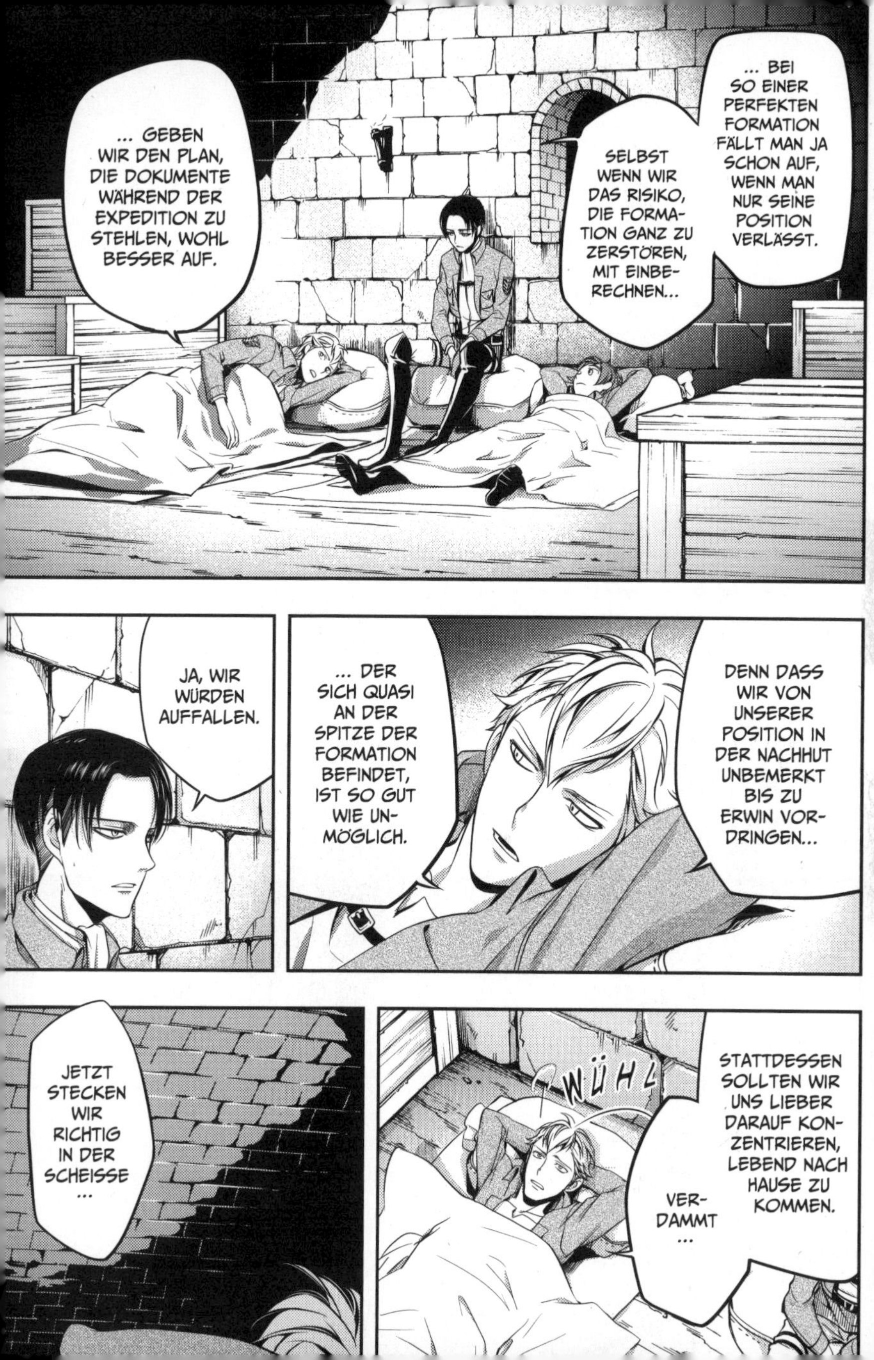

... BEI SO EINER PERFEKTEN FORMATION FÄLLT MAN JA SCHON AUF, WENN MAN NUR SEINE POSITION VERLÄSST.
SELBST WENN WIR DAS RISIKO, DIE FORMATION GANZ ZU ZERSTÖREN, MIT EINBERECHNEN...
... GEBEN WIR DEN PLAN, DIE DOKUMENTE WÄHREND DER EXPEDITION ZU STEHLEN, WOHL BESSER AUF.
DENN DASS WIR VON UNSERER POSITION IN DER NACHHUT UNBEMERKT BIS ZU ERWIN VORDRINGEN...
... DER SICH QUASI AN DER SPITZE DER FORMATION BEFINDET, IST SO GUT WIE UNMÖGLICH.
JA, WIR WÜRDEN AUFFALLEN.
STATTDESSEN SOLLTEN WIR UNS LIEBER DARAUF KONZENTRIEREN, LEBEND NACH HAUSE ZU KOMMEN.
WÜHL
VERDAMMT ...
JETZT STECKEN WIR RICHTIG IN DER SCHEISSE ...

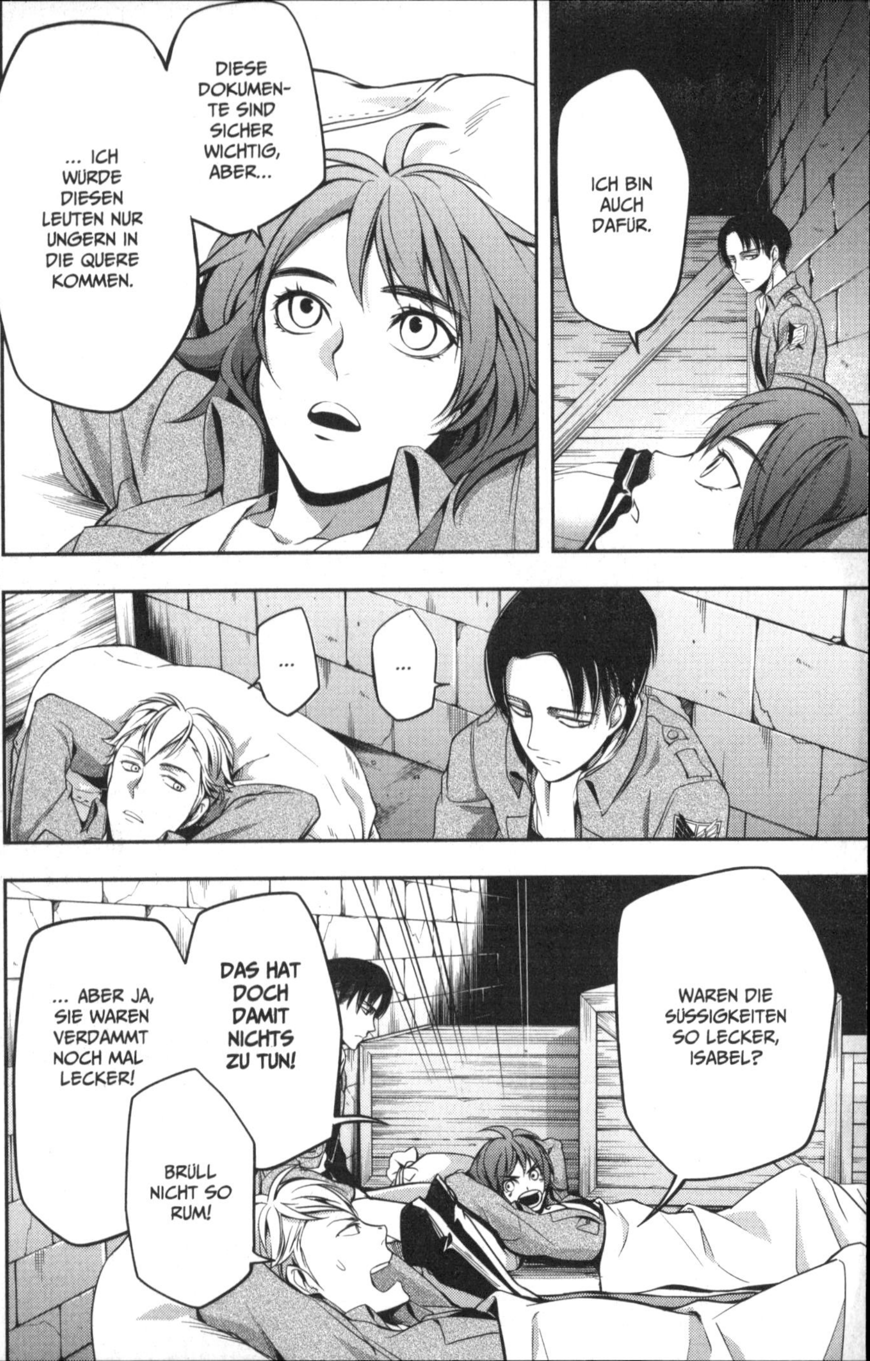
ICH BIN AUCH DAFÜR.
DIESE DOKUMENTE SIND SICHER WICHTIG, ABER...
... ICH WÜRDE DIESEN LEUTEN NUR UNGERN IN DIE QUERE KOMMEN.
...
...
WAREN DIE SÜSSIGKEITEN SO LECKER, ISABEL?
DAS HAT DOCH DAMIT NICHTS ZU TUN!
... ABER JA, SIE WAREN VERDAMMT NOCH MAL LECKER!
BRÜLL NICHT SO RUM!

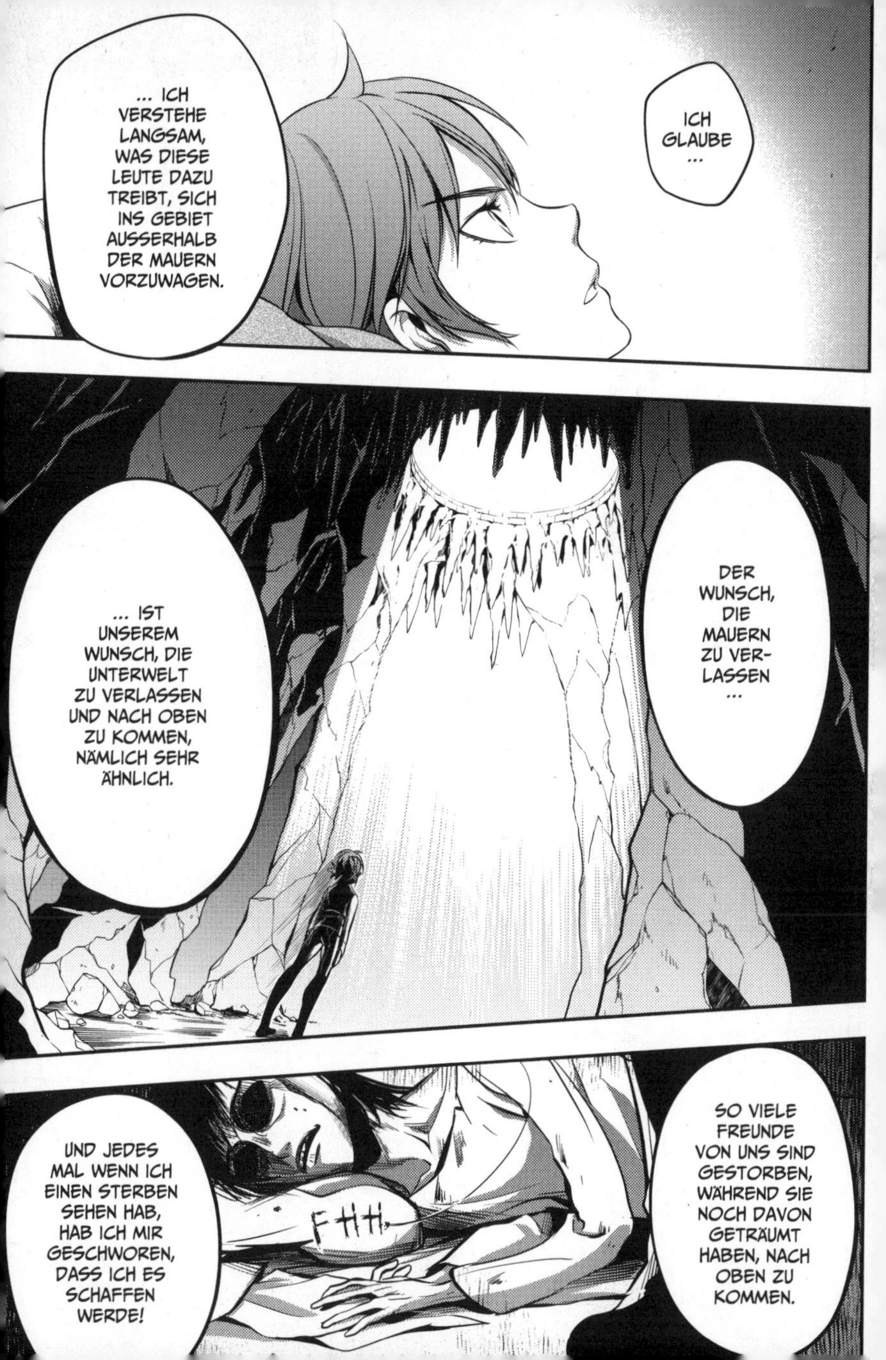
ICH GLAUBE ...
... ICH VERSTEHE LANGSAM, WAS DIESE LEUTE DAZU TREIBT, SICH INS GEBIET AUSSERHALB DER MAUERN VORZUWAGEN.
DER WUNSCH, DIE MAUERN ZU VER-LASSEN ...
... IST UNSEREM WUNSCH, DIE UNTERWELT ZU VERLASSEN UND NACH OBEN ZU KOMMEN, NÄMLICH SEHR ÄHNLICH.
SO VIELE FREUNDE VON UNS SIND GESTORBEN, WÄHREND SIE NOCH DAVON GETRÄUMT HABEN, NACH OBEN ZU KOMMEN.
UND JEDES MAL WENN ICH EINEN STERBEN SEHEN HAB, HAB ICH MIR GESCHWOREN, DASS ICH ES SCHAFFEN WERDE!

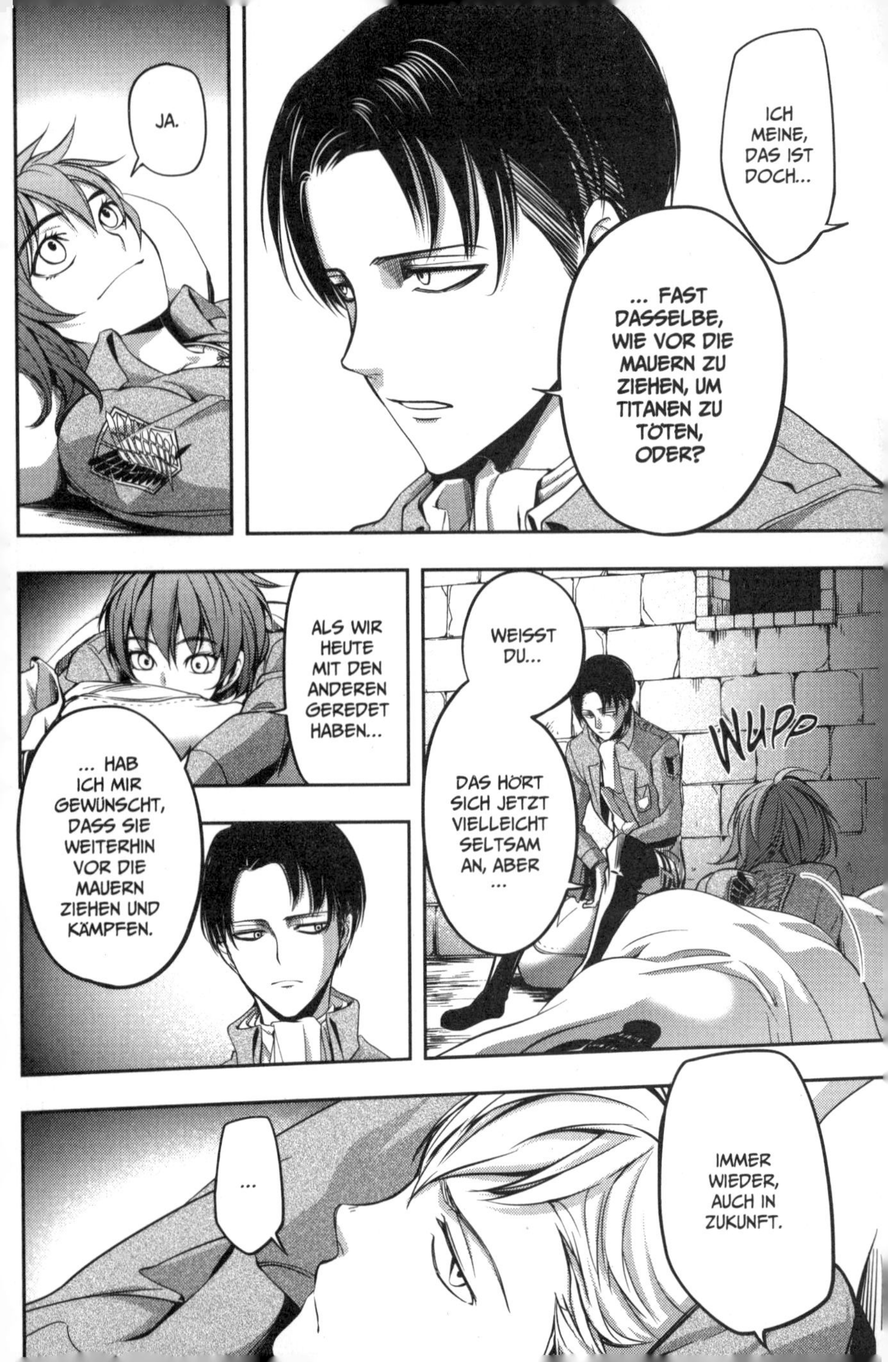
ICH MEINE, DAS IST DOCH...
... FAST DASSELBE, WIE VOR DIE MAUERN ZU ZIEHEN, UM TITANEN ZU TÖTEN, ODER?
JA.
WEISST DU...
DAS HÖRT SICH JETZT VIELLEICHT SELTSAM AN, ABER ...
WUPP
ALS WIR HEUTE MIT DEN ANDEREN GEREDET HABEN...
... HAB ICH MIR GEWÜNSCHT, DASS SIE WEITERHIN VOR DIE MAUERN ZIEHEN UND KÄMPFEN.
IMMER WIEDER, AUCH IN ZUKUNFT.
...

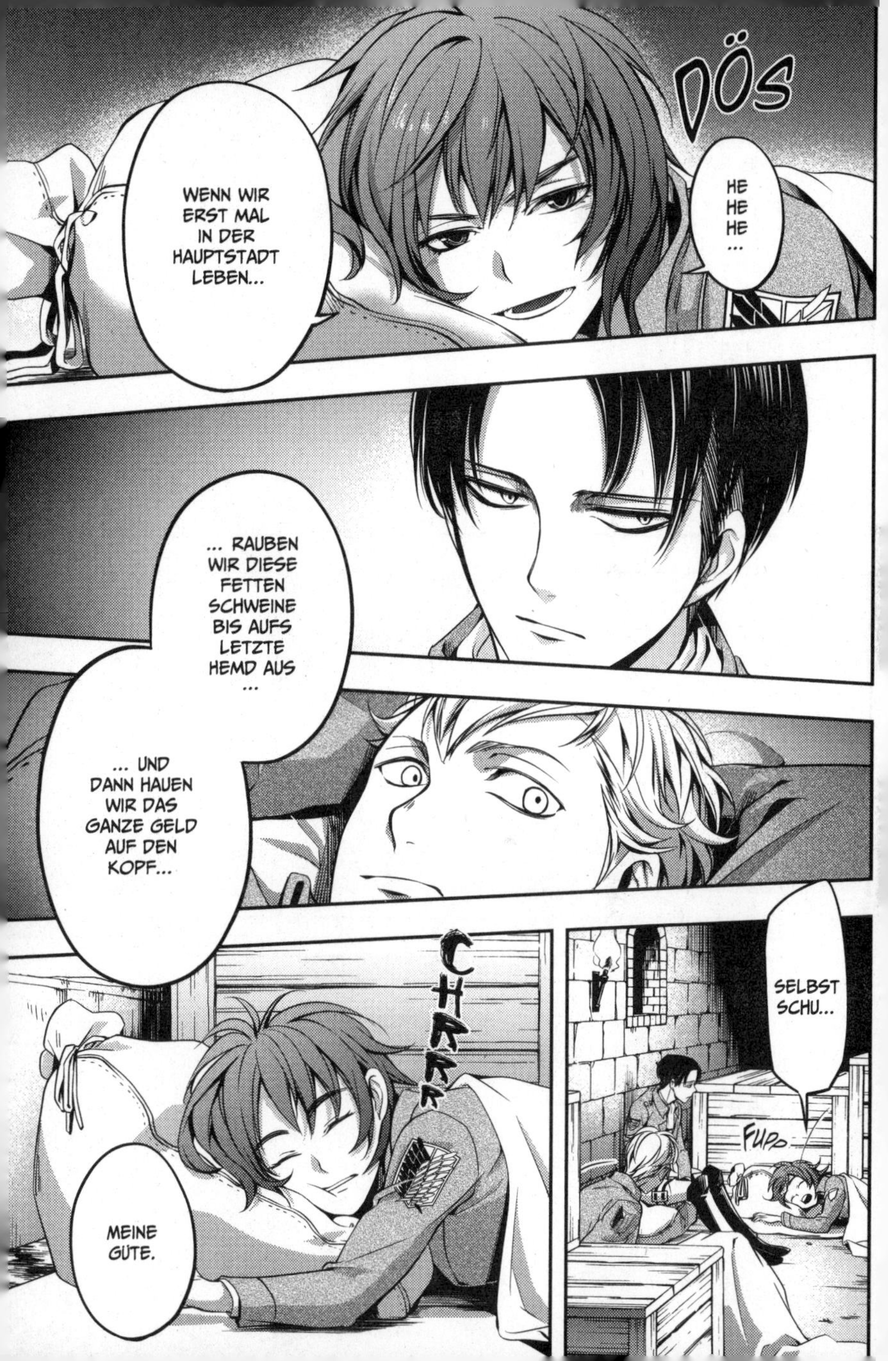
DÖS
HE HE HE ...
WENN WIR ERST MAL IN DER HAUPTSTADT LEBEN...
... RAUBEN WIR DIESE FETTEN SCHWEINE BIS AUFS LETZTE HEMD AUS ...
... UND DANN HAUEN WIR DAS GANZE GELD AUF DEN KOPF...
SELBST SCHU...
FUPO
CHRRR
MEINE GÜTE.

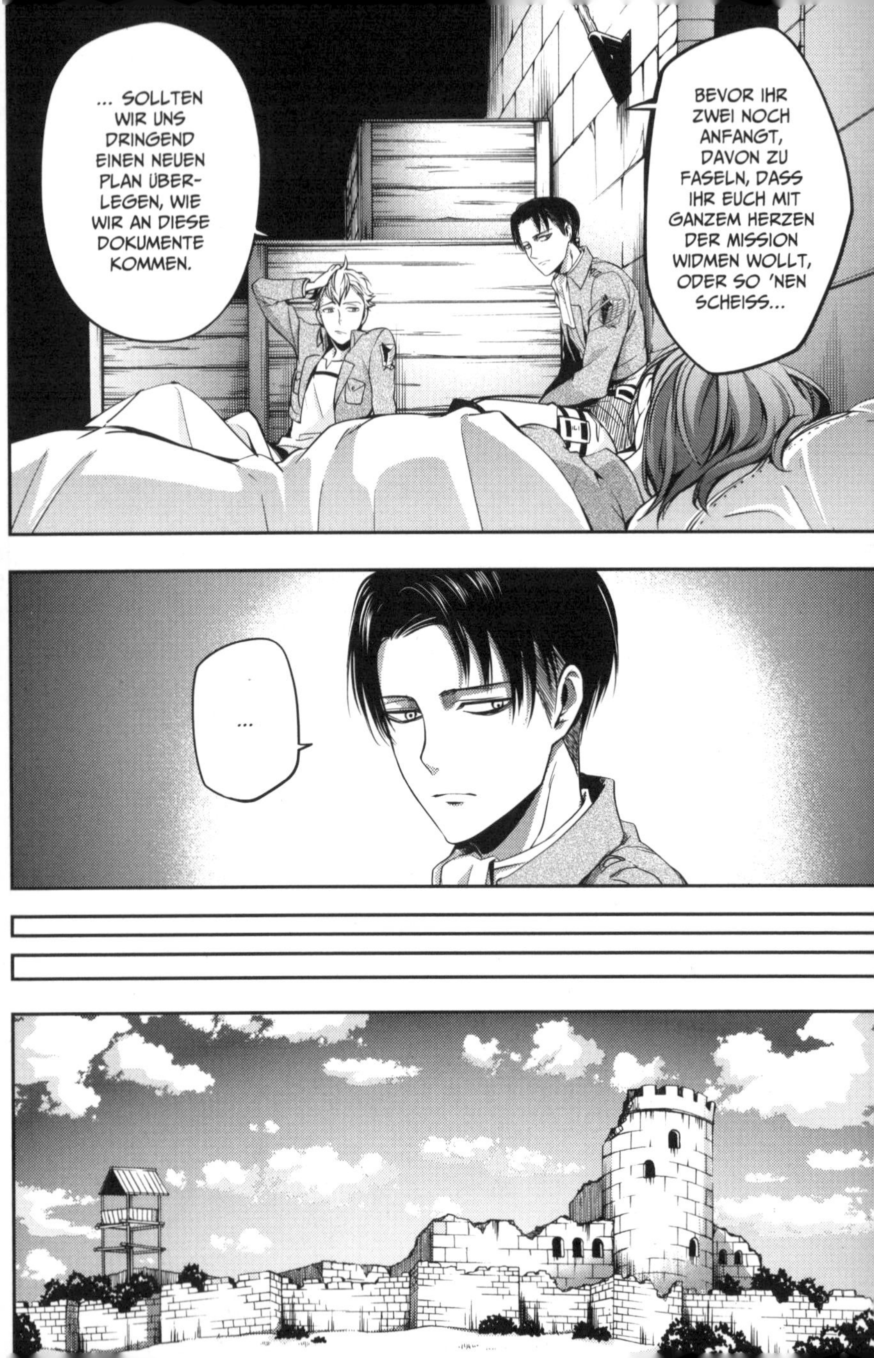
BEVOR IHR ZWEI NOCH ANFANGT, DAVON ZU FASELN, DASS IHR EUCH MIT GANZEM HERZEN DER MISSION WIDMEN WOLLT, ODER SO 'NEN SCHEISS...
... SOLLTEN WIR UNS DRINGEND EINEN NEUEN PLAN ÜBERLEGEN, WIE WIR AN DIESE DOKUMENTE KOMMEN.
...

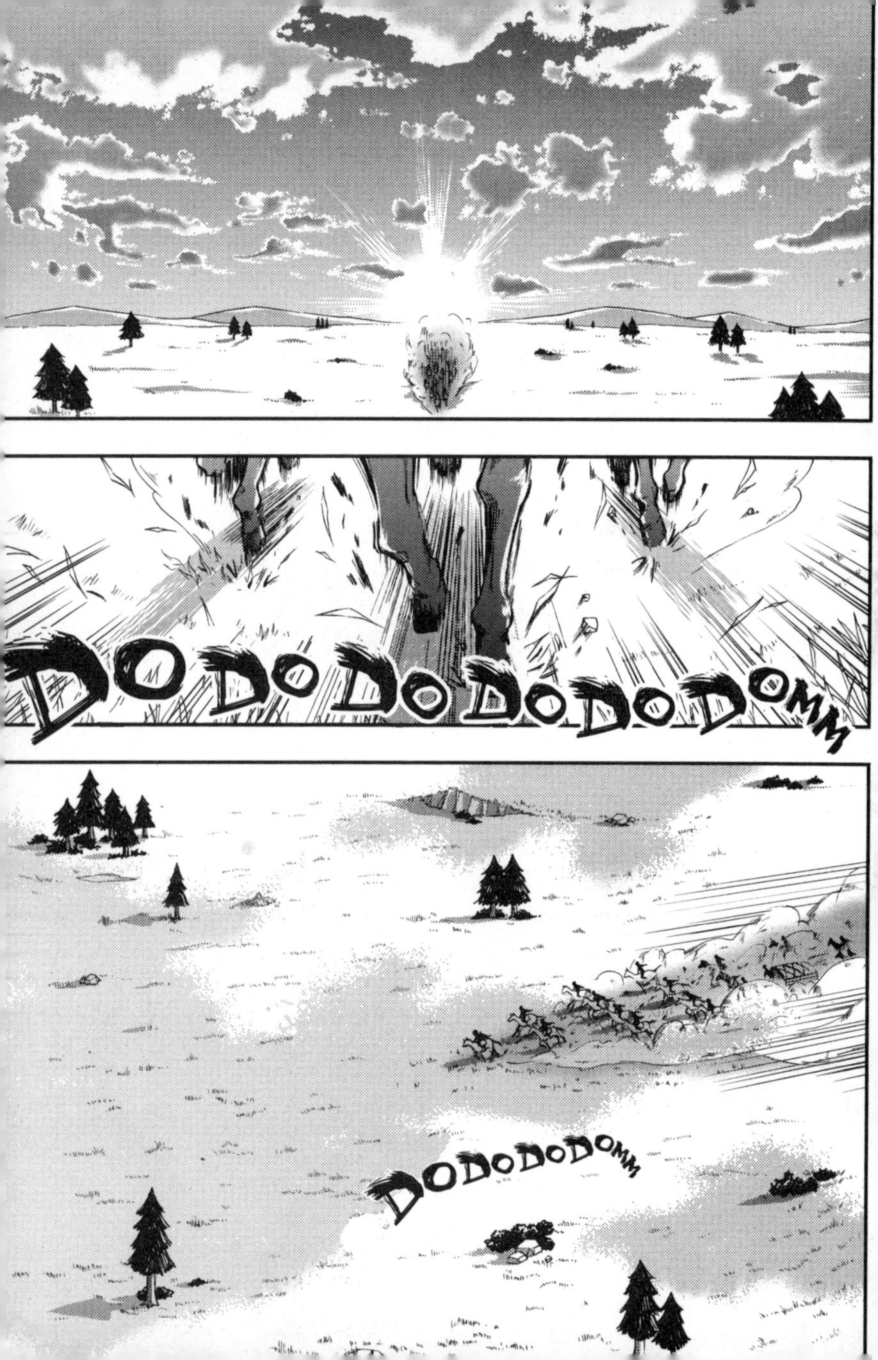
DODODODODODOMM
DODODODOMM

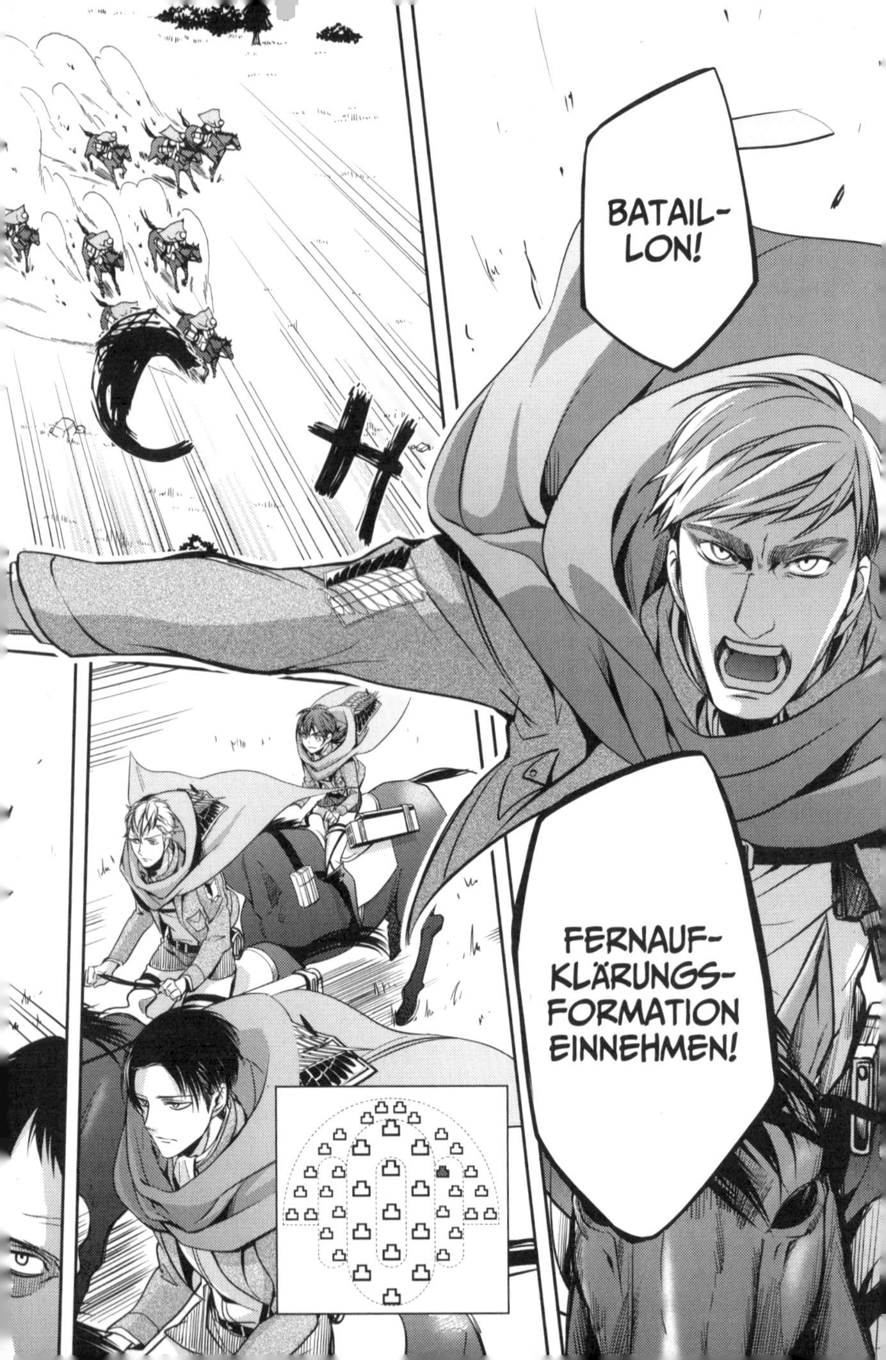
BATAIL-
LON!
FERNAUF-
KLÄRUNGS-
FORMATION
EINNEHMEN!

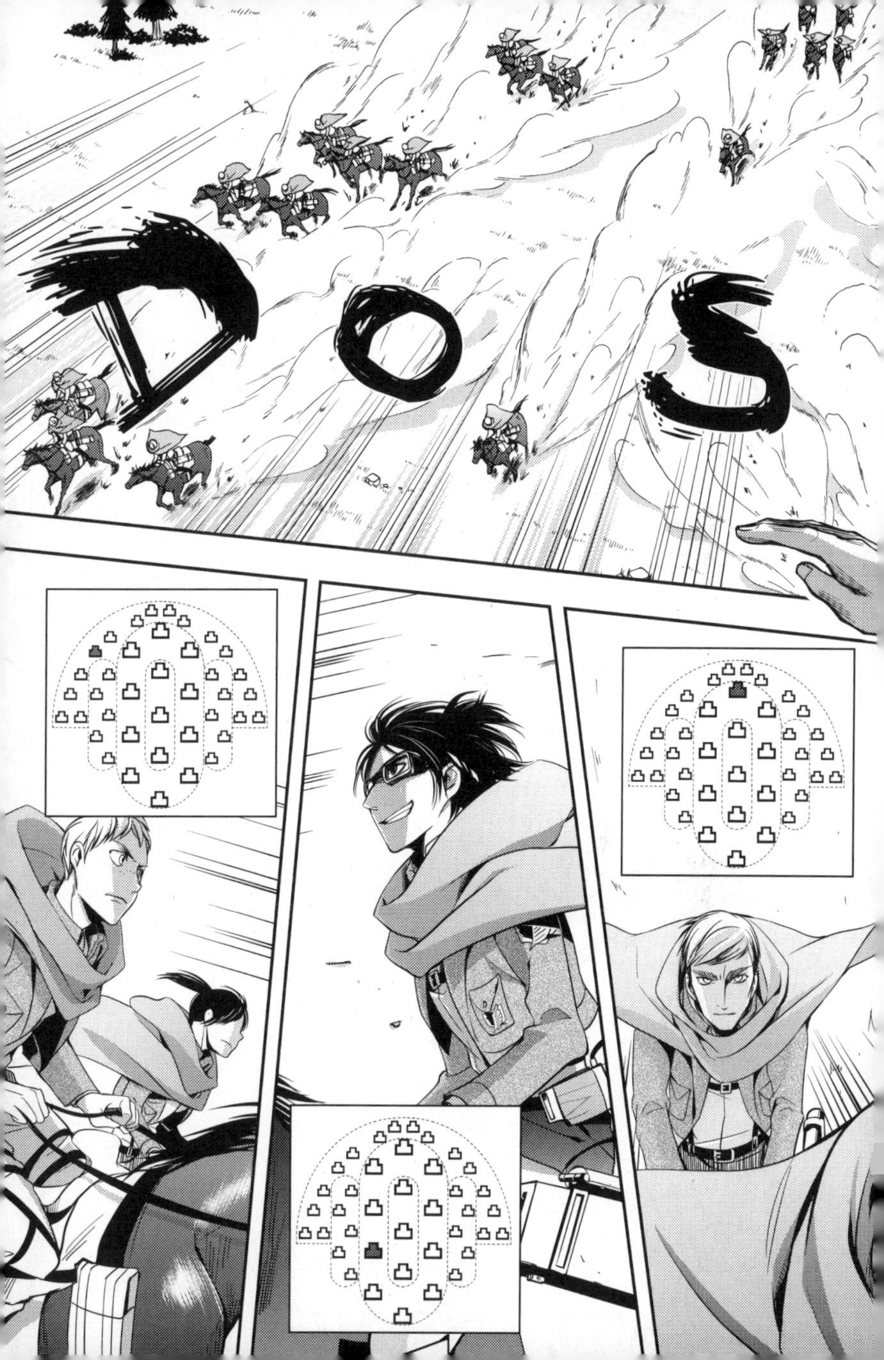
DOS

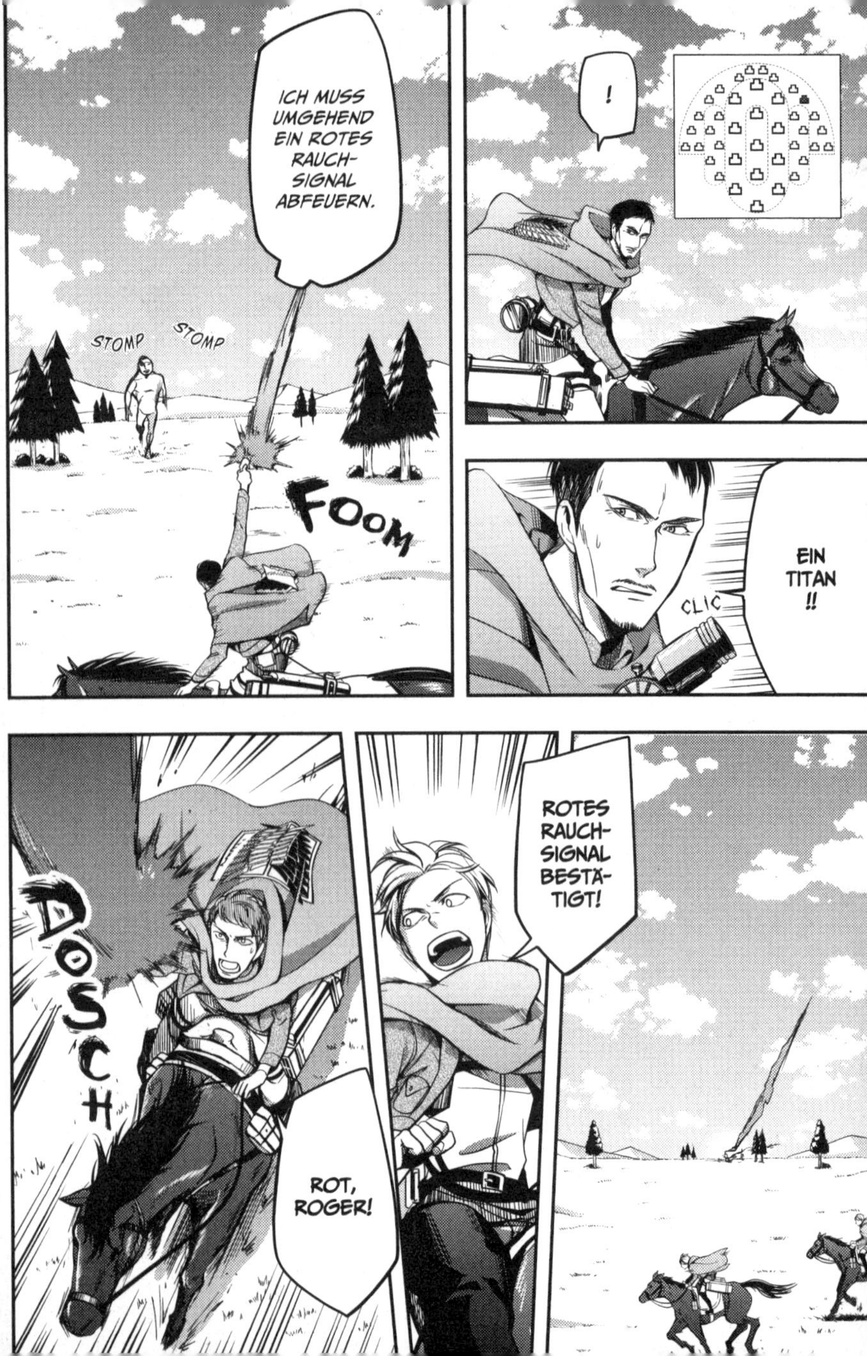
ICH MUSS UMGEHEND EIN ROTES RAUCH-SIGNAL ABFEUERN.
STOMP
STOMP
FOOM
!
EIN TITAN !!
CLIC
DOSCH
ROTES RAUCH-SIGNAL BESTÄ-TIGT!
ROT, ROGER!

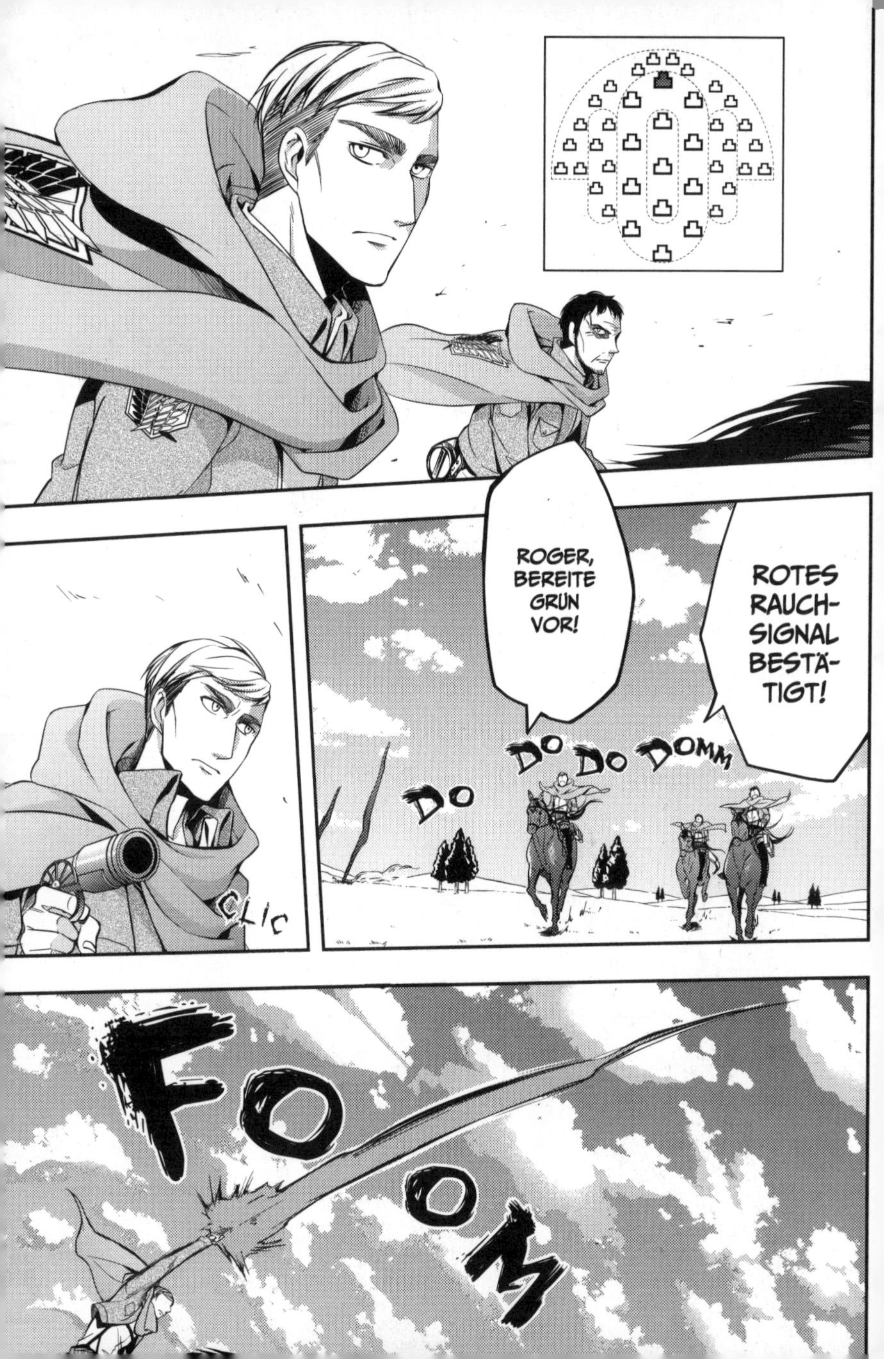
ROTES RAUCH-SIGNAL BESTÄ-TIGT!
ROGER, BEREITE GRÜN VOR!
DO DO DO DOMM
CLIC
FOOOM

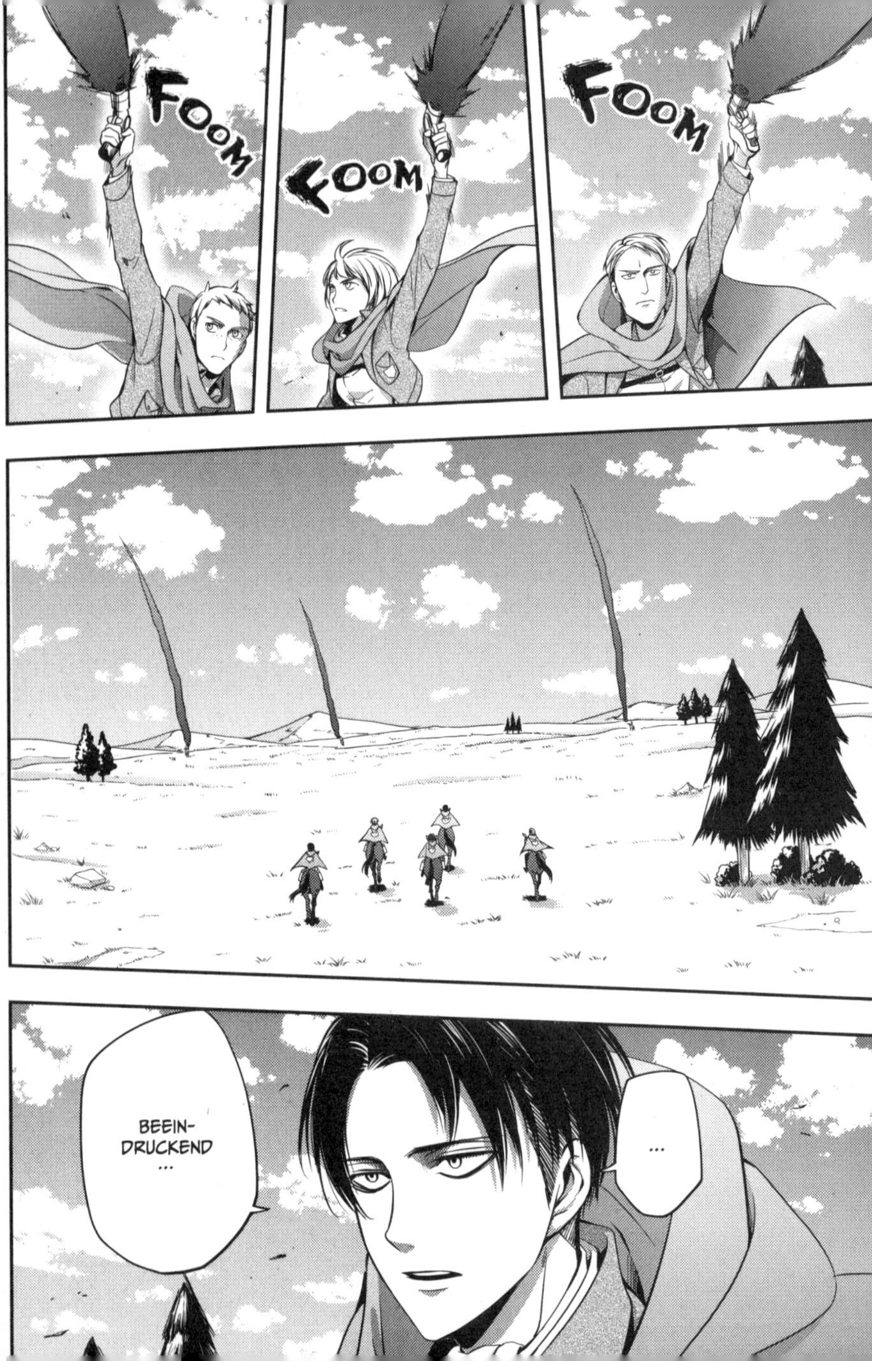
FOOM
FOOM
FOOM
...
BEEIN-
DRUCKEND
...

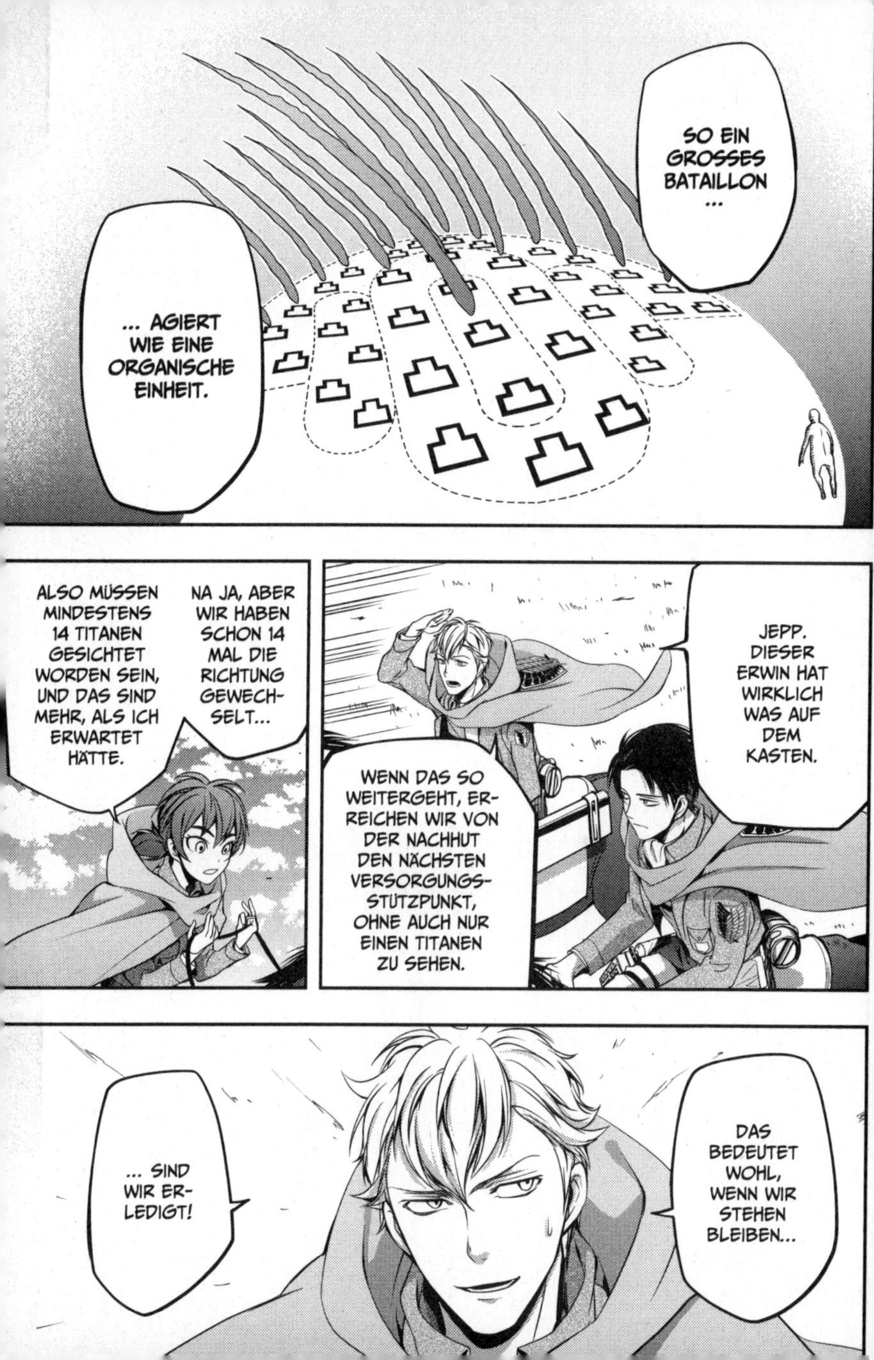
SO EIN GROSSES BATAILLON ...
... AGIERT WIE EINE ORGANISCHE EINHEIT.
JEPP. DIESER ERWIN HAT WIRKLICH WAS AUF DEM KASTEN.
WENN DAS SO WEITERGEHT, ERREICHEN WIR VON DER NACHHUT DEN NÄCHSTEN VERSORGUNGS-STÜTZPUNKT, OHNE AUCH NUR EINEN TITANEN ZU SEHEN.
NA JA, ABER WIR HABEN SCHON 14 MAL DIE RICHTUNG GEWECH-SELT...
ALSO MÜSSEN MINDESTENS 14 TITANEN GESICHTET WORDEN SEIN, UND DAS SIND MEHR, ALS ICH ERWARTET HÄTTE.
DAS BEDEUTET WOHL, WENN WIR STEHEN BLEIBEN...
... SIND WIR ER-LEDIGT!

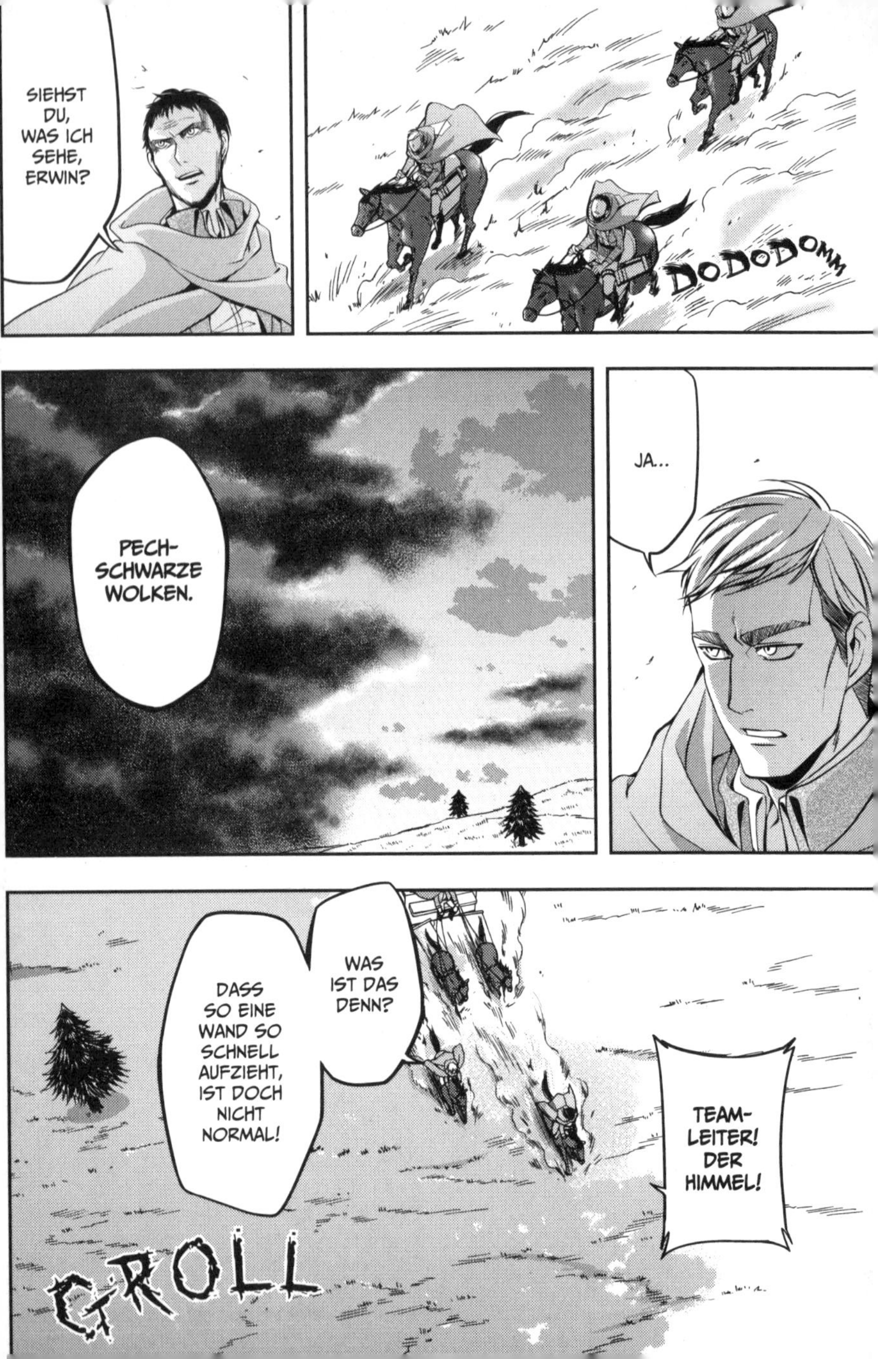
DODODOMM
SIEHST DU, WAS ICH SEHE, ERWIN?
JA...
PECH-SCHWARZE WOLKEN.
TEAM-LEITER! DER HIMMEL!
WAS IST DAS DENN?
DASS SO EINE WAND SO SCHNELL AUFZIEHT, IST DOCH NICHT NORMAL!
GROLL

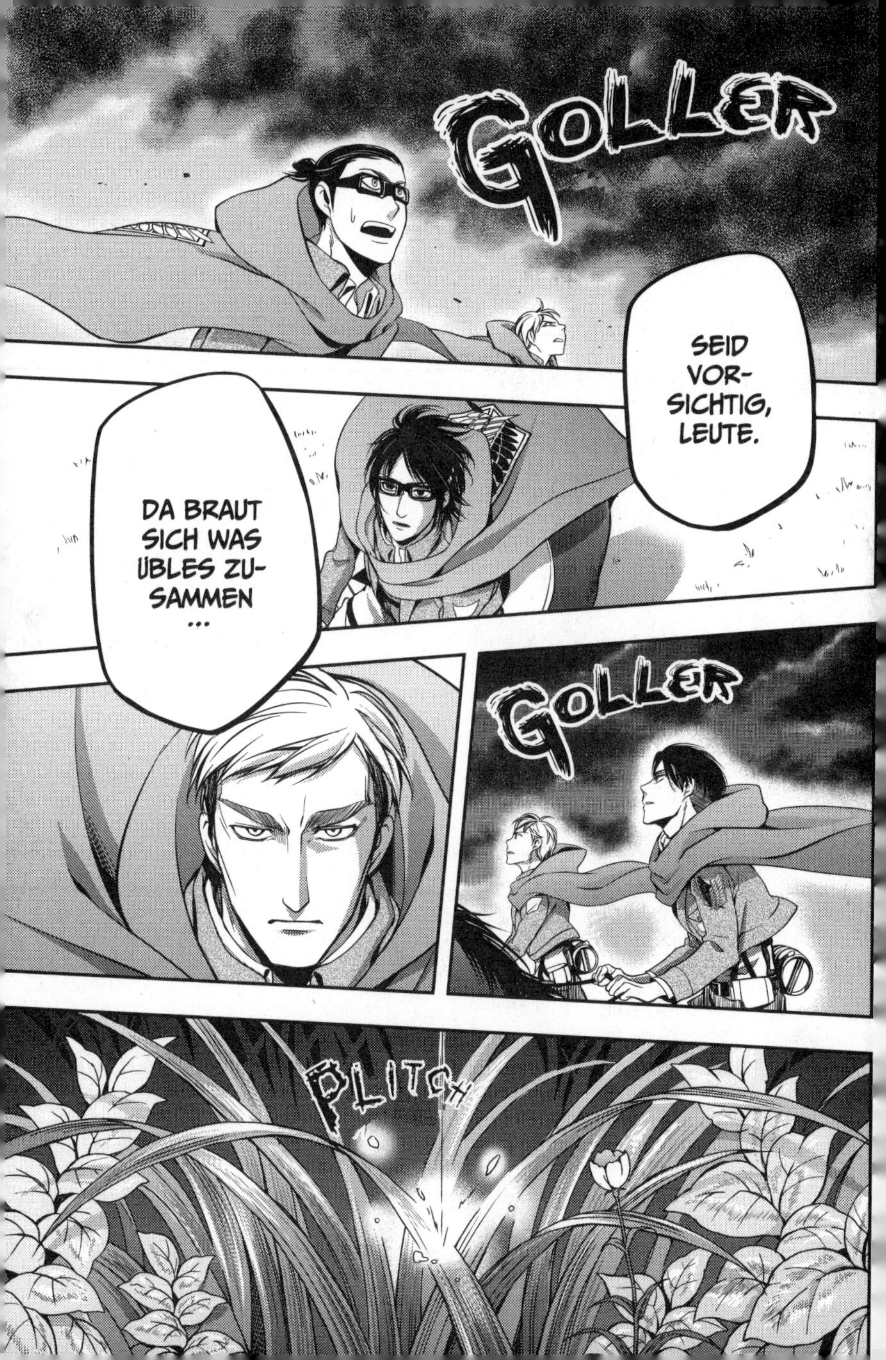
GOLLER
SEID VORSICHTIG, LEUTE.
DA BRAUT SICH WAS ÜBLES ZUSAMMEN ...
GOLLER
PLITCH

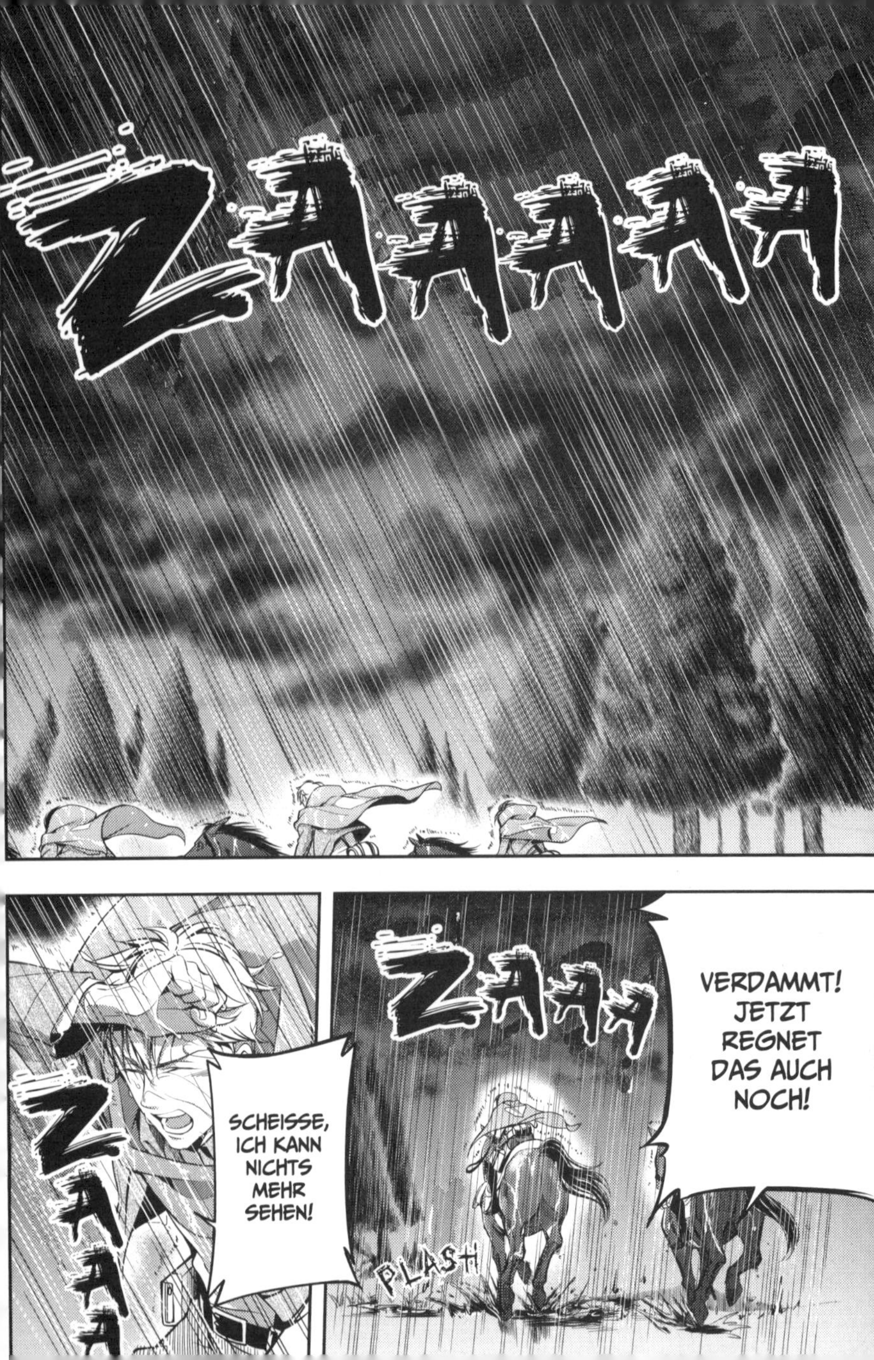
ZAAAAAA
ZAAA
VERDAMMT! JETZT REGNET DAS AUCH NOCH!
PLASH
ZAAAA
SCHEISSE, ICH KANN NICHTS MEHR SEHEN!

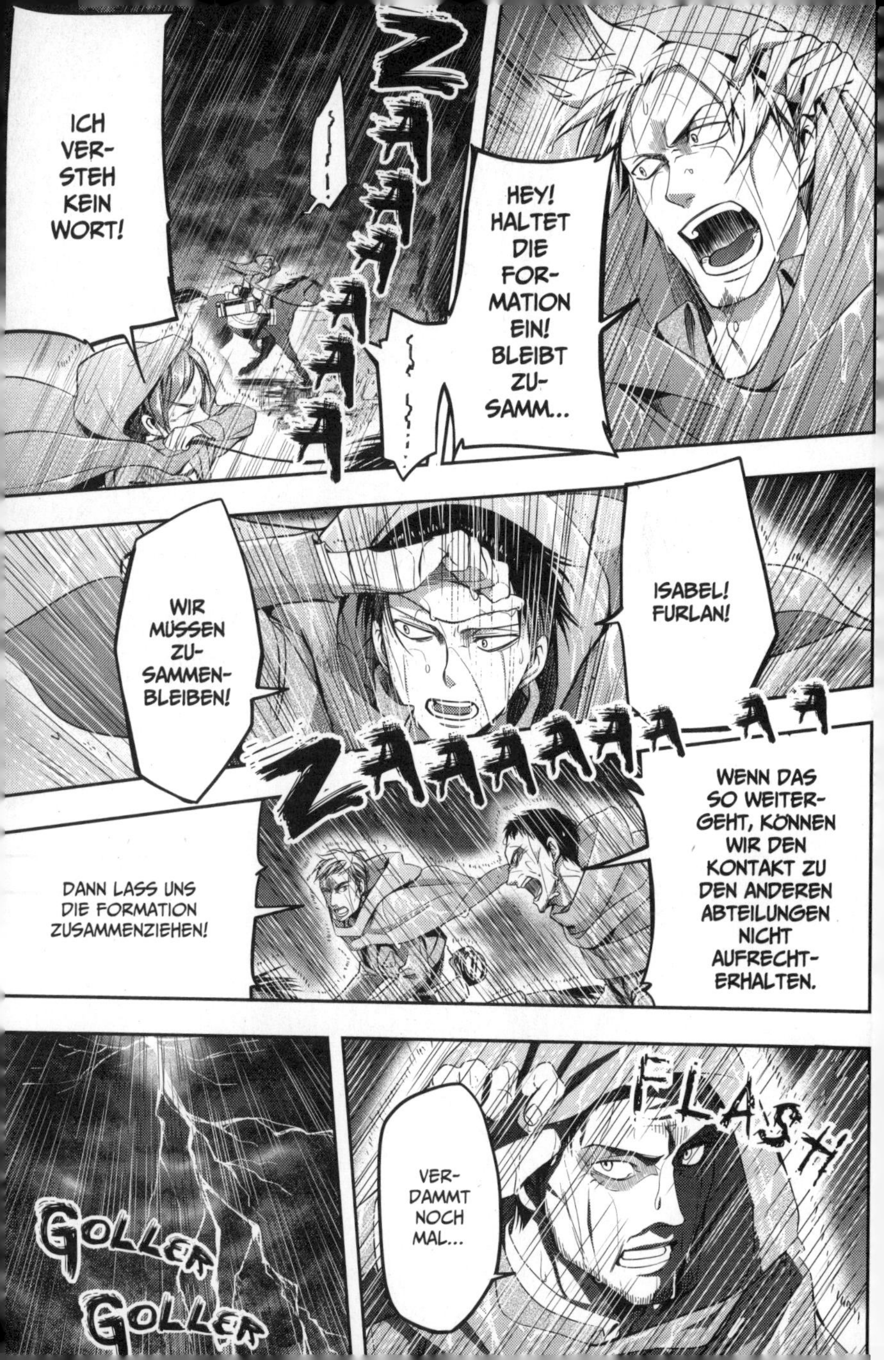

HEY! HALTET DIE FORMATION EIN! BLEIBT ZUSAMM...
ZAAAAAA
ICH VER-STEH KEIN WORT!
ISABEL! FURLAN!
WIR MÜSSEN ZU-SAMMEN-BLEIBEN!
ZAAAAAA-AA
WENN DAS SO WEITER-GEHT, KÖNNEN WIR DEN KONTAKT ZU DEN ANDEREN ABTEILUNGEN NICHT AUFRECHT-ERHALTEN.
DANN LASS UNS DIE FORMATION ZUSAMMENZIEHEN!
FLASH
VER-DAMMT NOCH MAL...
GOLLER GOLLER

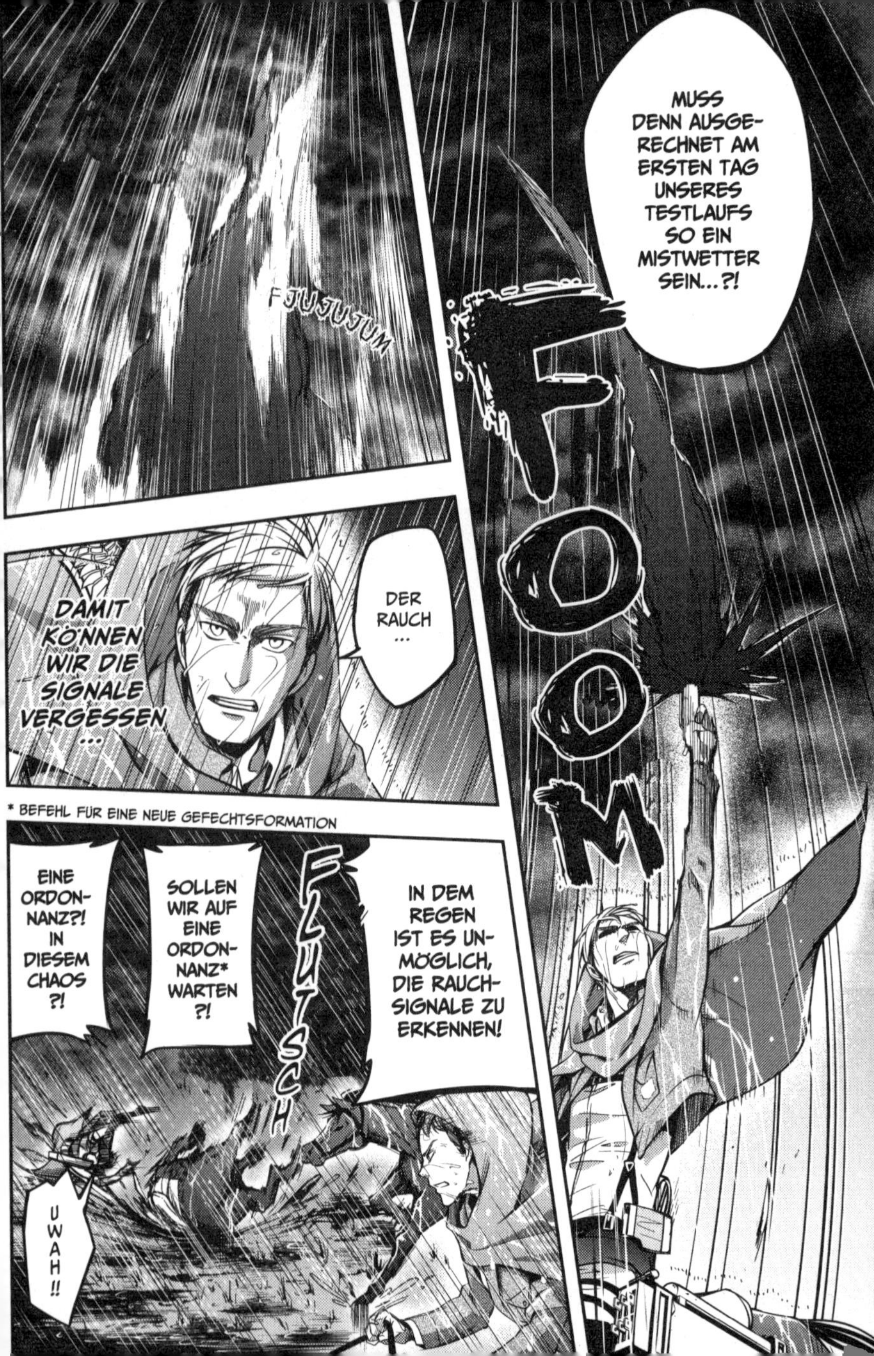


* BEFEHL FÜR EINE NEUE GEFECHTSFORMATION

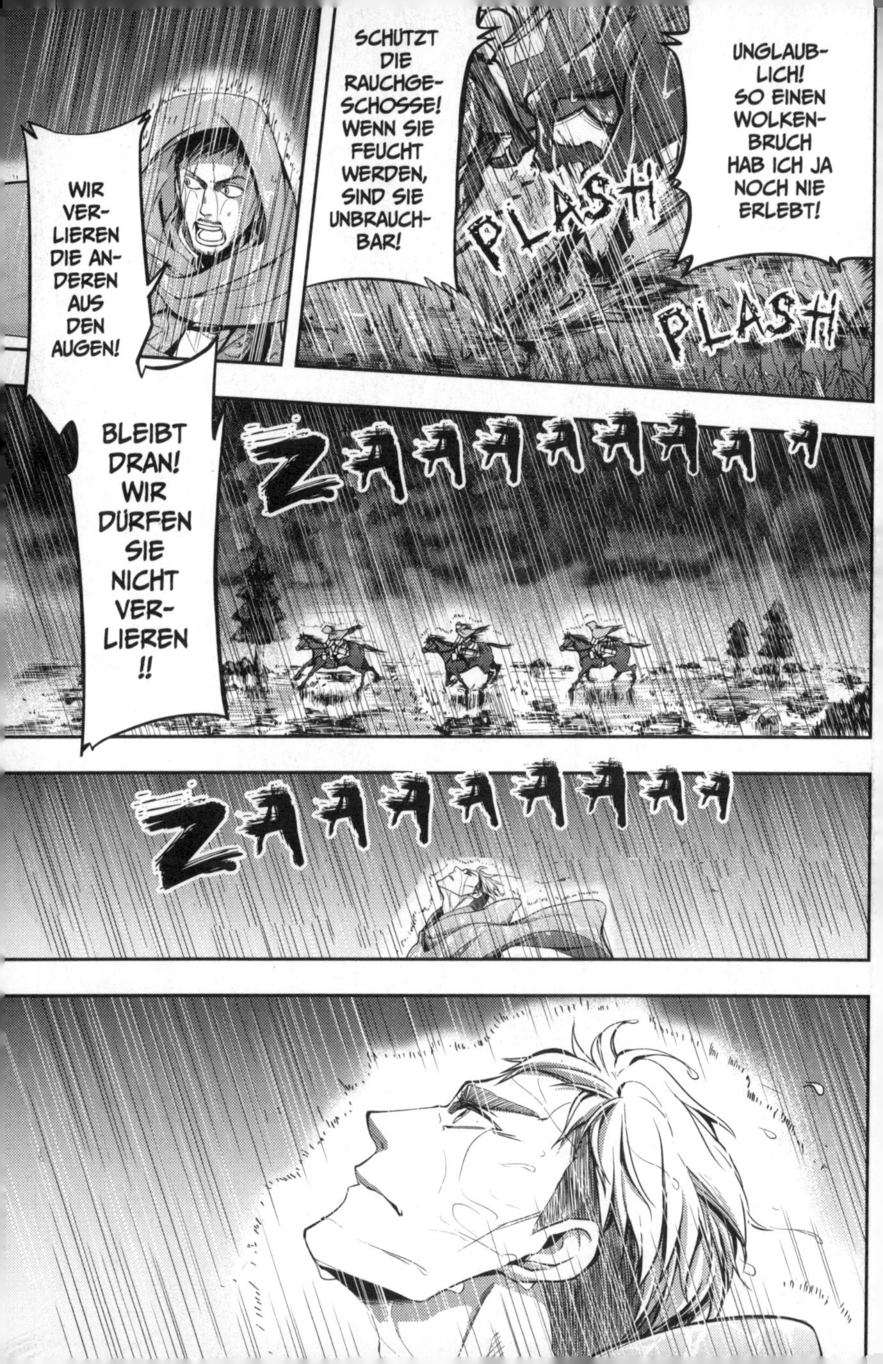
UNGLAUB-LICH! SO EINEN WOLKEN-BRUCH HAB ICH JA NOCH NIE ERLEBT!
PLASH
PLASH
SCHÜTZT DIE RAUCHGE-SCHOSSE! WENN SIE FEUCHT WERDEN, SIND SIE UNBRAUCH-BAR!
WIR VER-LIEREN DIE AN-DEREN AUS DEN AUGEN!
ZAAAAAAAAA
BLEIBT DRAN! WIR DÜRFEN SIE NICHT VER-LIEREN !!
ZAAAAAAAAA

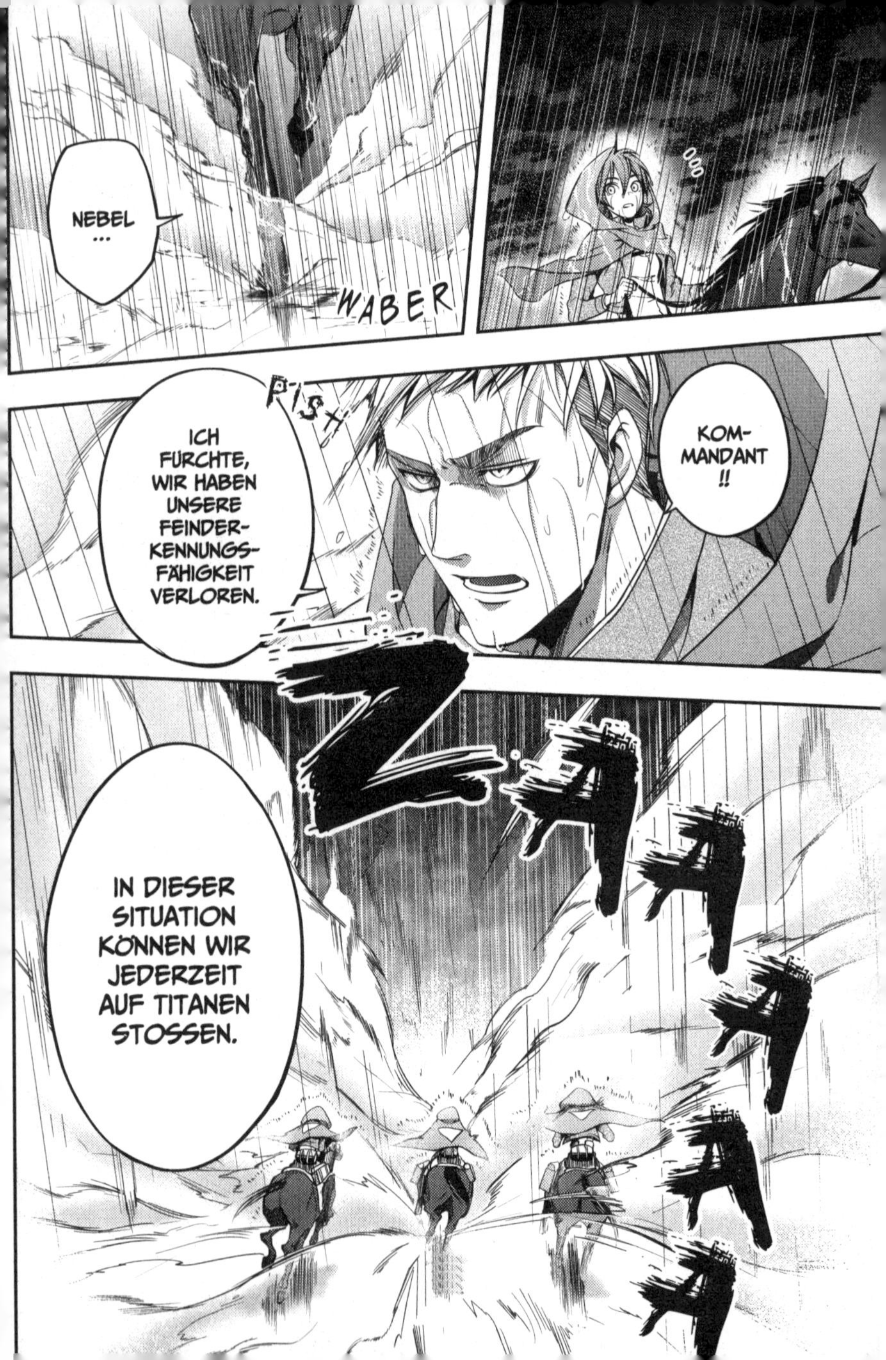
NEBEL ...
WABER
KOM-MANDANT !!
PISST
ICH FÜRCHTE, WIR HABEN UNSERE FEINDER-KENNUNGS-FÄHIGKEIT VERLOREN.
ZAAAAA
IN DIESER SITUATION KÖNNEN WIR JEDERZEIT AUF TITANEN STOSSEN.

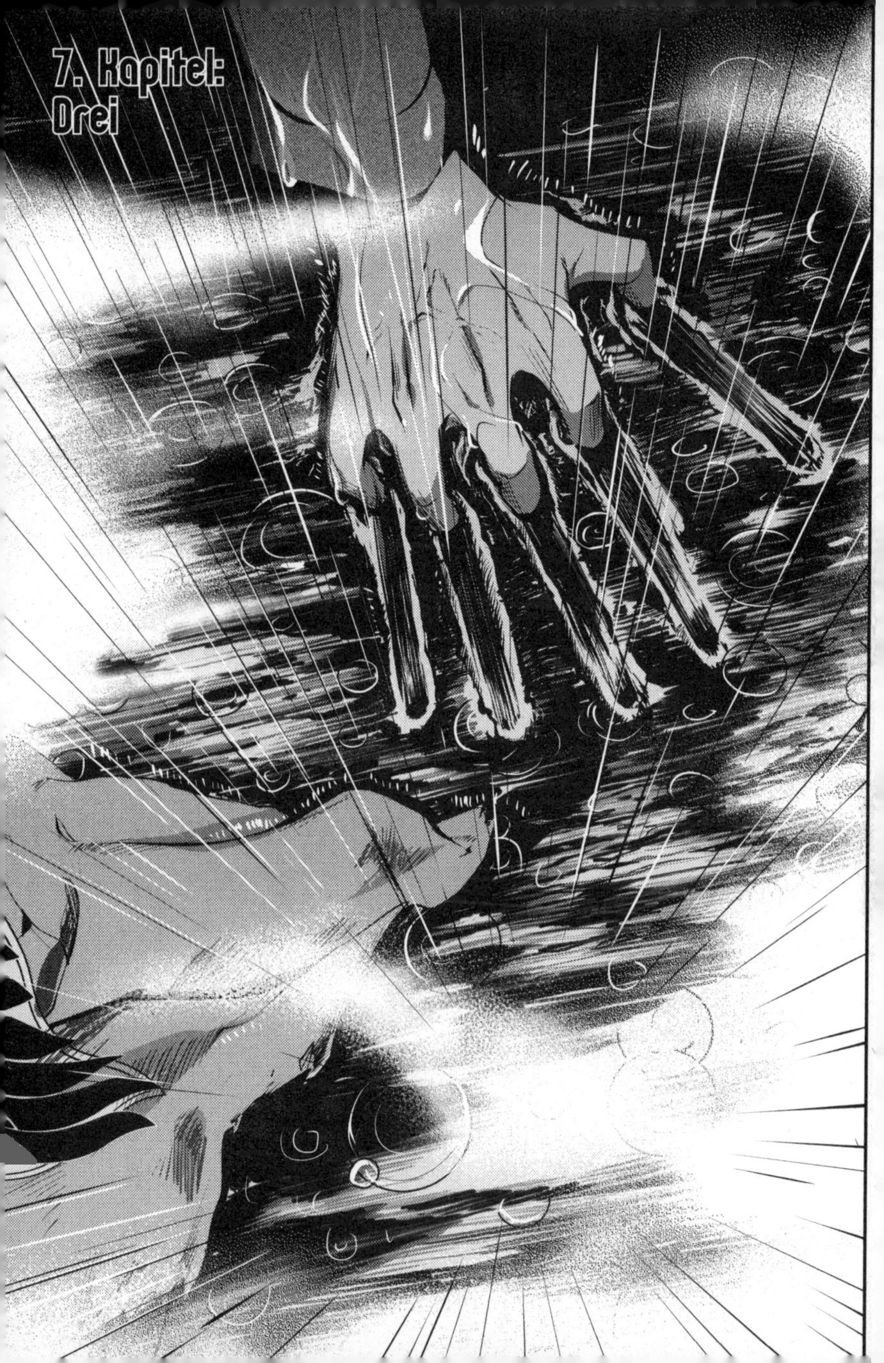
7. Kapitel:
Drei

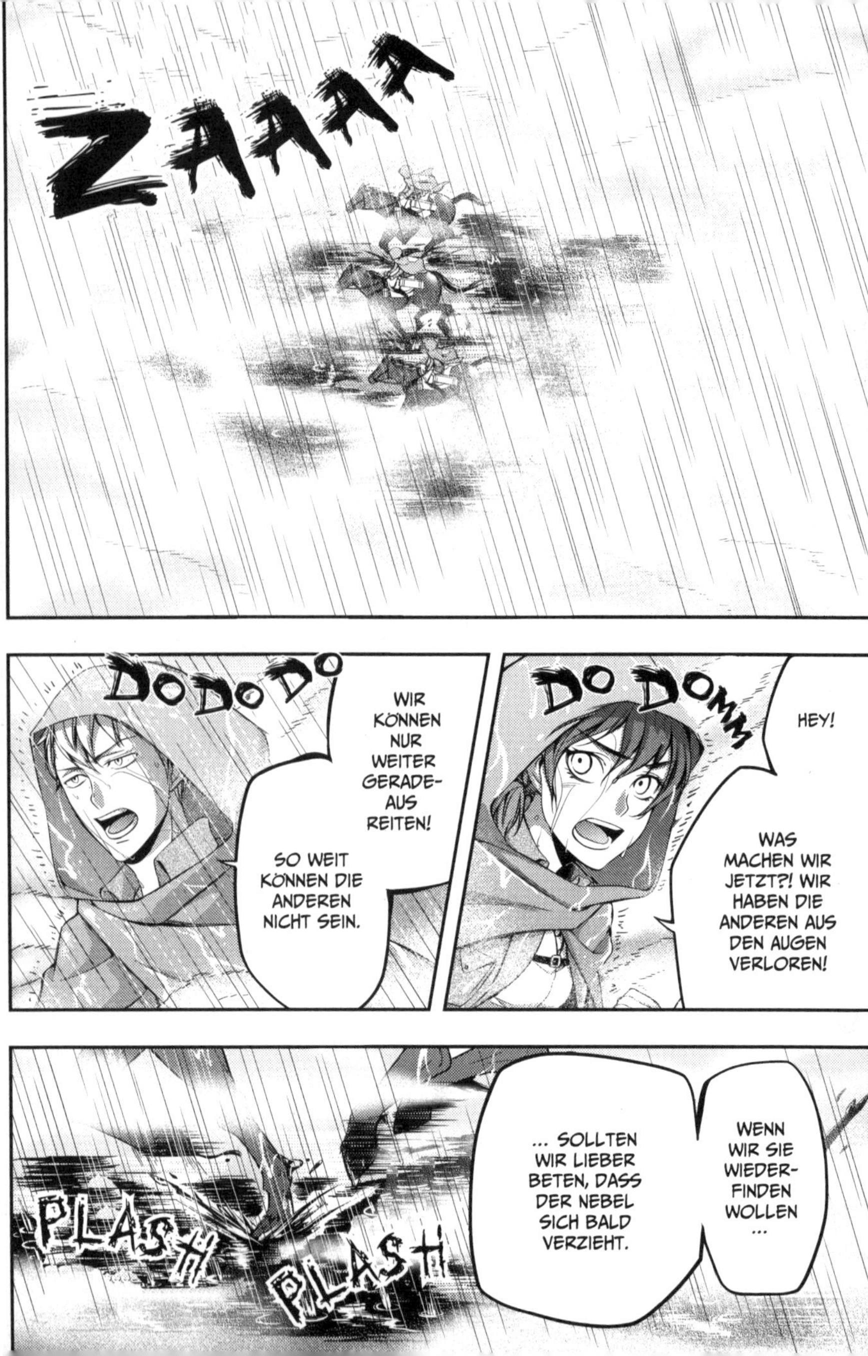
ZAAAAA
DO DOMM
HEY!
WAS MACHEN WIR JETZT?! WIR HABEN DIE ANDEREN AUS DEN AUGEN VERLOREN!
DODODO
WIR KÖNNEN NUR WEITER GERADE-AUS REITEN!
SO WEIT KÖNNEN DIE ANDEREN NICHT SEIN.
WENN WIR SIE WIEDER-FINDEN WOLLEN ...
... SOLLTEN WIR LIEBER BETEN, DASS DER NEBEL SICH BALD VERZIEHT.
PLASH
PLASH

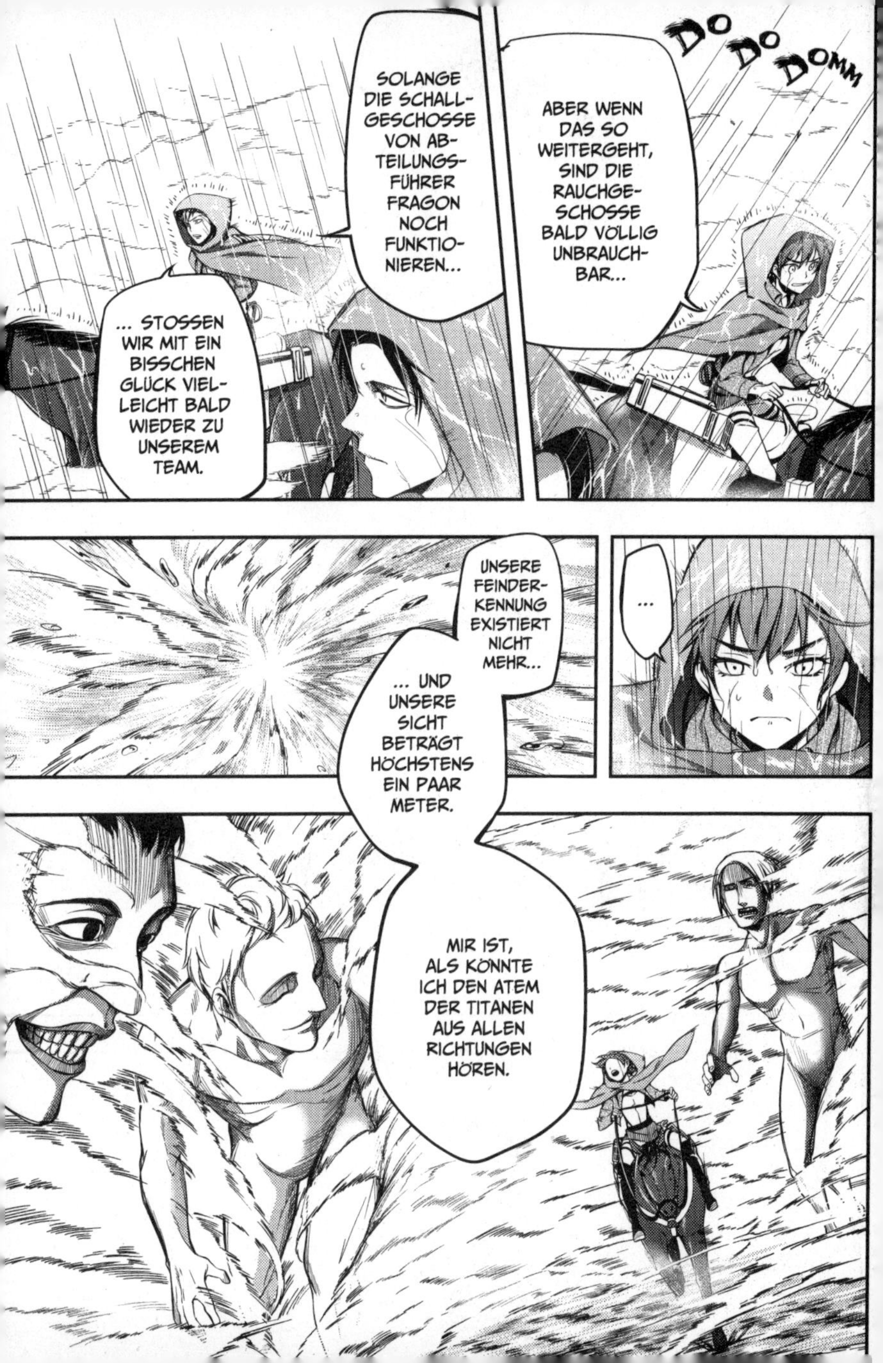
DO DO DOMM
ABER WENN DAS SO WEITERGEHT, SIND DIE RAUCHGE-SCHOSSE BALD VÖLLIG UNBRAUCH-BAR...
SOLANGE DIE SCHALL-GESCHOSSE VON AB-TEILUNGS-FÜHRER FRAGON NOCH FUNKTIO-NIEREN...
... STOSSEN WIR MIT EIN BISSCHEN GLÜCK VIEL-LEICHT BALD WIEDER ZU UNSEREM TEAM.
...
UNSERE FEINDER-KENNUNG EXISTIERT NICHT MEHR...
... UND UNSERE SICHT BETRÄGT HÖCHSTENS EIN PAAR METER.
MIR IST, ALS KÖNNTE ICH DEN ATEM DER TITANEN AUS ALLEN RICHTUNGEN HÖREN.

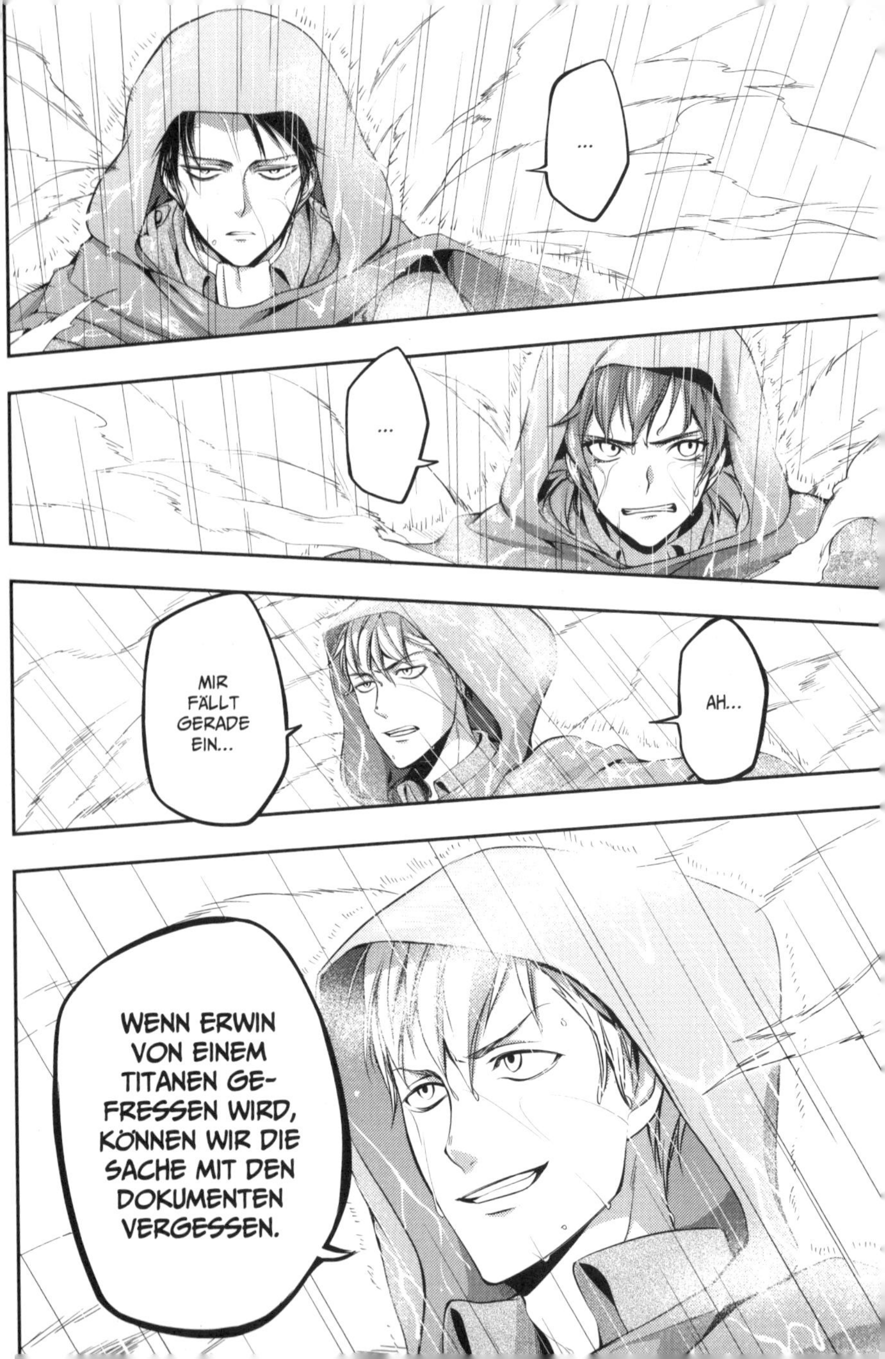
...
...
AH...
MIR FÄLLT GERADE EIN...
WENN ERWIN VON EINEM TITANEN GE-FRESSEN WIRD, KÖNNEN WIR DIE SACHE MIT DEN DOKUMENTEN VERGESSEN.

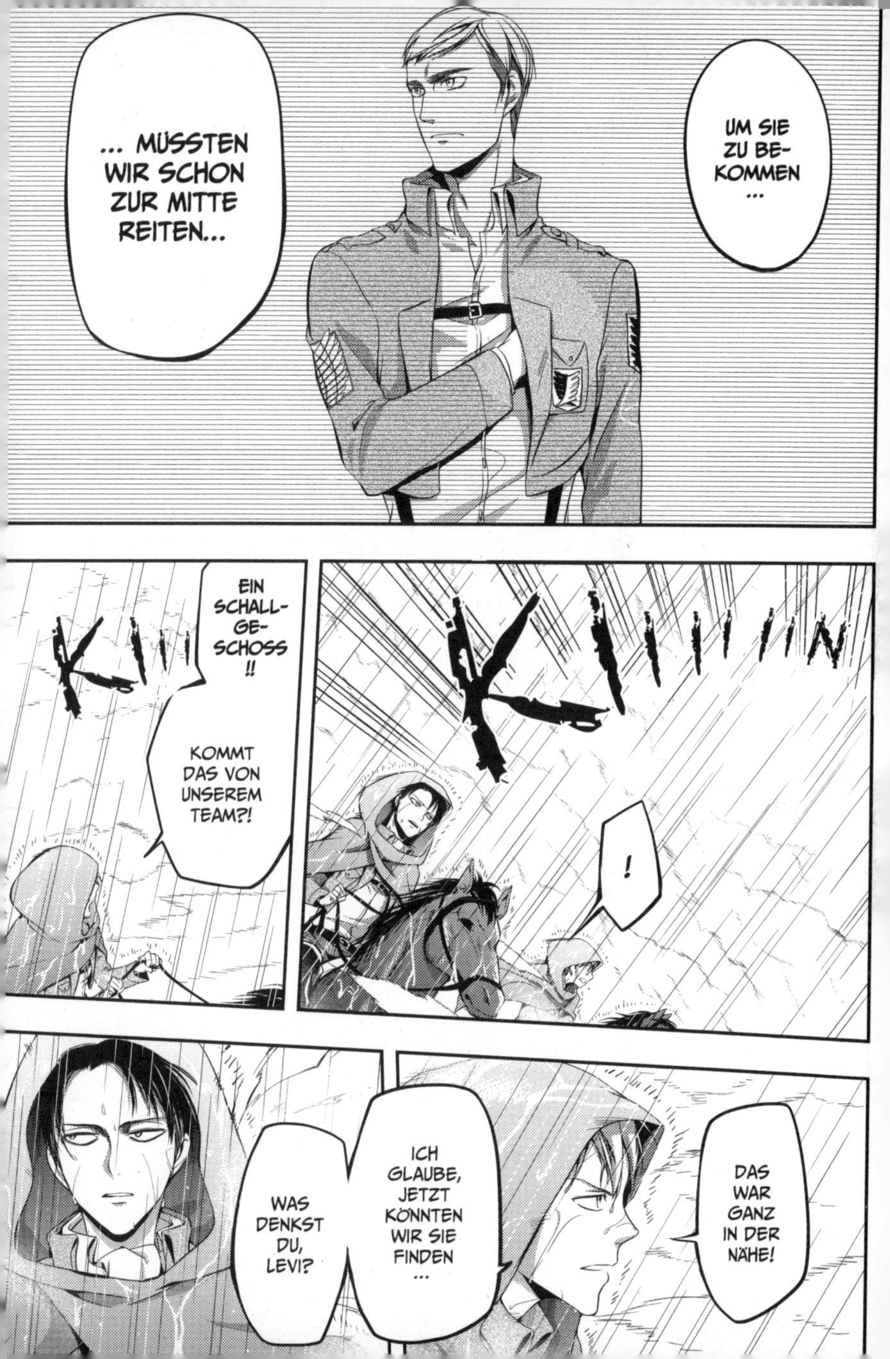

UM SIE ZU BE-KOMMEN ...
... MÜSSTEN WIR SCHON ZUR MITTE REITEN...
KIIIIIN
!
EIN SCHALL-GE-SCHOSS !!
KOMMT DAS VON UNSEREM TEAM?!
KII
DAS WAR GANZ IN DER NÄHE!
ICH GLAUBE, JETZT KÖNNTEN WIR SIE FINDEN ...
WAS DENKST DU, LEVI?

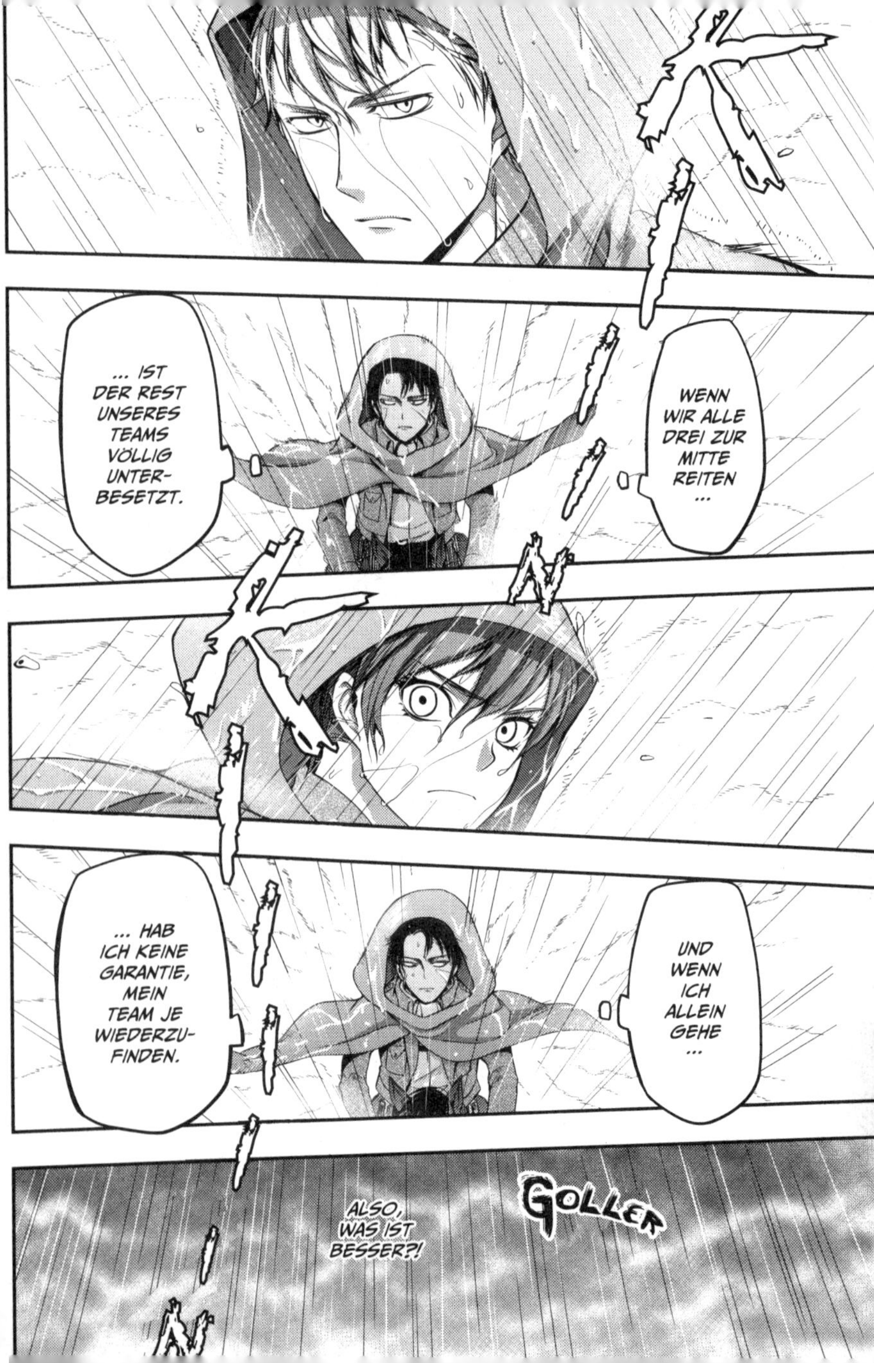
WENN WIR ALLE DREI ZUR MITTE REITEN ...
... IST DER REST UNSERES TEAMS VÖLLIG UNTER-BESETZT.
UND WENN ICH ALLEIN GEHE ...
... HAB ICH KEINE GARANTIE, MEIN TEAM JE WIEDERZU-FINDEN.
GOLLER
ALSO, WAS IST BESSER?!

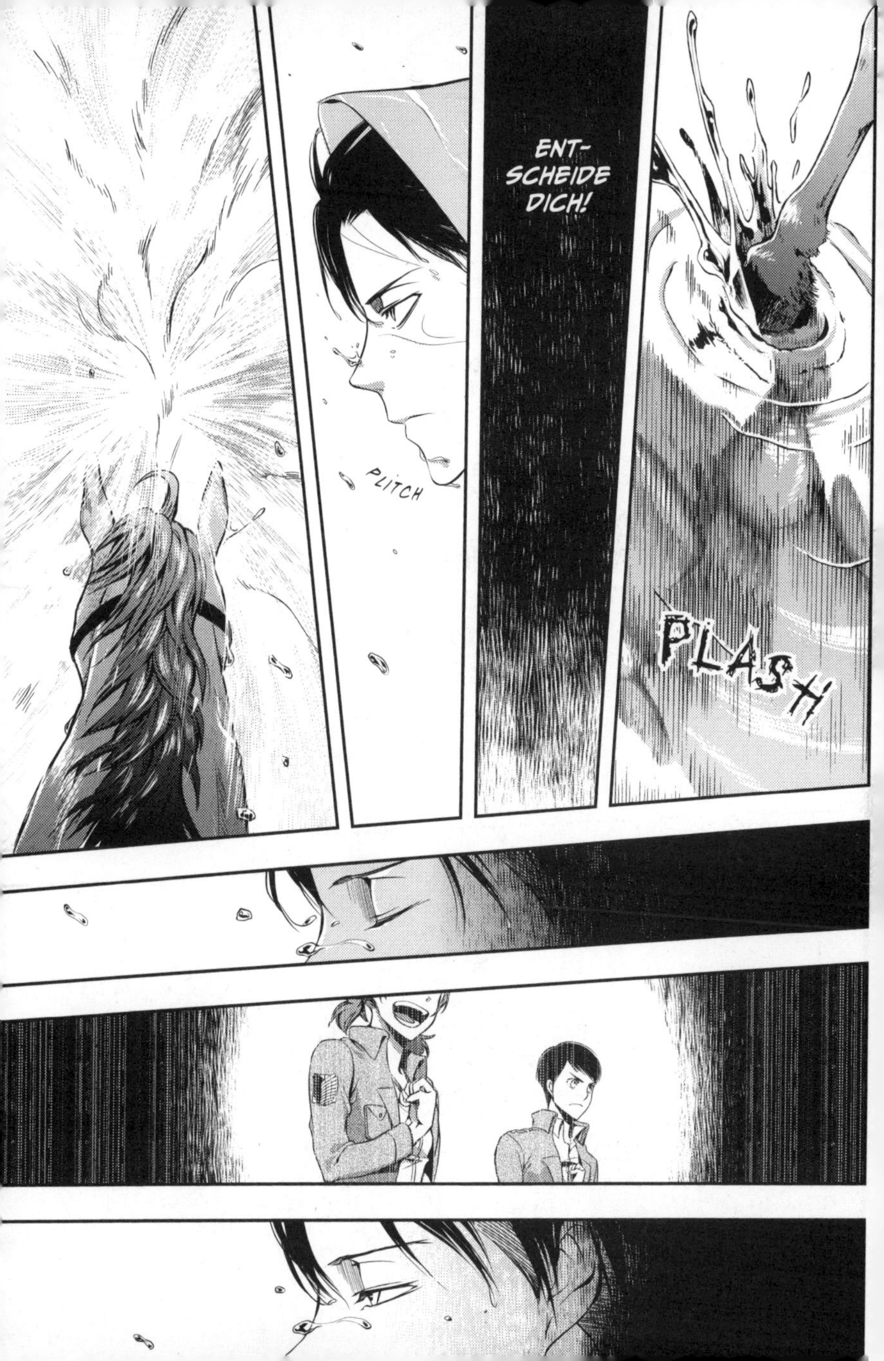
PLASH
ENT-
SCHEIDE
DICH!
PLITCH

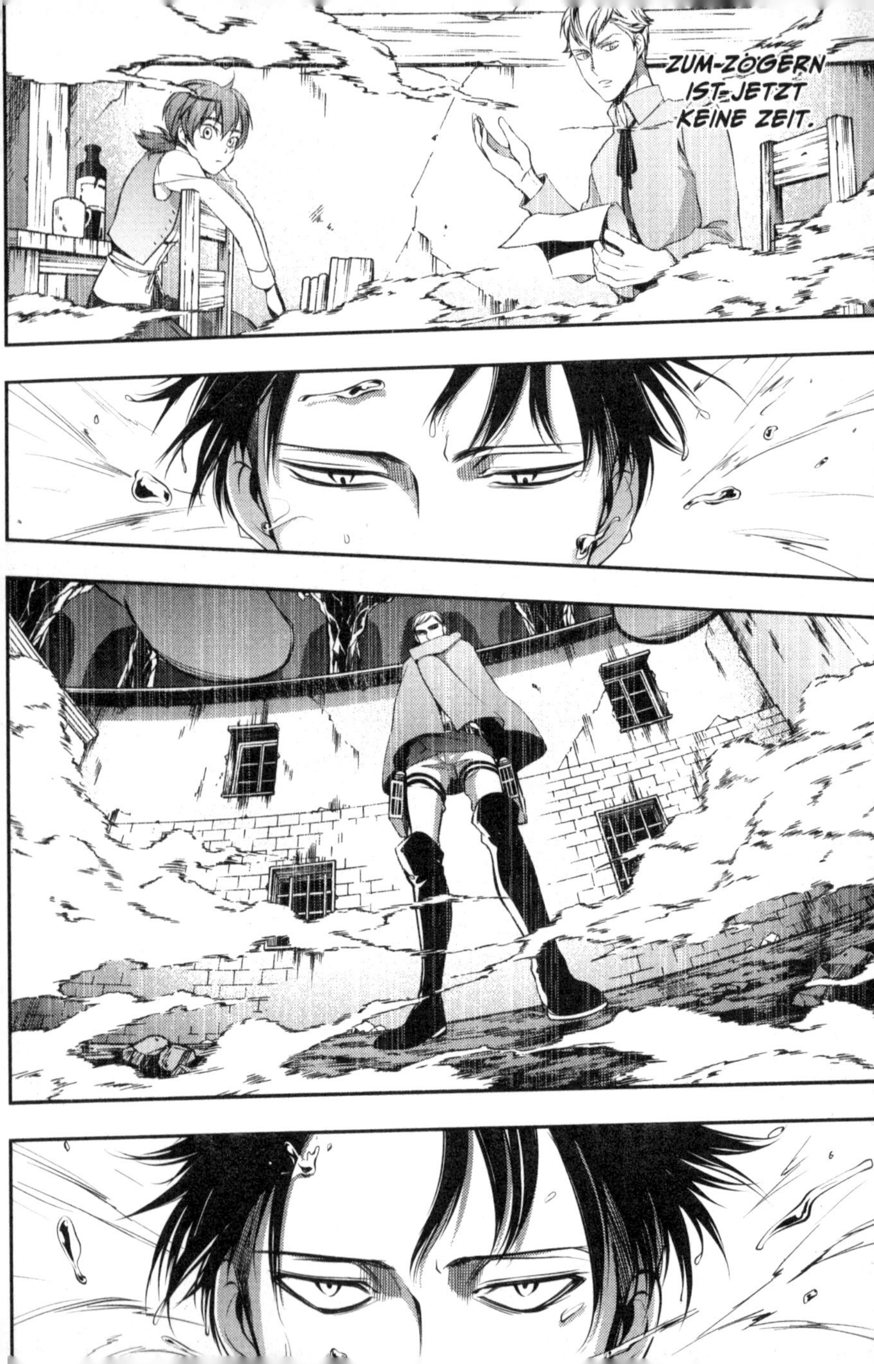
ZUM ZÖGERN IST JETZT KEINE ZEIT.

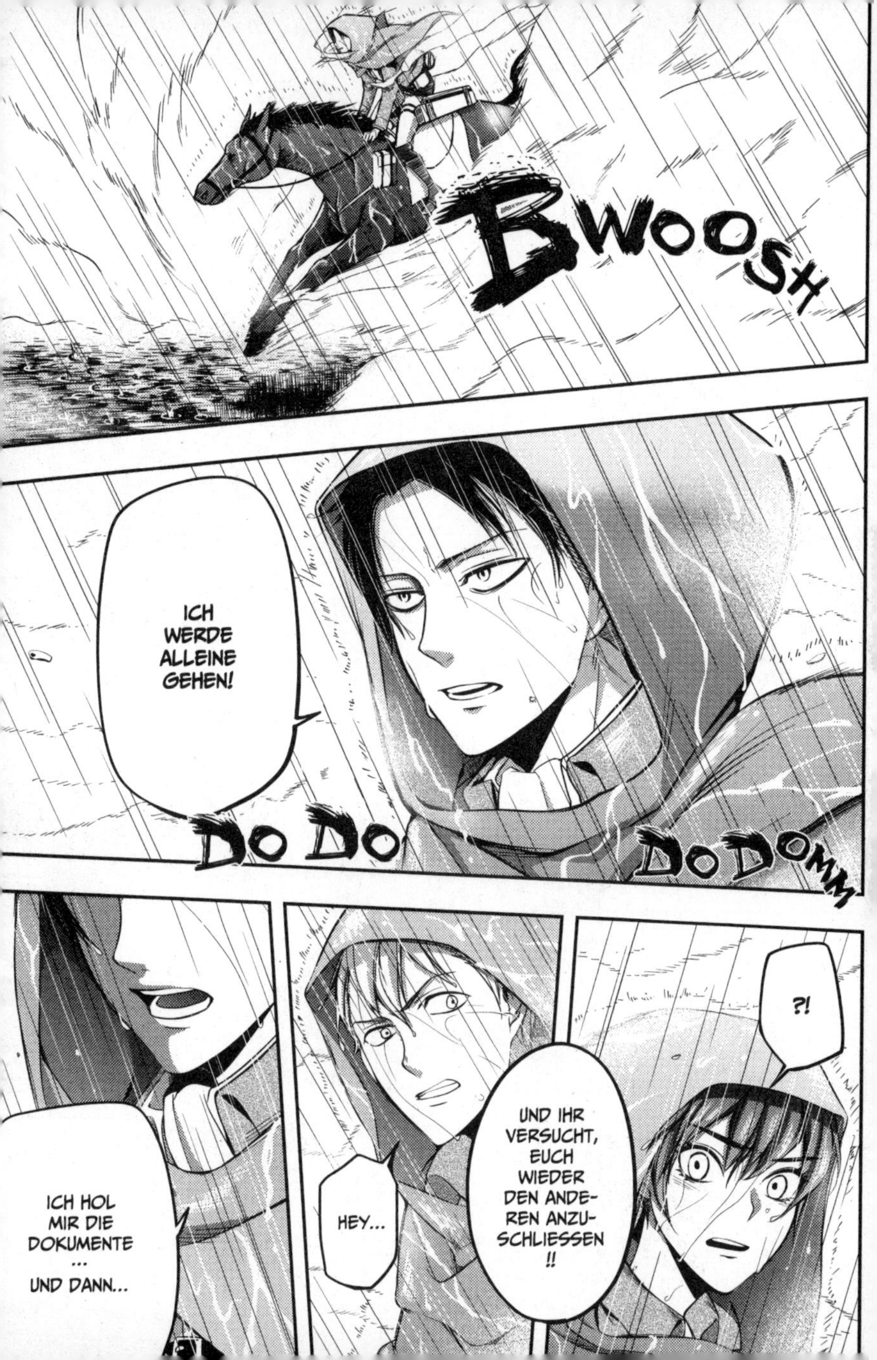
BWOOSH
ICH WERDE ALLEINE GEHEN!
DO DO DO DO DOMM
?!
UND IHR VERSUCHT, EUCH WIEDER DEN ANDE-REN ANZU-SCHLIESSEN !!
HEY...
ICH HOL MIR DIE DOKUMENTE ... UND DANN...

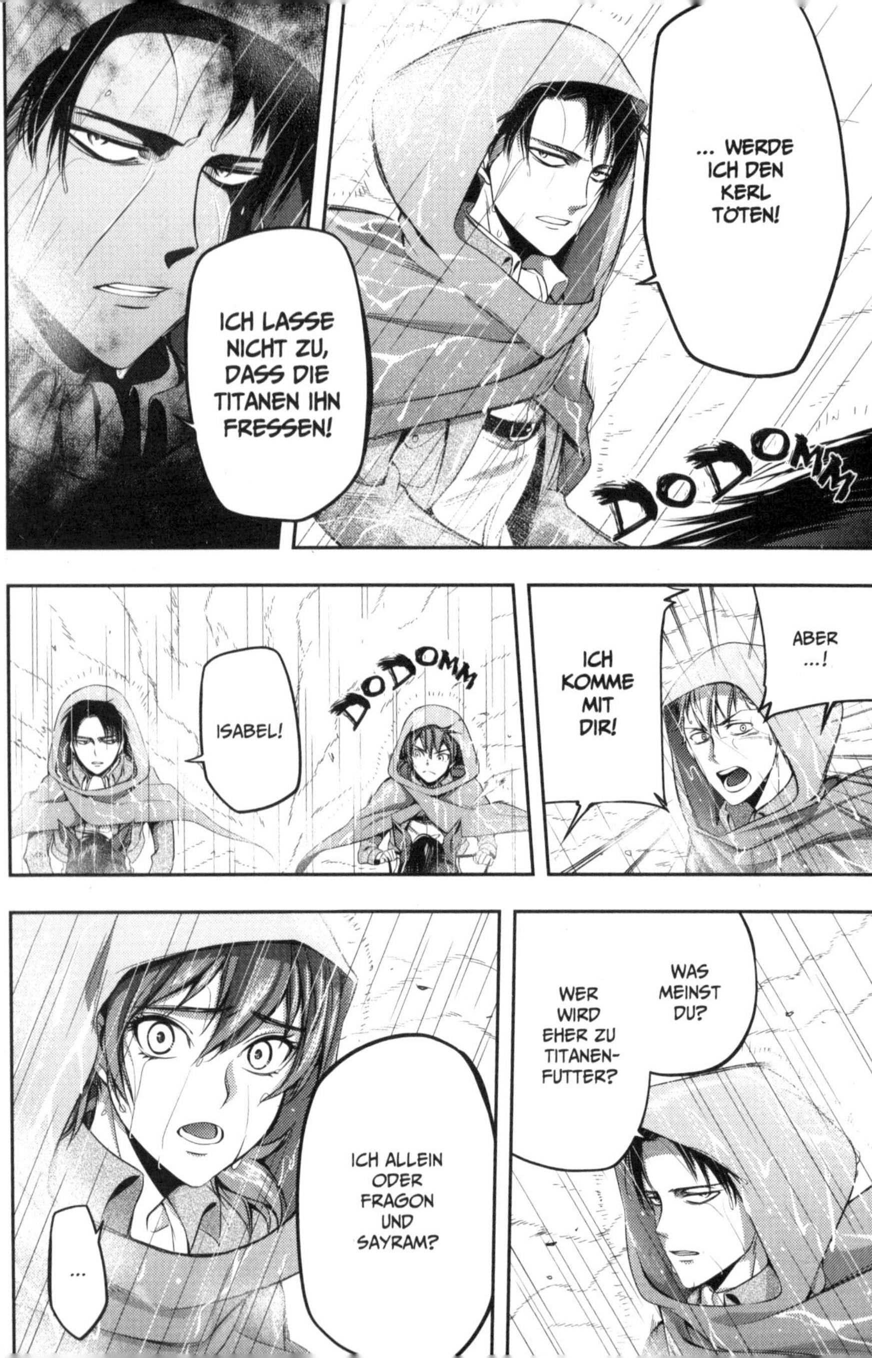
ICH LASSE NICHT ZU, DASS DIE TITANEN IHN FRESSEN!
... WERDE ICH DEN KERL TÖTEN!
DODOMM
ABER ...!
ICH KOMME MIT DIR!
DODOMM
ISABEL!
WAS MEINST DU?
WER WIRD EHER ZU TITANEN-FUTTER?
ICH ALLEIN ODER FRAGON UND SAYRAM?
...

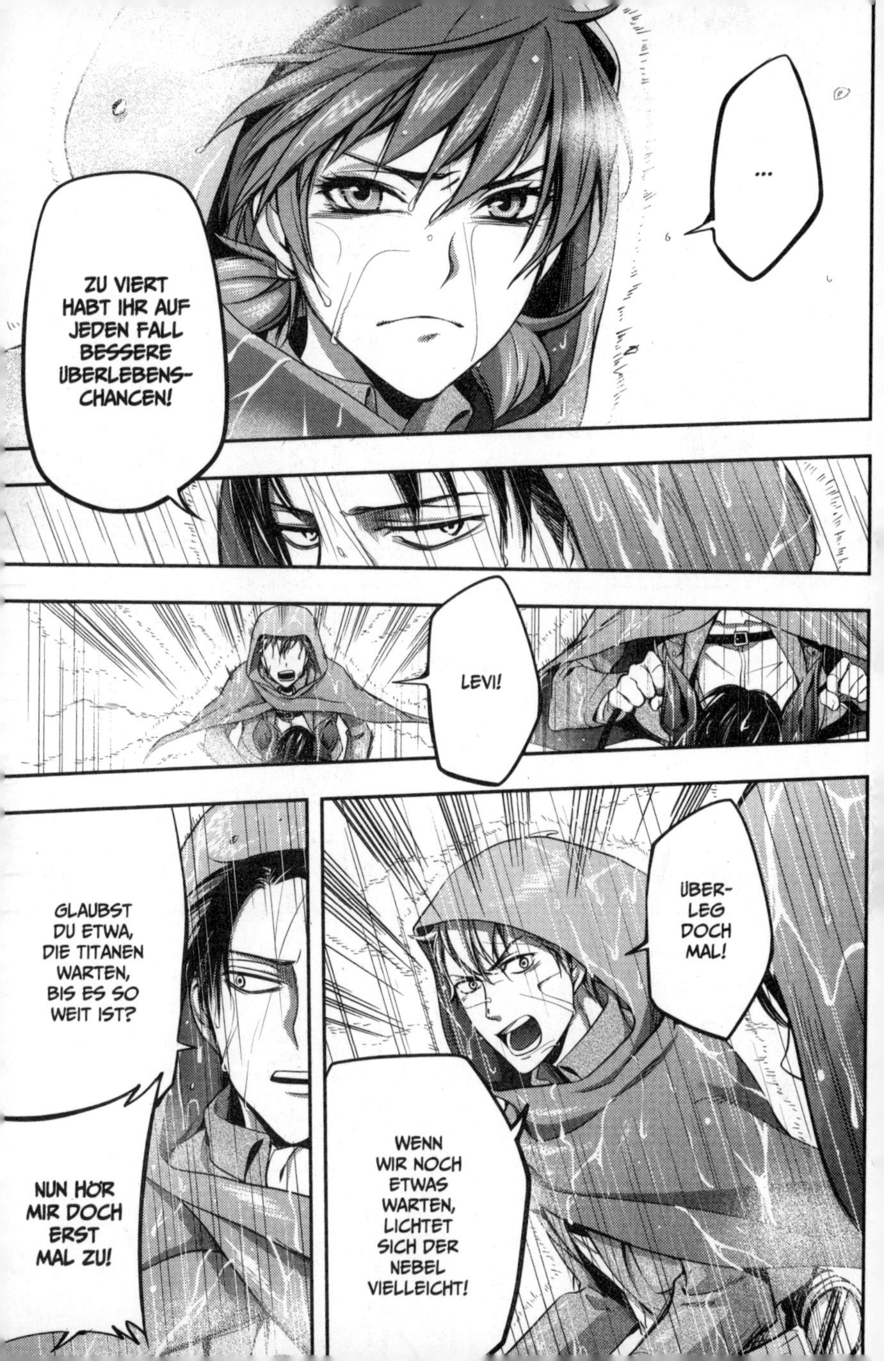
...
ZU VIERT HABT IHR AUF JEDEN FALL BESSERE ÜBERLEBENS-CHANCEN!
LEVI!
ÜBER-LEG DOCH MAL!
WENN WIR NOCH ETWAS WARTEN, LICHTET SICH DER NEBEL VIELLEICHT!
GLAUBST DU ETWA, DIE TITANEN WARTEN, BIS ES SO WEIT IST?
NUN HÖR MIR DOCH ERST MAL ZU!

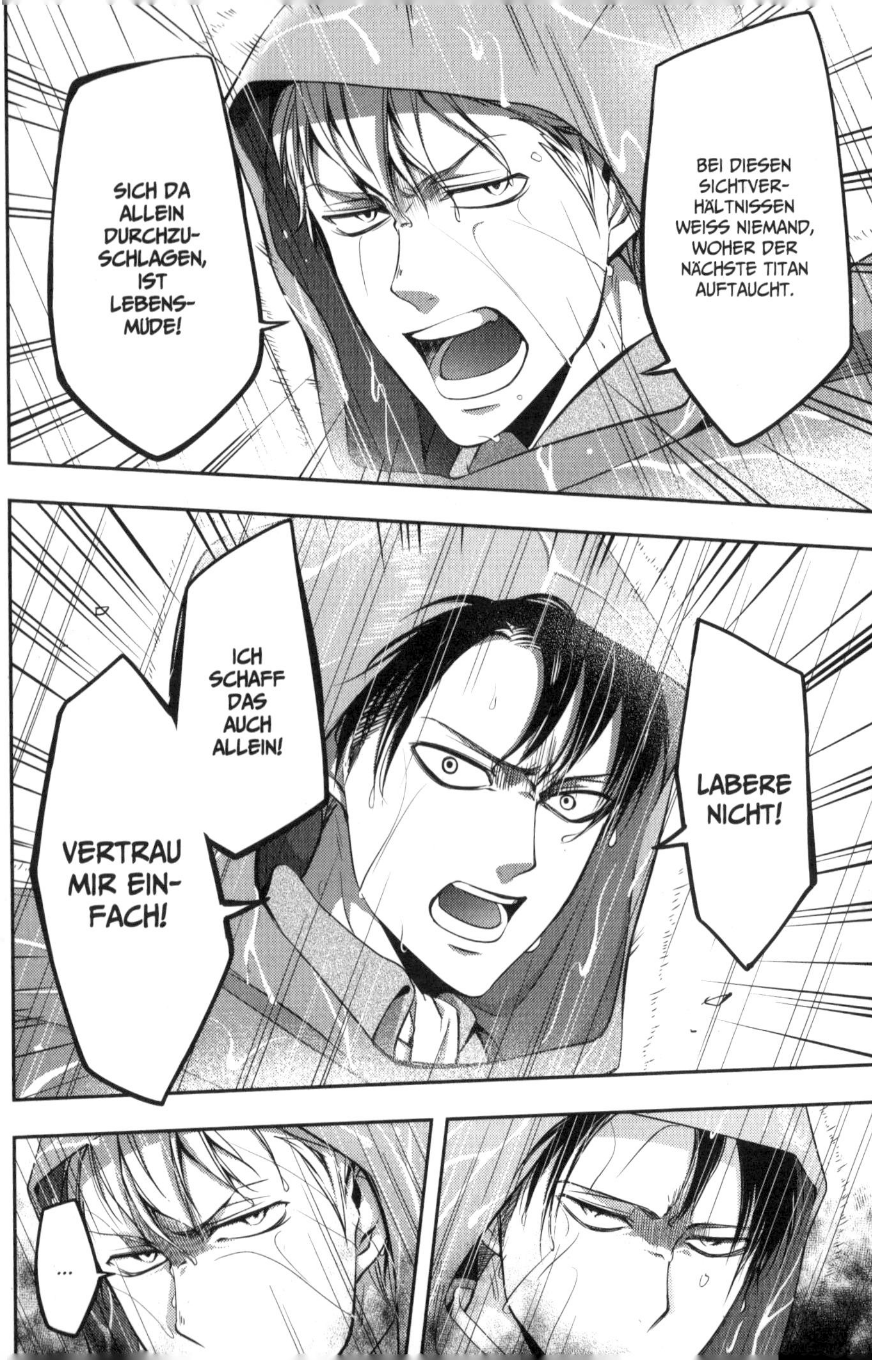
BEI DIESEN SICHTVERHÄLTNISSEN WEISS NIEMAND, WOHER DER NÄCHSTE TITAN AUFTAUCHT.
SICH DA ALLEIN DURCHZUSCHLAGEN, IST LEBENSMÜDE!
LABERE NICHT!
ICH SCHAFF DAS AUCH ALLEIN!
VERTRAU MIR EINFACH!
...

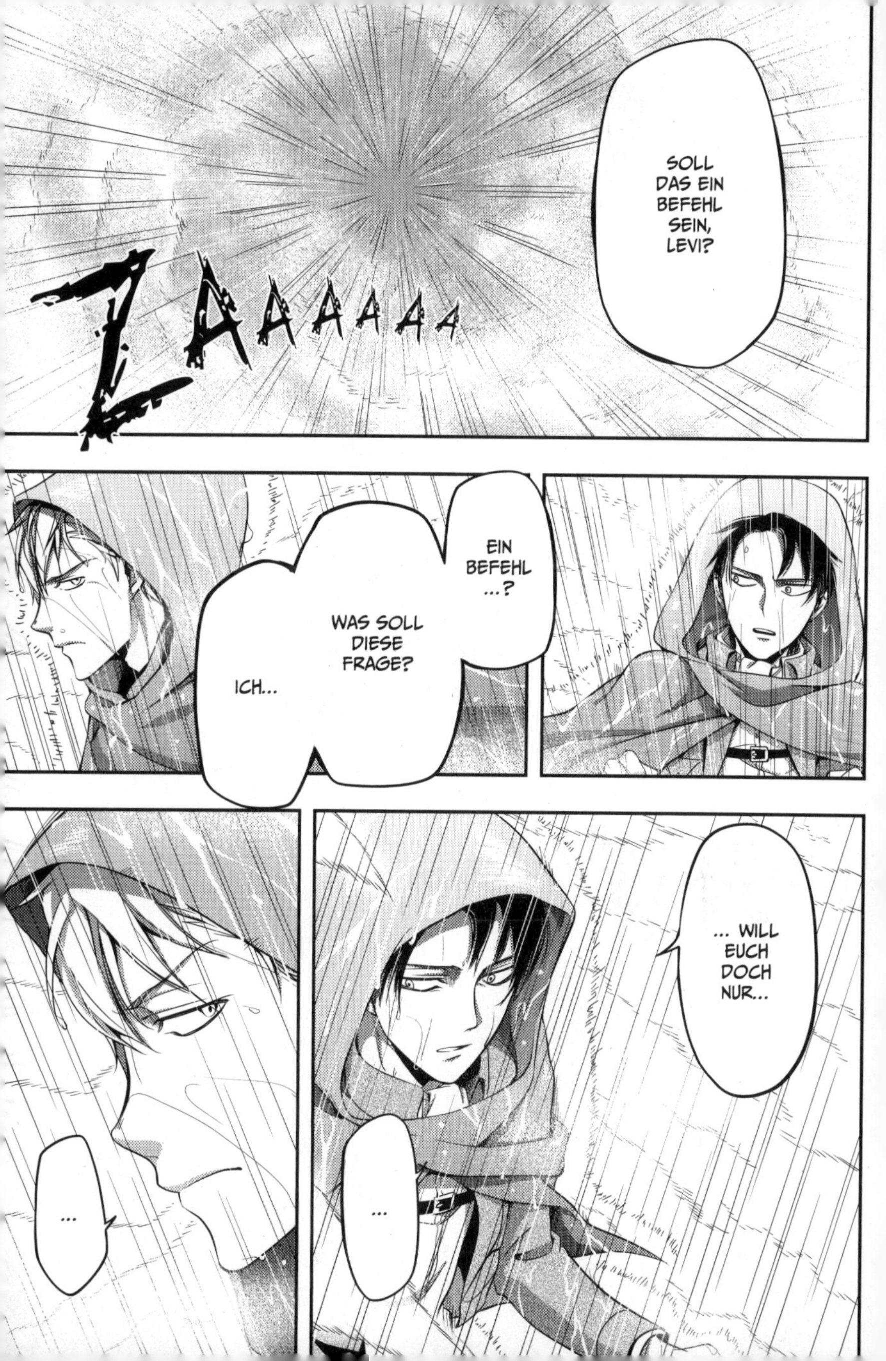
SOLL DAS EIN BEFEHL SEIN, LEVI?
ZAAAAAA
EIN BEFEHL ...?
WAS SOLL DIESE FRAGE?
ICH...
... WILL EUCH DOCH NUR...
...
...

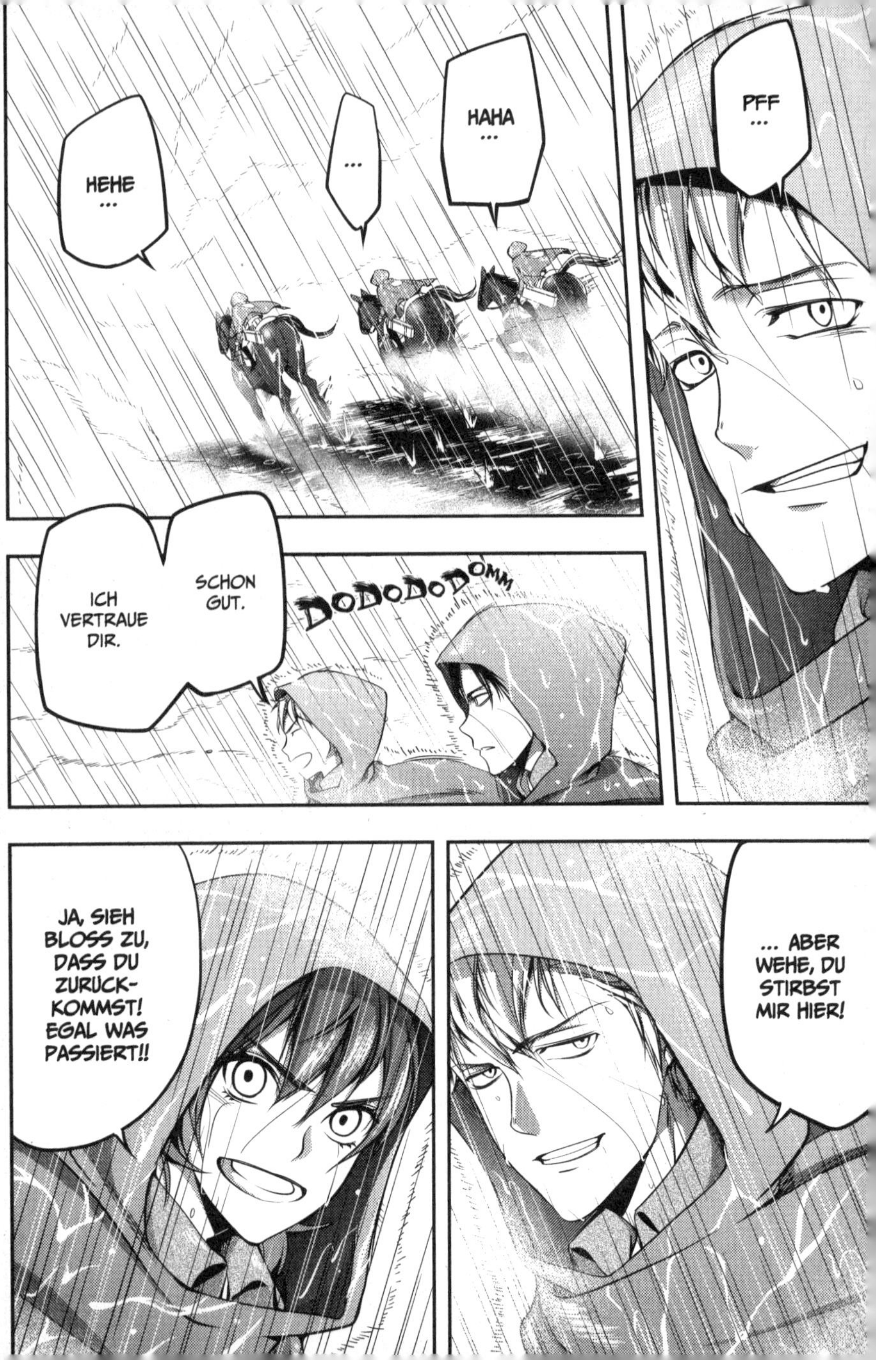
PFF ...
HAHA ...
...
HEHE ...
SCHON GUT.
ICH VERTRAUE DIR.
DODODODOMM
... ABER WEHE, DU STIRBST MIR HIER!
JA, SIEH BLOSS ZU, DASS DU ZURÜCK-KOMMST! EGAL WAS PASSIERT!!

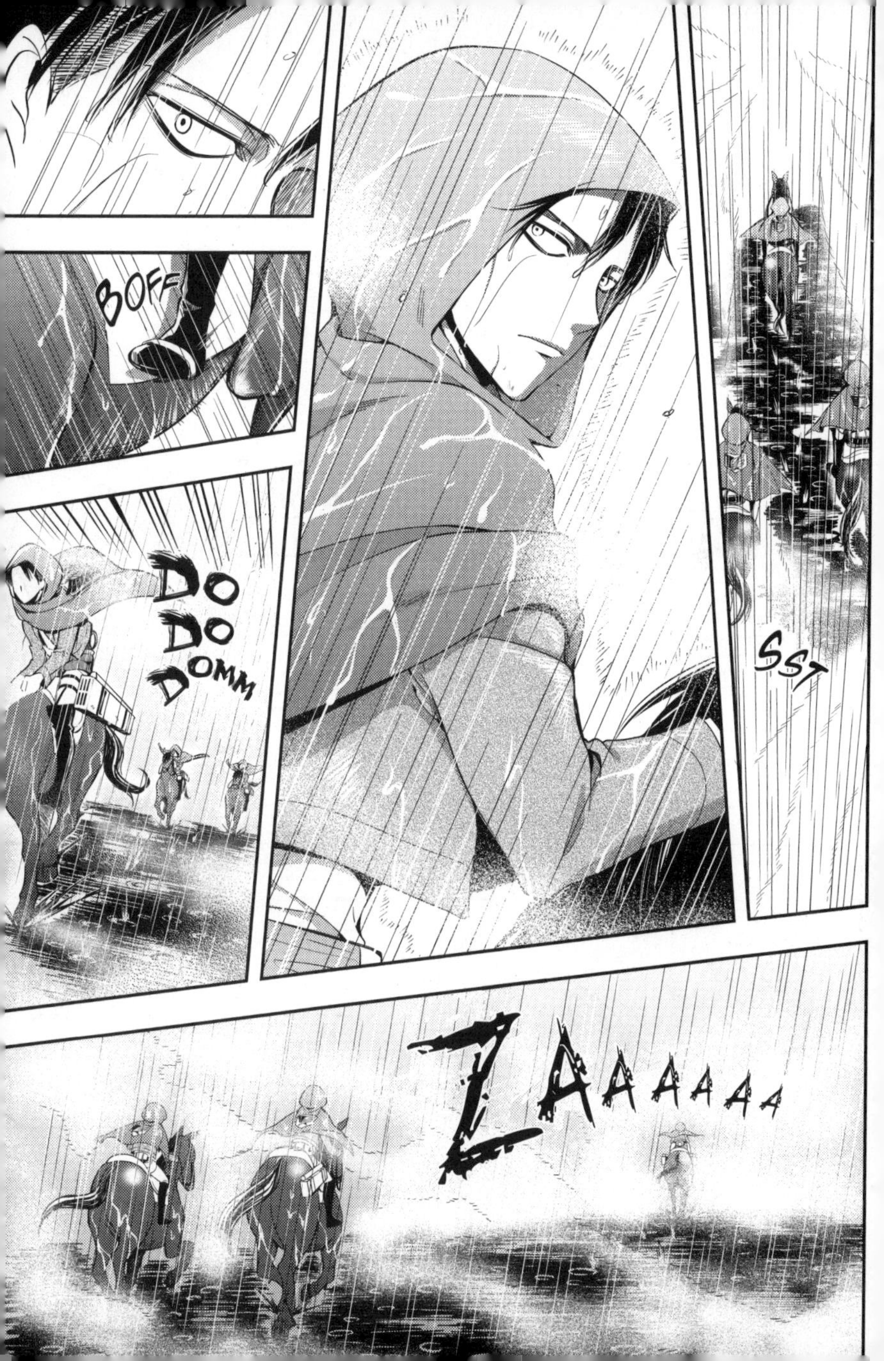
BOFF
SST
DO DO DOMM
ZAAAAAA

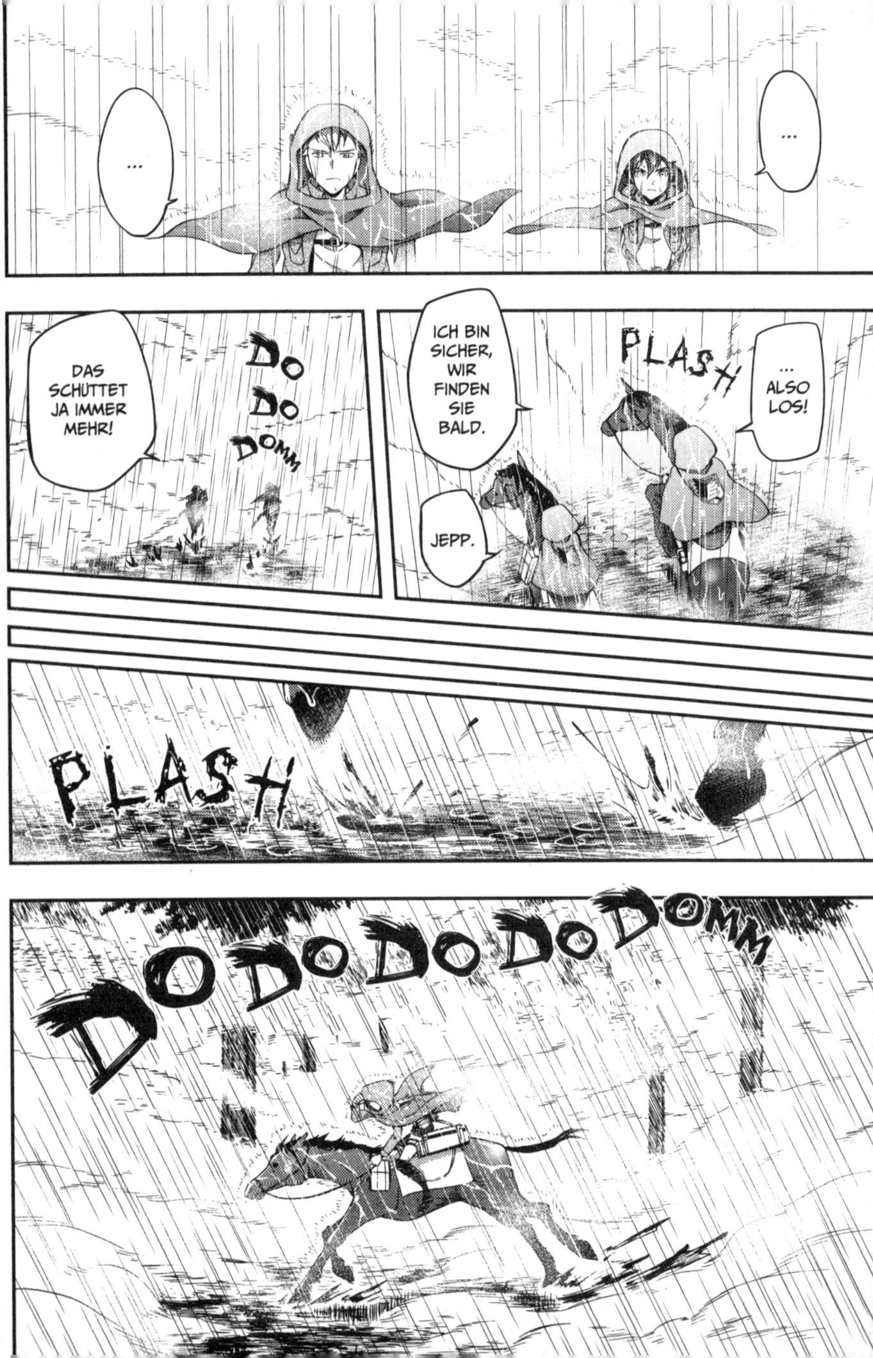
...
...
... ALSO LOS!
PLASH
ICH BIN SICHER, WIR FINDEN SIE BALD.
JEPP.
DAS SCHÜTTET JA IMMER MEHR!
DO DO DOMM
PLASH
DODODODODODOMM

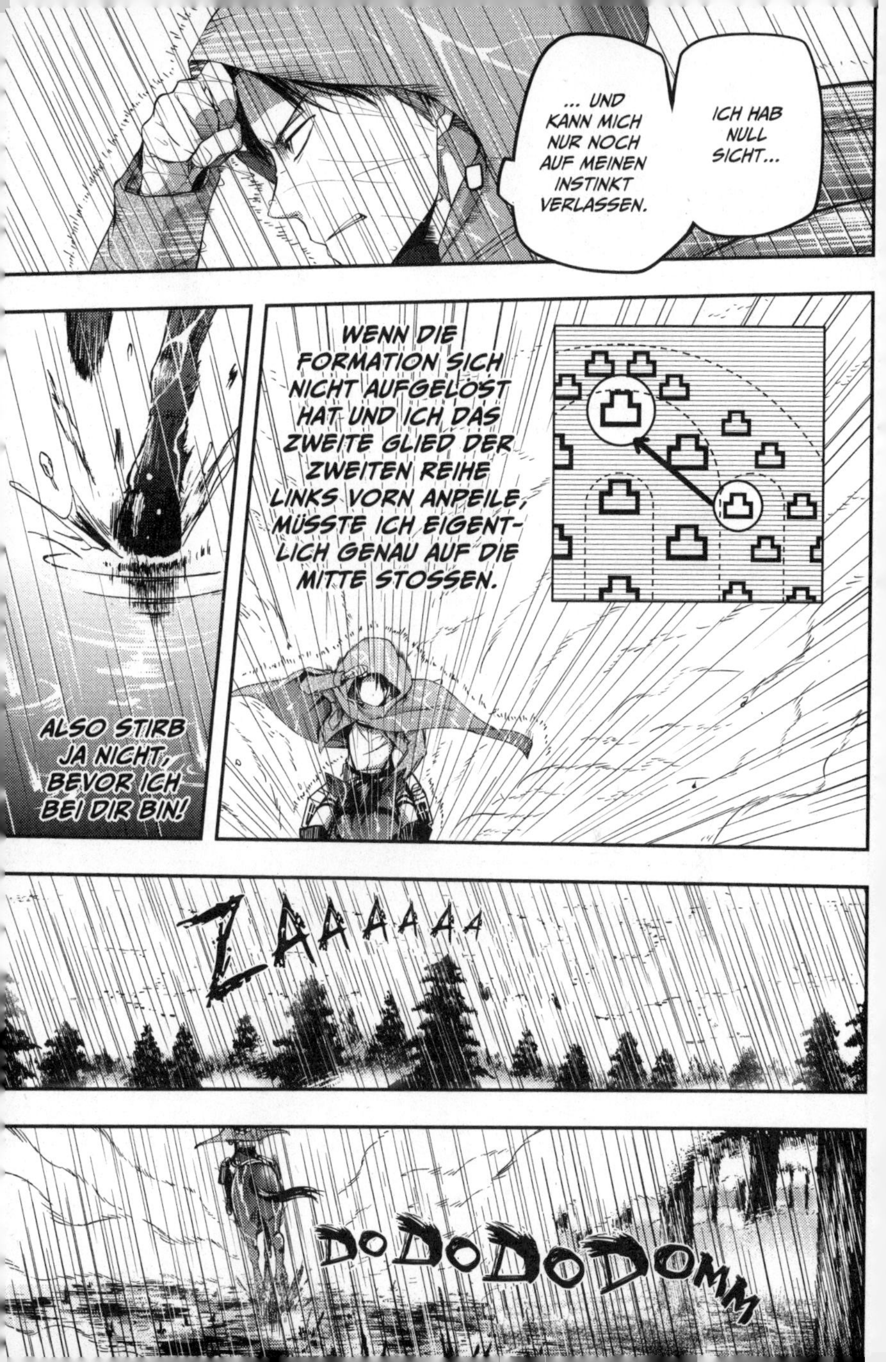
ICH HAB NULL SICHT...
... UND KANN MICH NUR NOCH AUF MEINEN INSTINKT VERLASSEN.
WENN DIE FORMATION SICH NICHT AUFGELÖST HAT UND ICH DAS ZWEITE GLIED DER ZWEITEN REIHE LINKS VORN ANPEILE, MÜSSTE ICH EIGENT-LICH GENAU AUF DIE MITTE STOSSEN.
ALSO STIRB JA NICHT, BEVOR ICH BEI DIR BIN!
ZAAAAAA
DODODODOMM

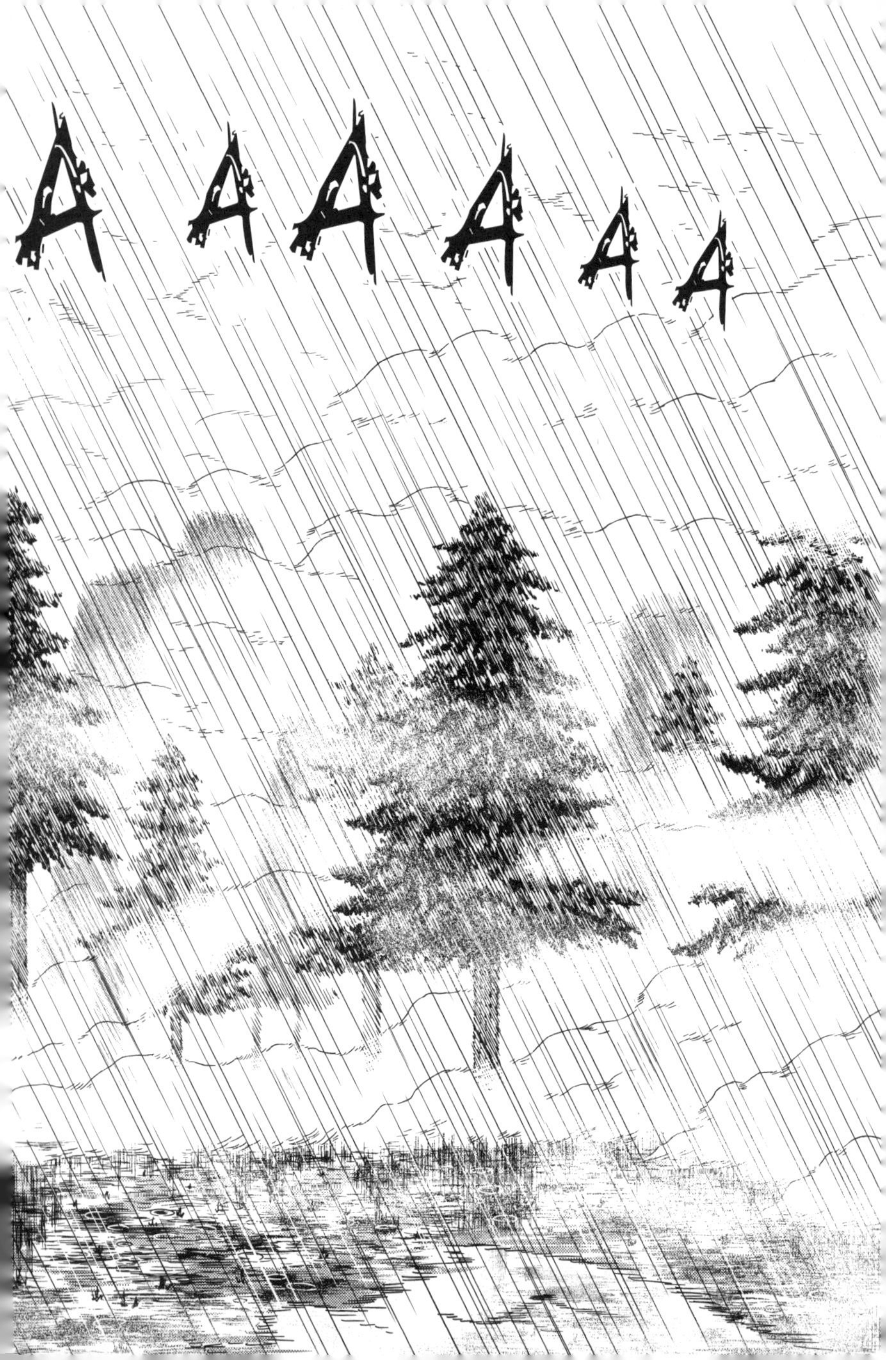
AAAAAA

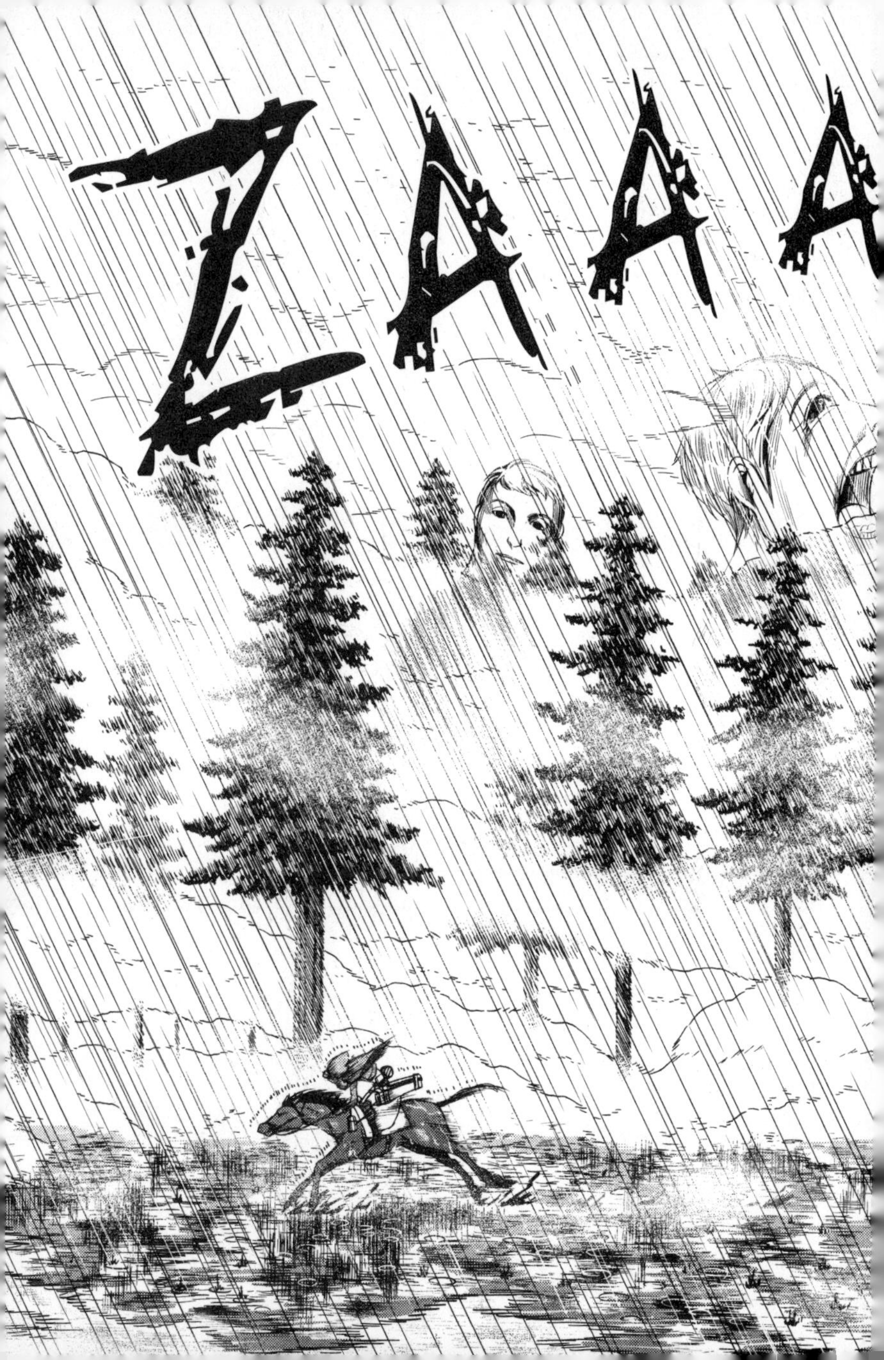
ZAAAA

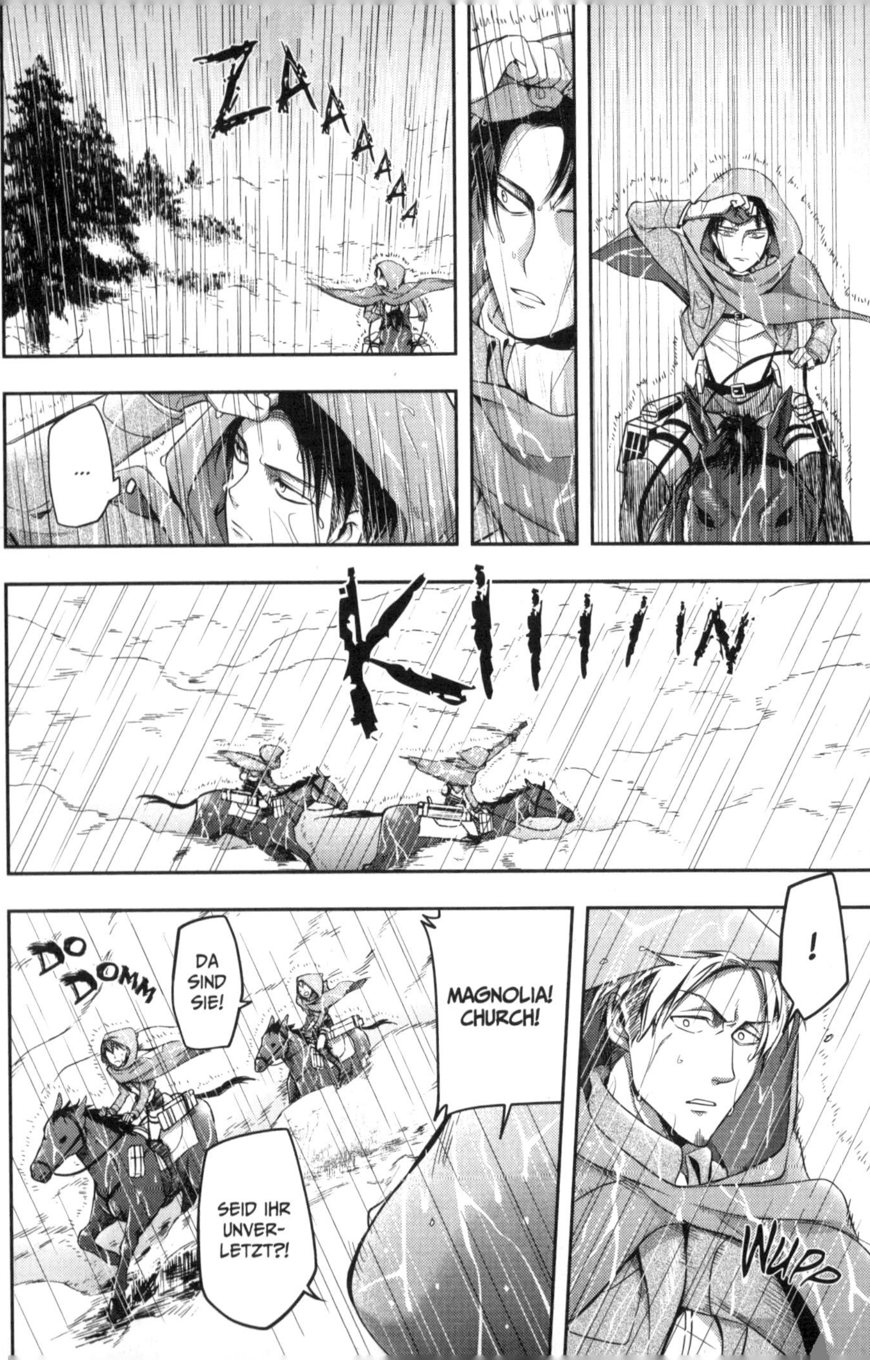
ZAAAAAA
...
KIIIIN
MAGNOLIA! CHURCH!
!
DA SIND SIE!
DO DOMM
SEID IHR UNVER-LETZT?!
WUPP

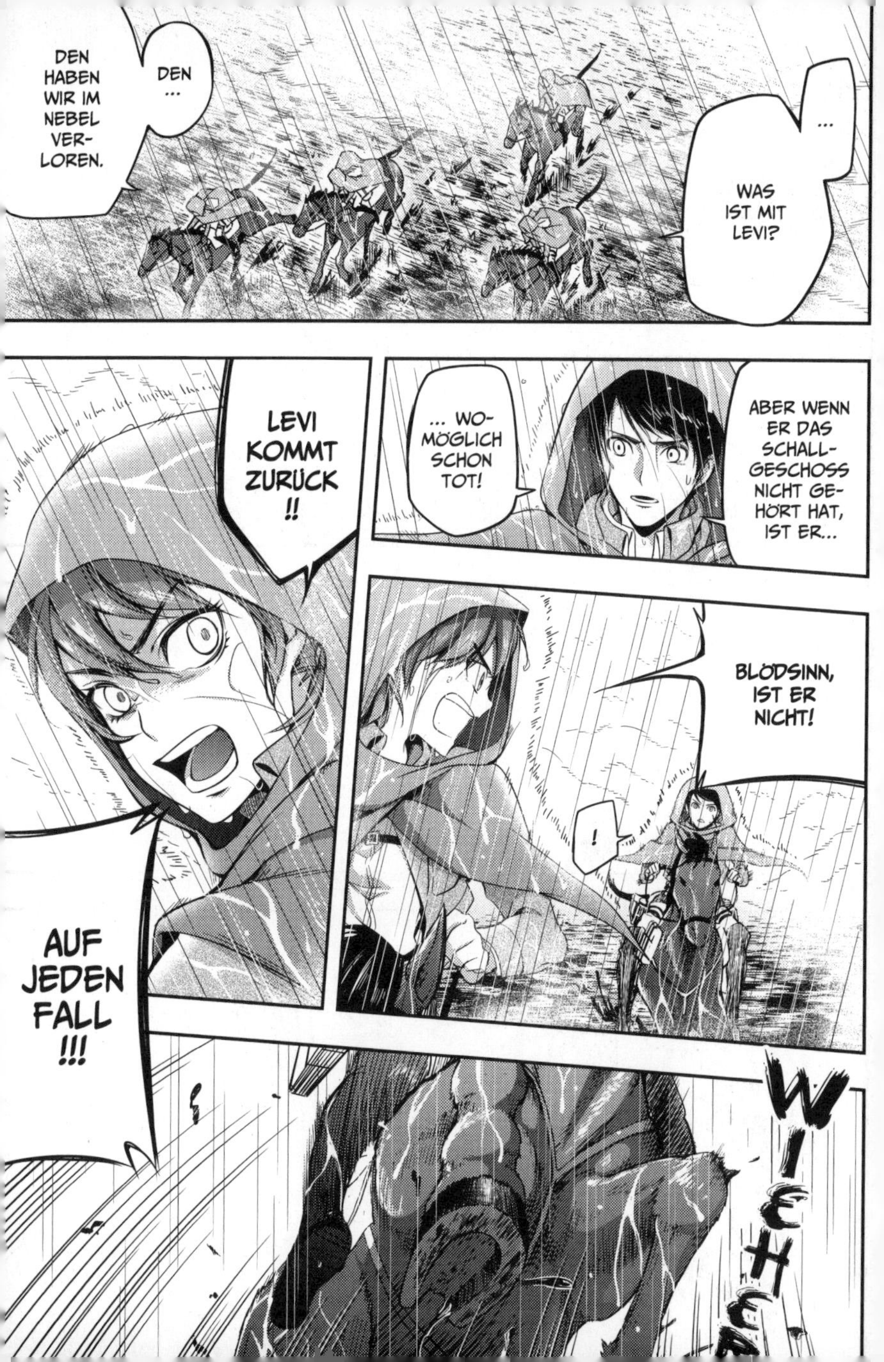
...
WAS IST MIT LEVI?
DEN ...
DEN HABEN WIR IM NEBEL VER-LOREN.
ABER WENN ER DAS SCHALL-GESCHOSS NICHT GE-HÖRT HAT, IST ER...
... WO-MÖGLICH SCHON TOT!
LEVI KOMMT ZURÜCK !!
BLÖDSINN, IST ER NICHT!
!
AUF JEDEN FALL !!!
WIEHE

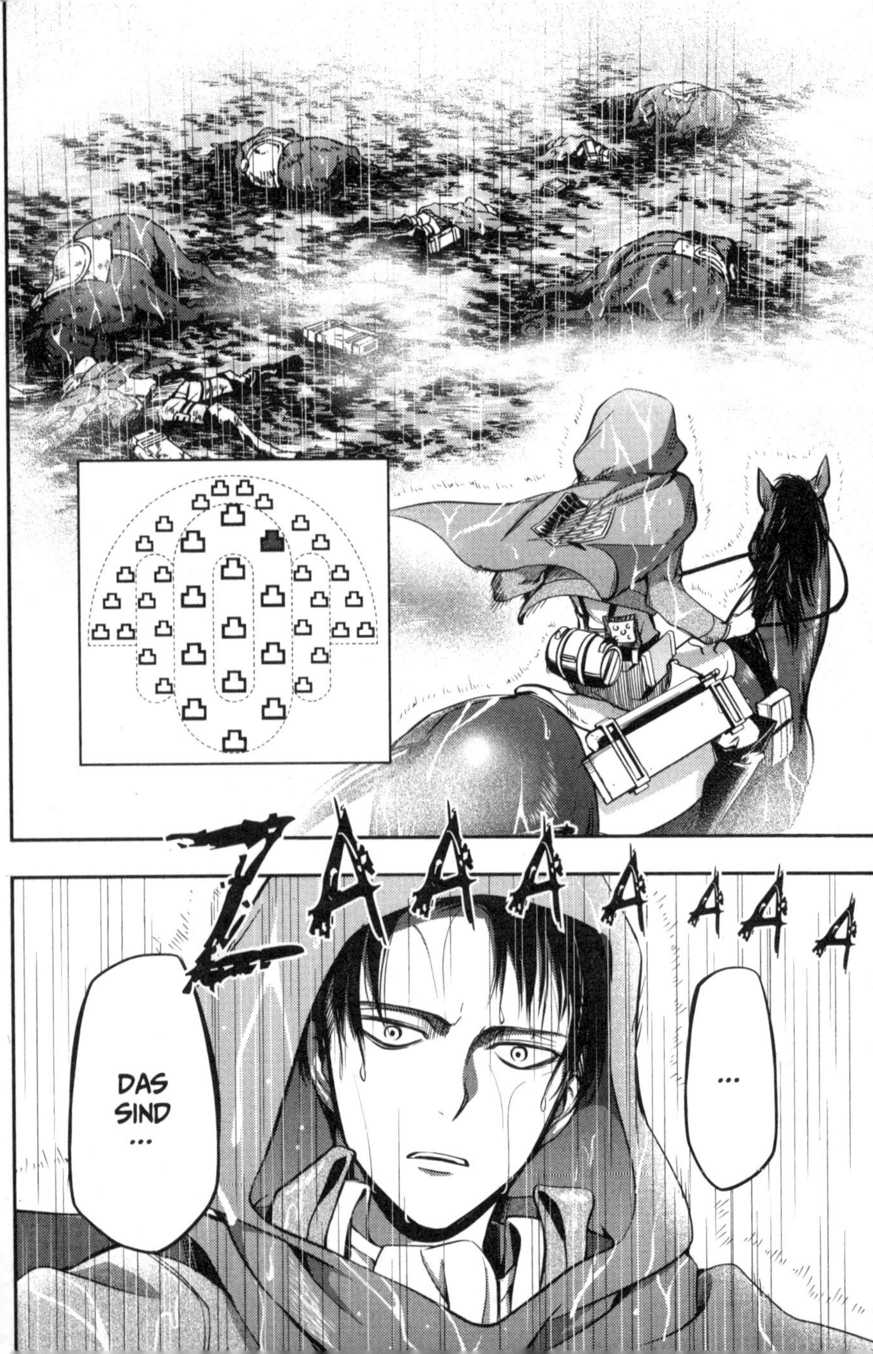
ZAAAAAAA
...
DAS SIND ...

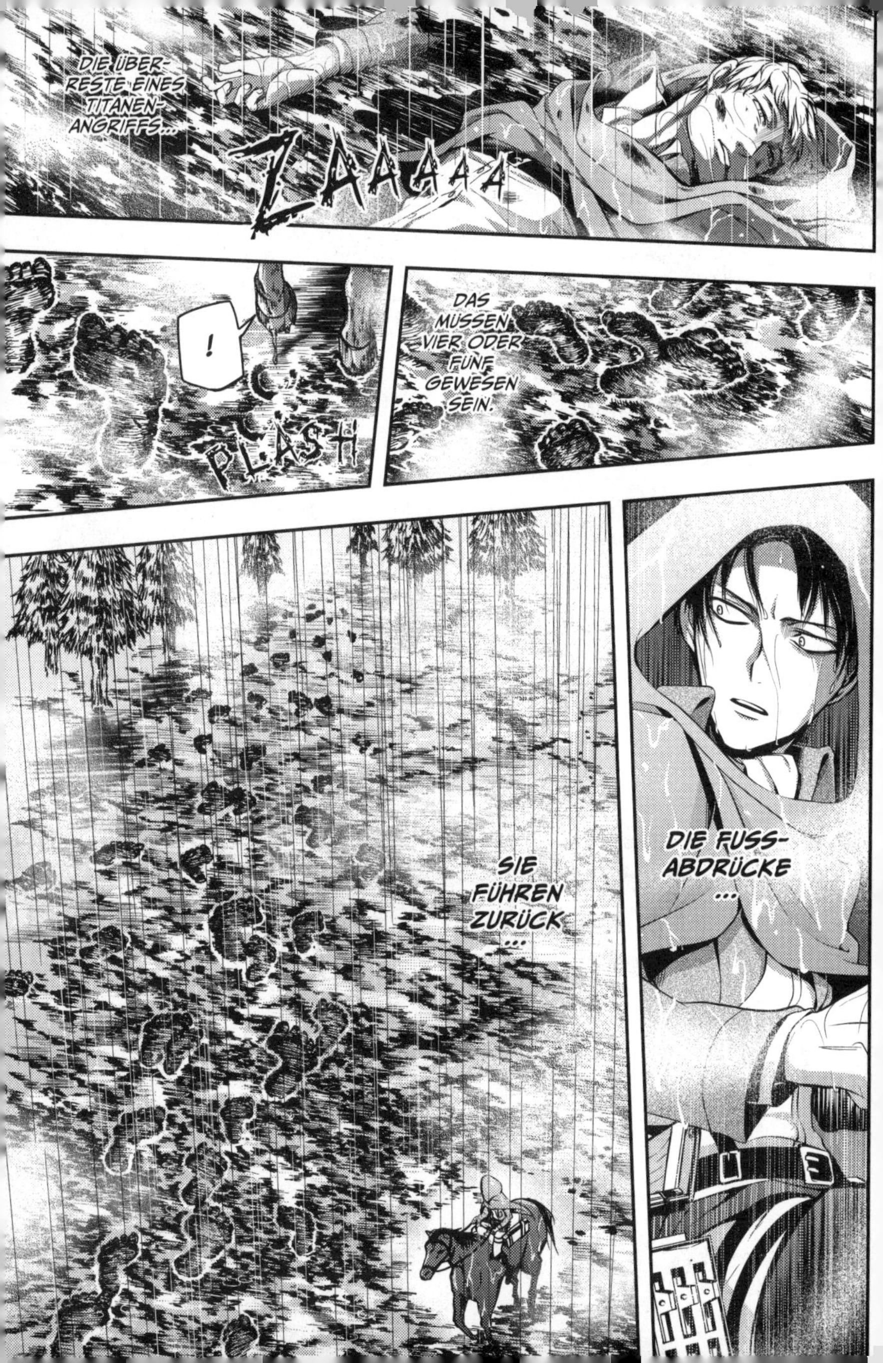
DIE ÜBER-RESTE EINES TITANEN-ANGRIFFS...
ZAAAAA
!
PLASH
DAS MÜSSEN VIER ODER FÜNF GEWESEN SEIN.
DIE FUSS-ABDRÜCKE ...
SIE FÜHREN ZURÜCK ...

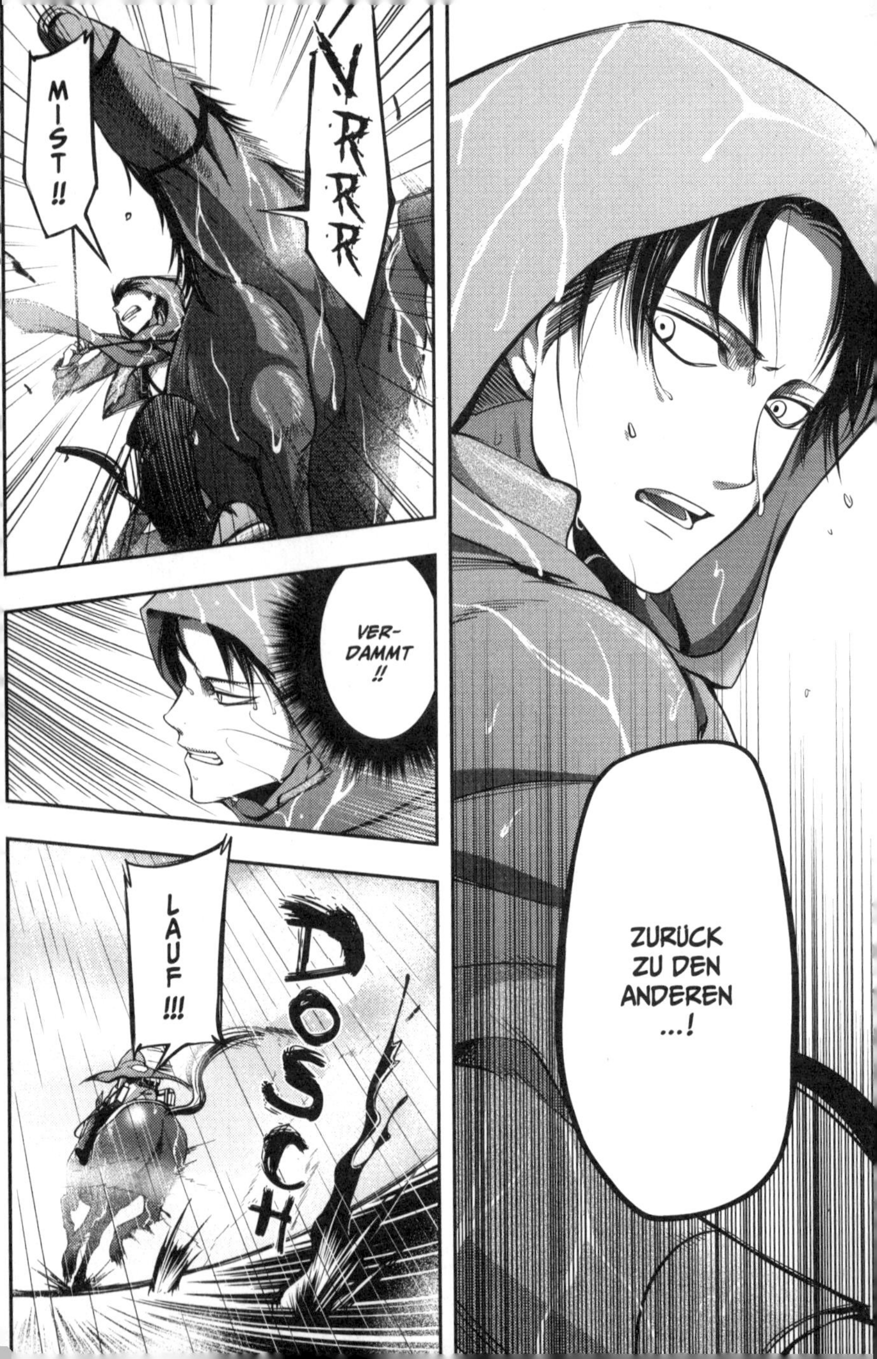
ZURÜCK ZU DEN ANDEREN ...!
VRRRR
MIST!!
VER-DAMMT!!
LAUF!!!
DOSCH

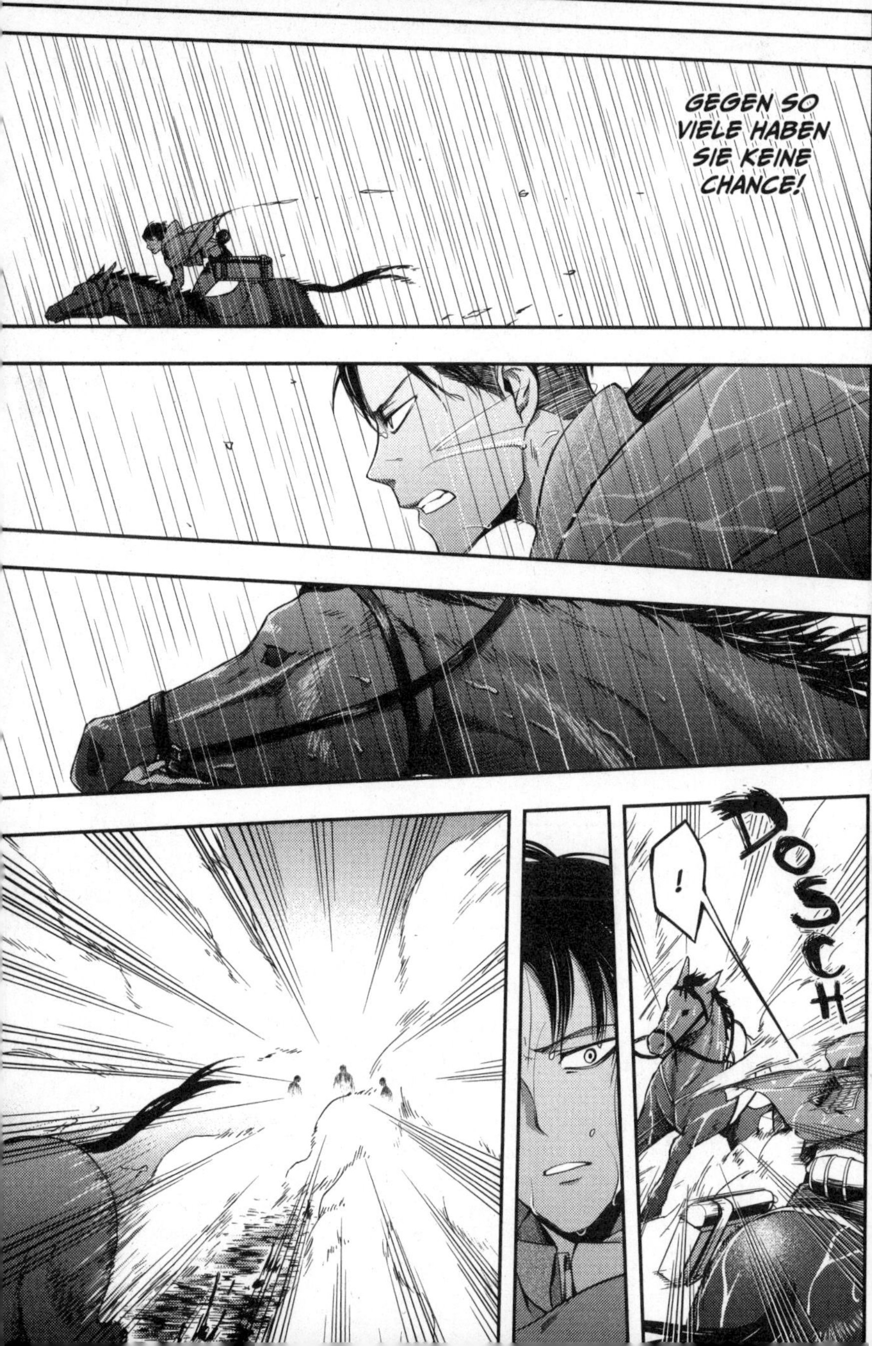
GEGEN SO VIELE HABEN SIE KEINE CHANCE!
DOSCH
!

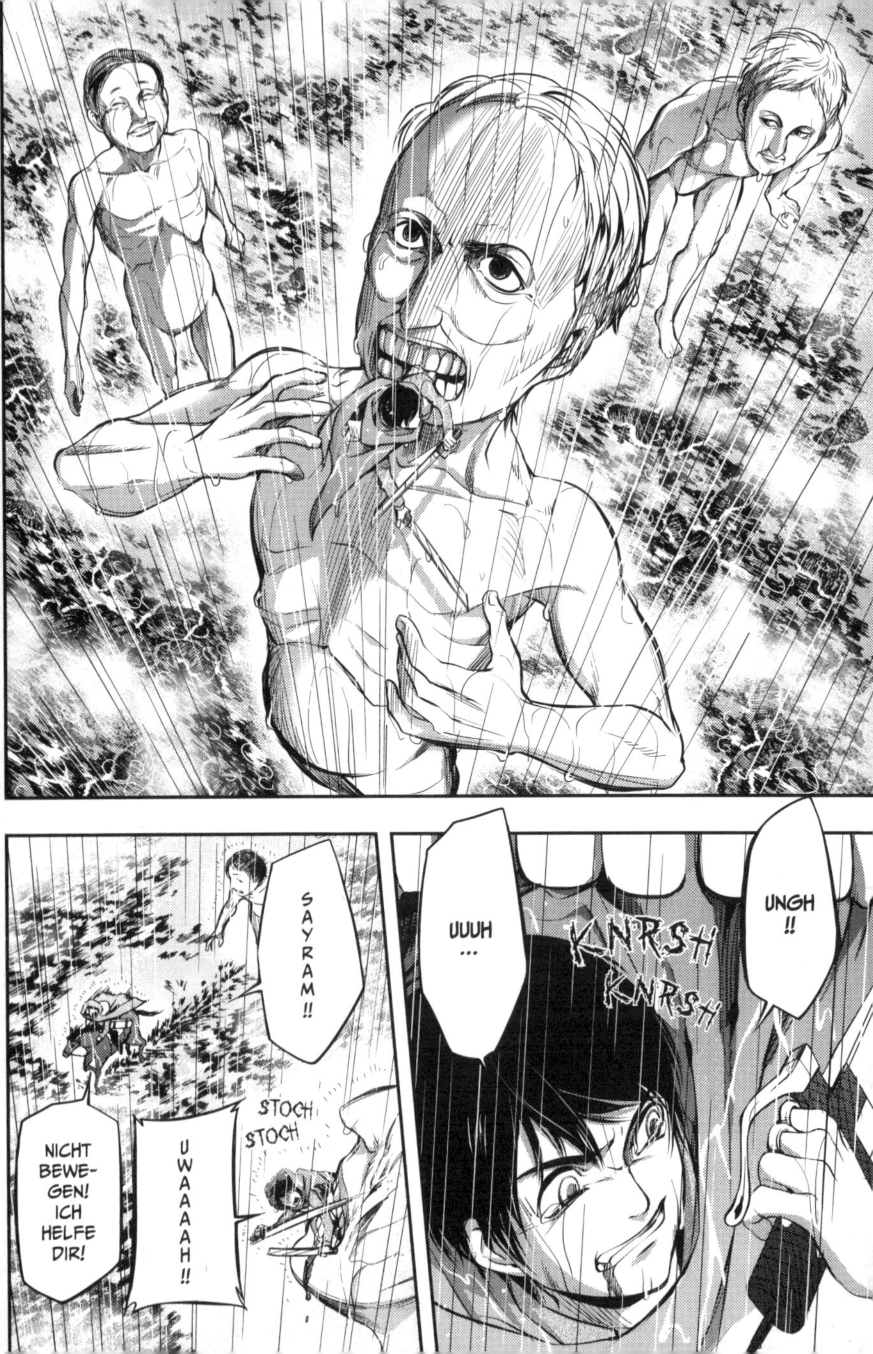
UNGH !!
KNRSH KNRSH
UUUH ...
SAYRAM !!
STOCH STOCH
UWAAAAAH !!
NICHT BEWEGEN! ICH HELFE DIR!

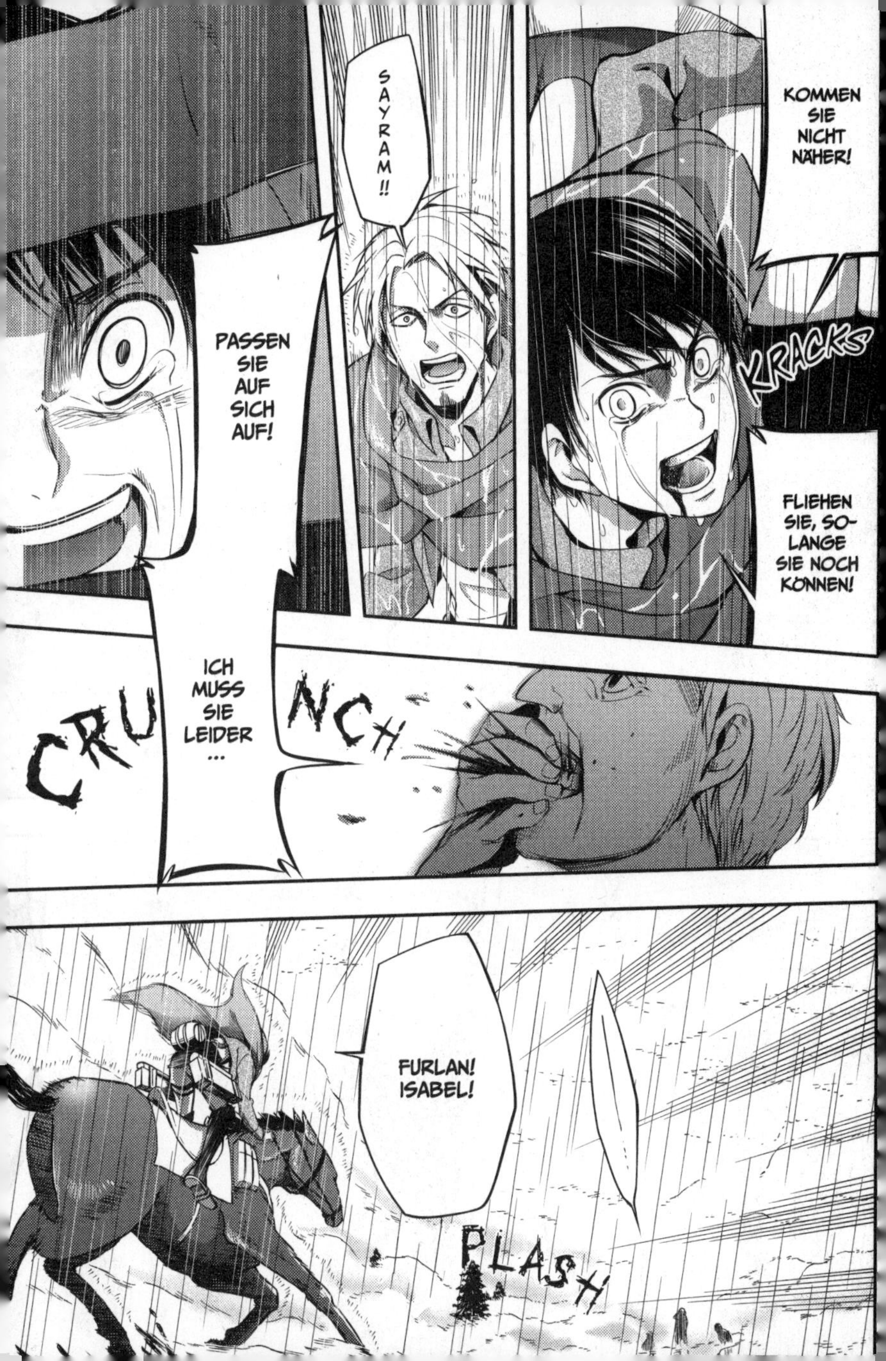
KOMMEN SIE NICHT NÄHER!
KRACKS
FLIEHEN SIE, SOLANGE SIE NOCH KÖNNEN!
SAYRAM!!
PASSEN SIE AUF SICH AUF!
ICH MUSS SIE LEIDER ...
CRUNCH
FURLAN! ISABEL!
PLASH

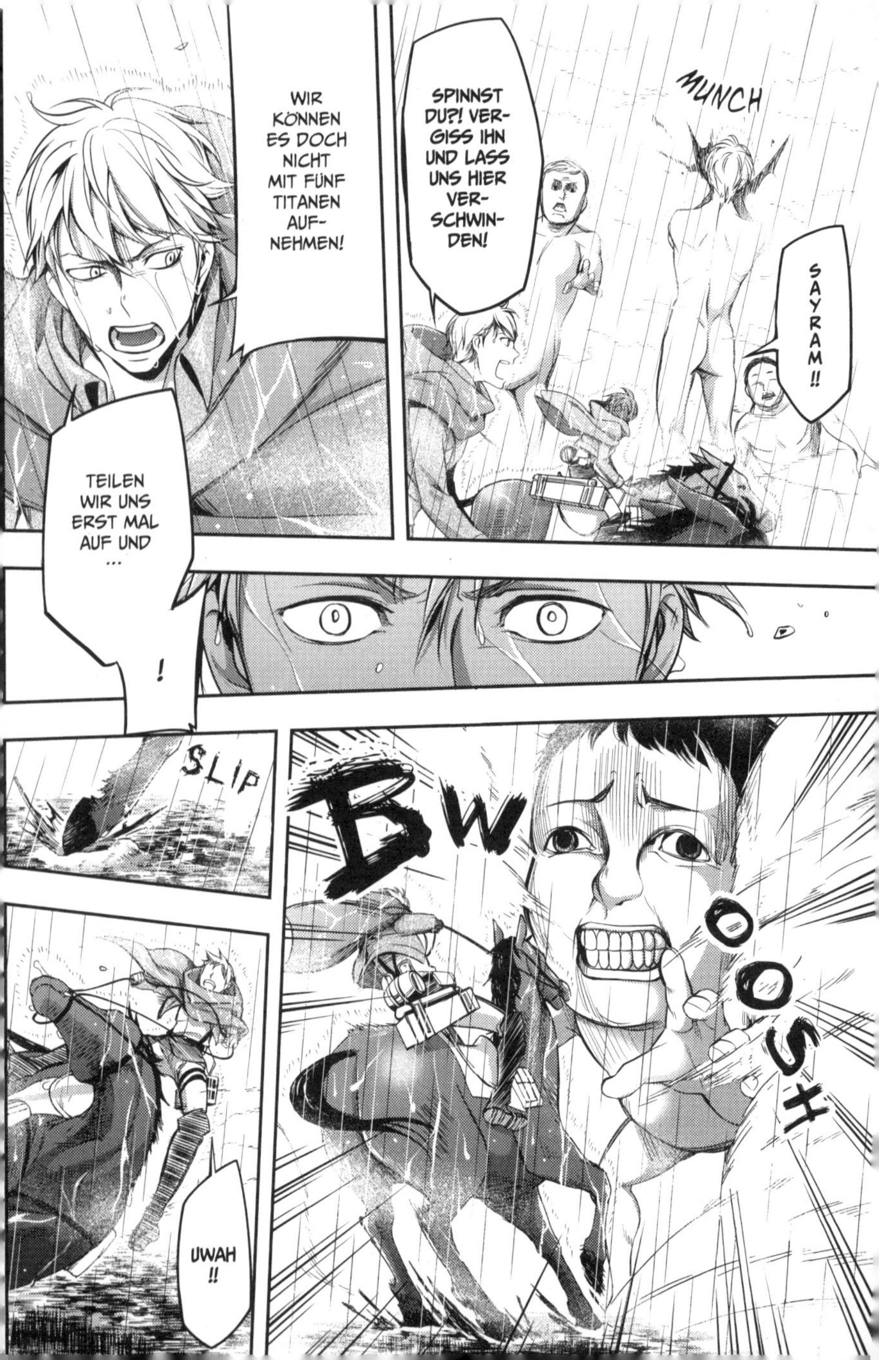
MUNCH
SAYRAM!!
SPINNST DU?! VERGISS IHN UND LASS UNS HIER VERSCHWINDEN!
WIR KÖNNEN ES DOCH NICHT MIT FÜNF TITANEN AUFNEHMEN!
TEILEN WIR UNS ERST MAL AUF UND ...
!
BWOOOSH
SLIP
UWAH!!

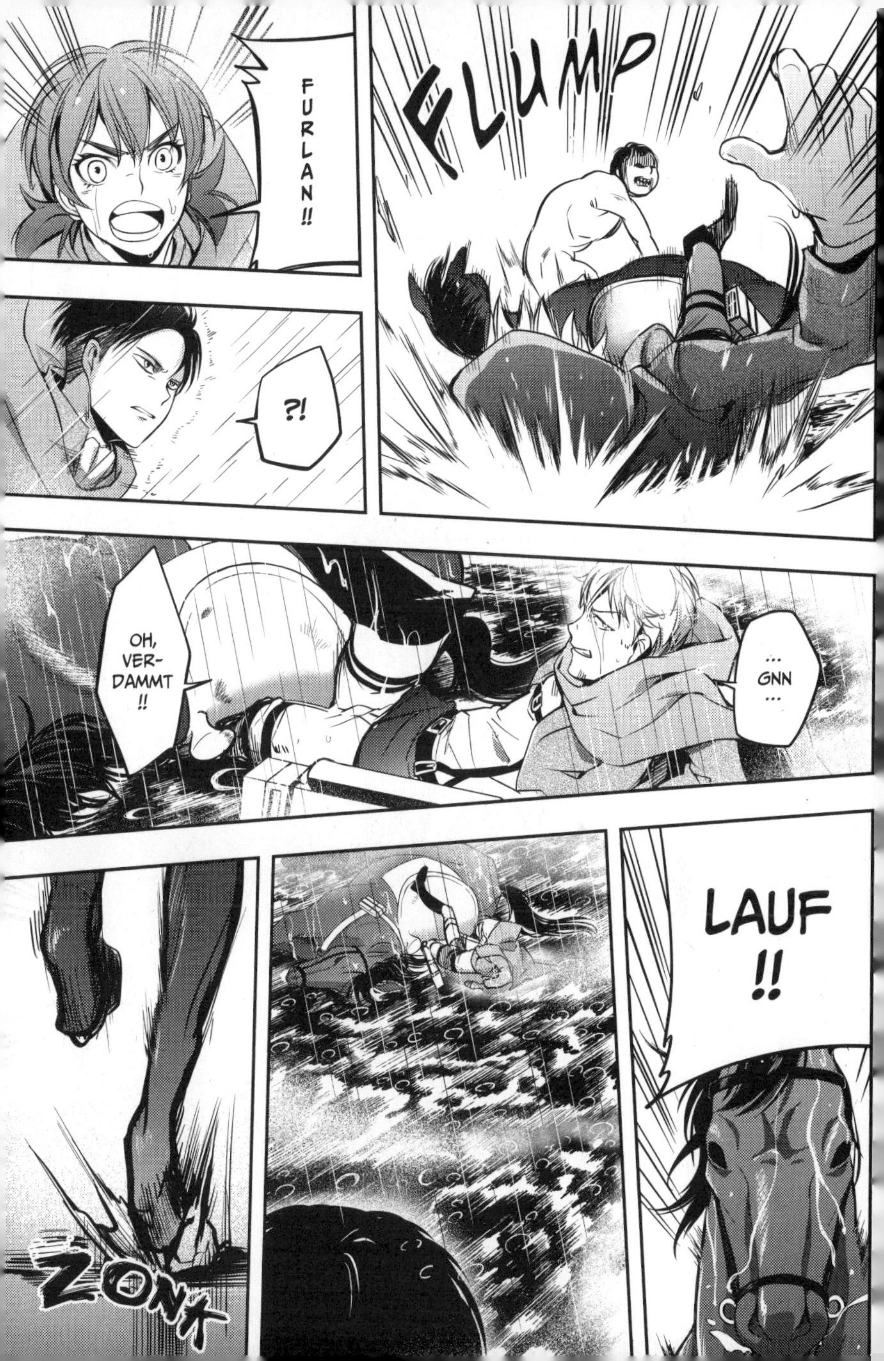
FLUMP
FURLAN!!
?!
...GNN...
OH, VERDAMMT!!
LAUF!!
ZONK

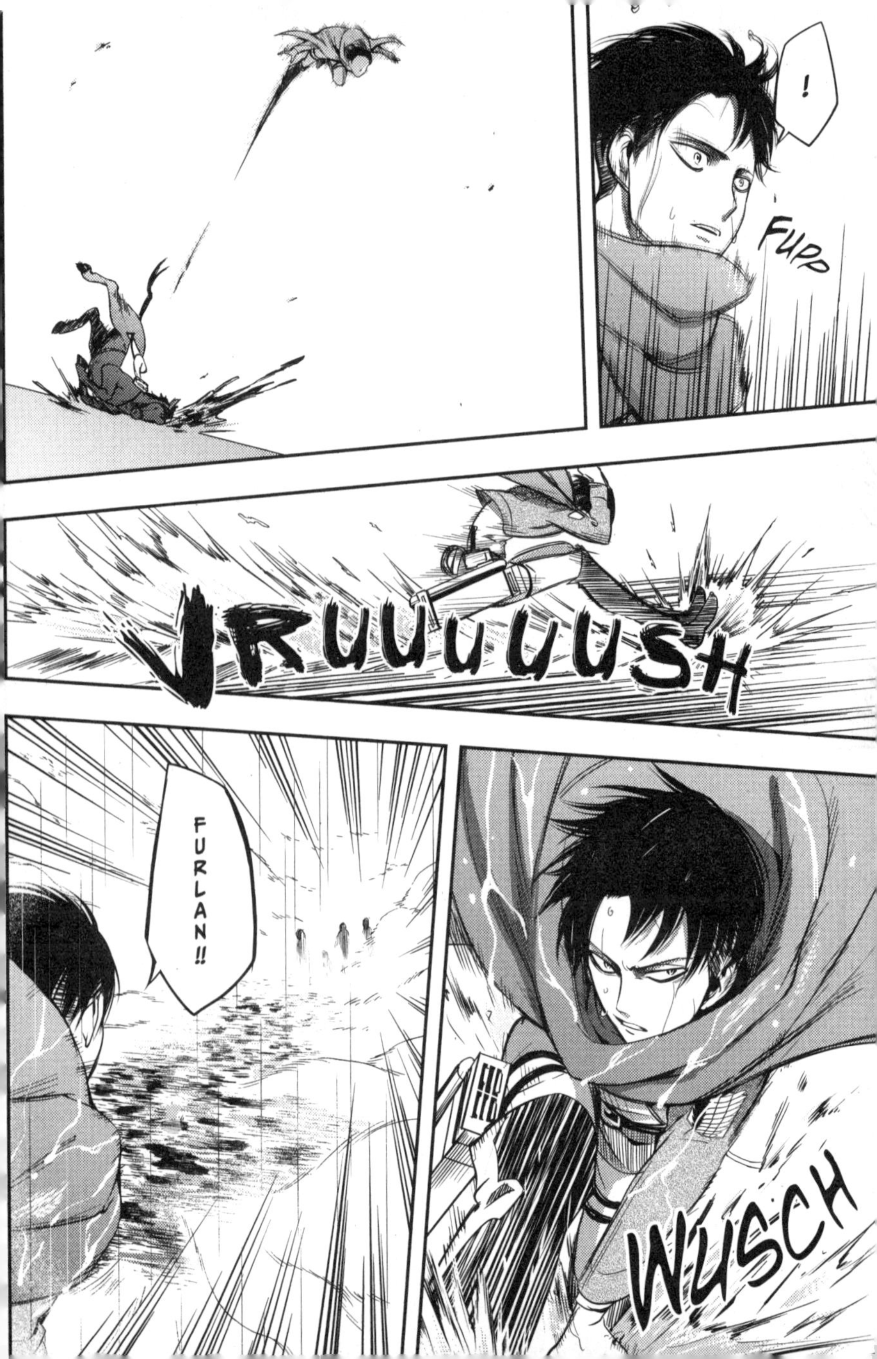
!
FUPP
VRUUUUUUSH
WUSCH
FURLAN!!

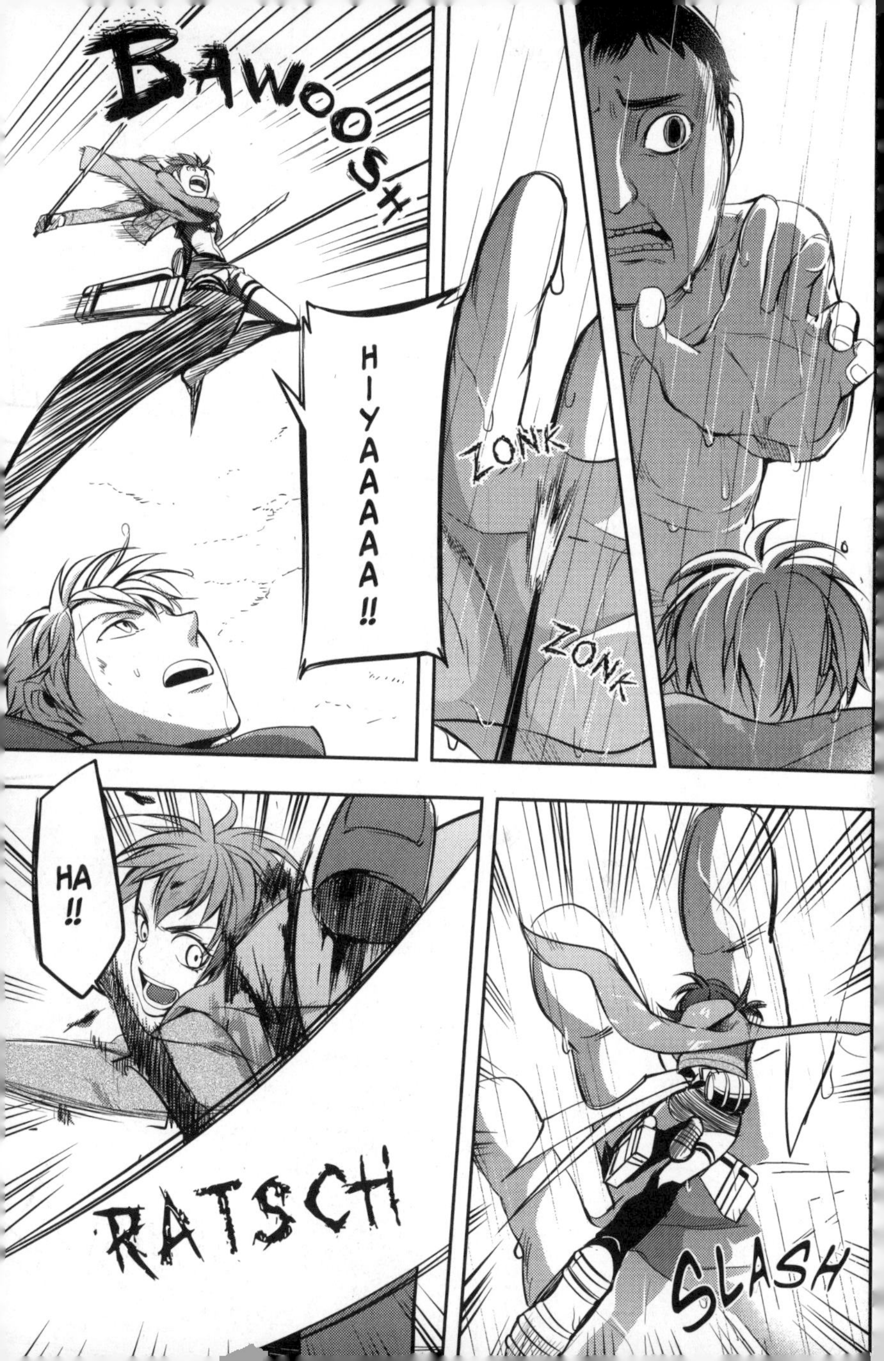
ZONK
ZONK
HIYAAAAAA!!
BAWOOSH
SLASH
HA!!
RATSCH

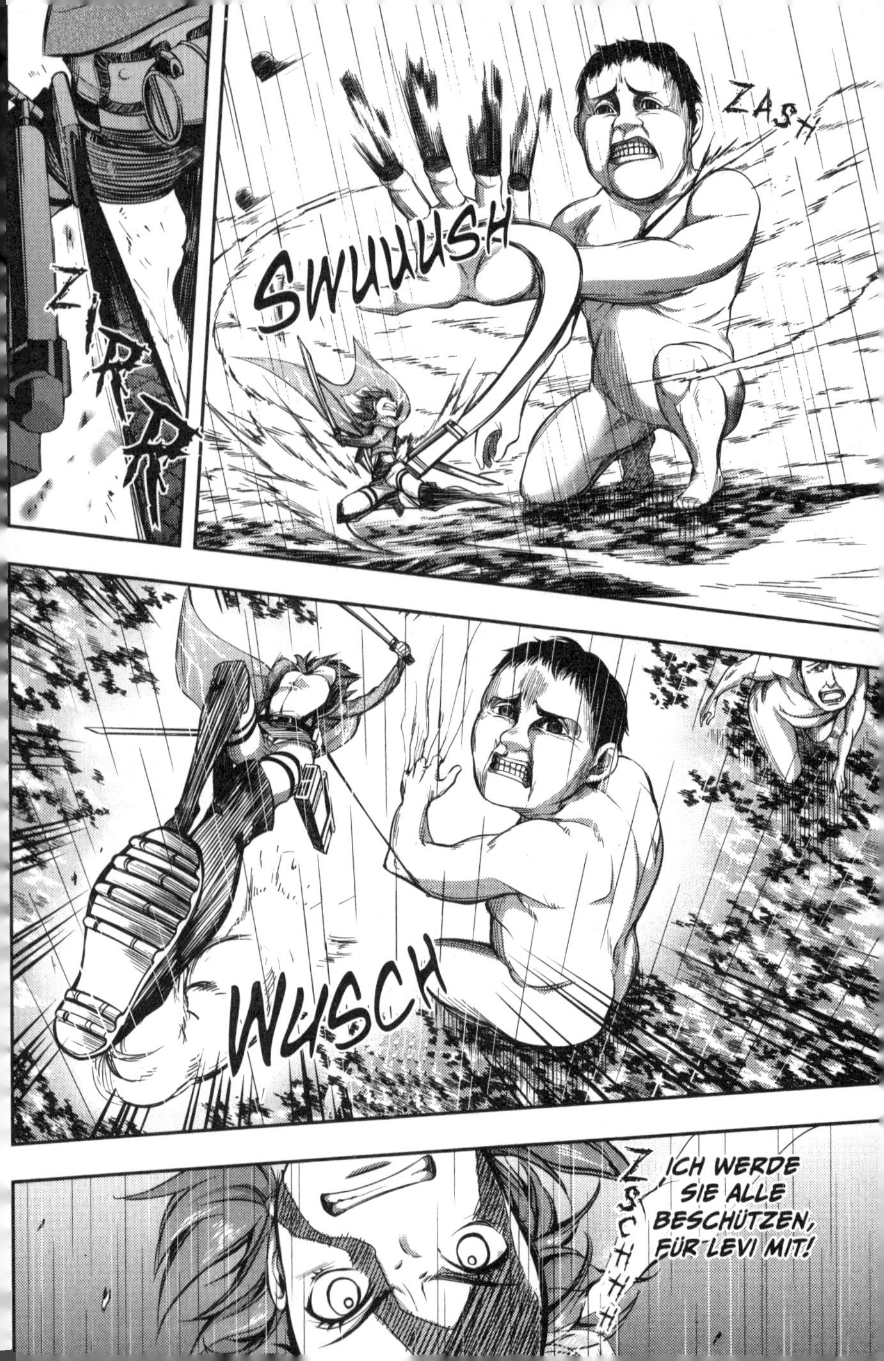
ZASH
SWUUUSH
ZIRR
WUSCH
ICH WERDE SIE ALLE BESCHÜTZEN, FÜR LEVI MIT!

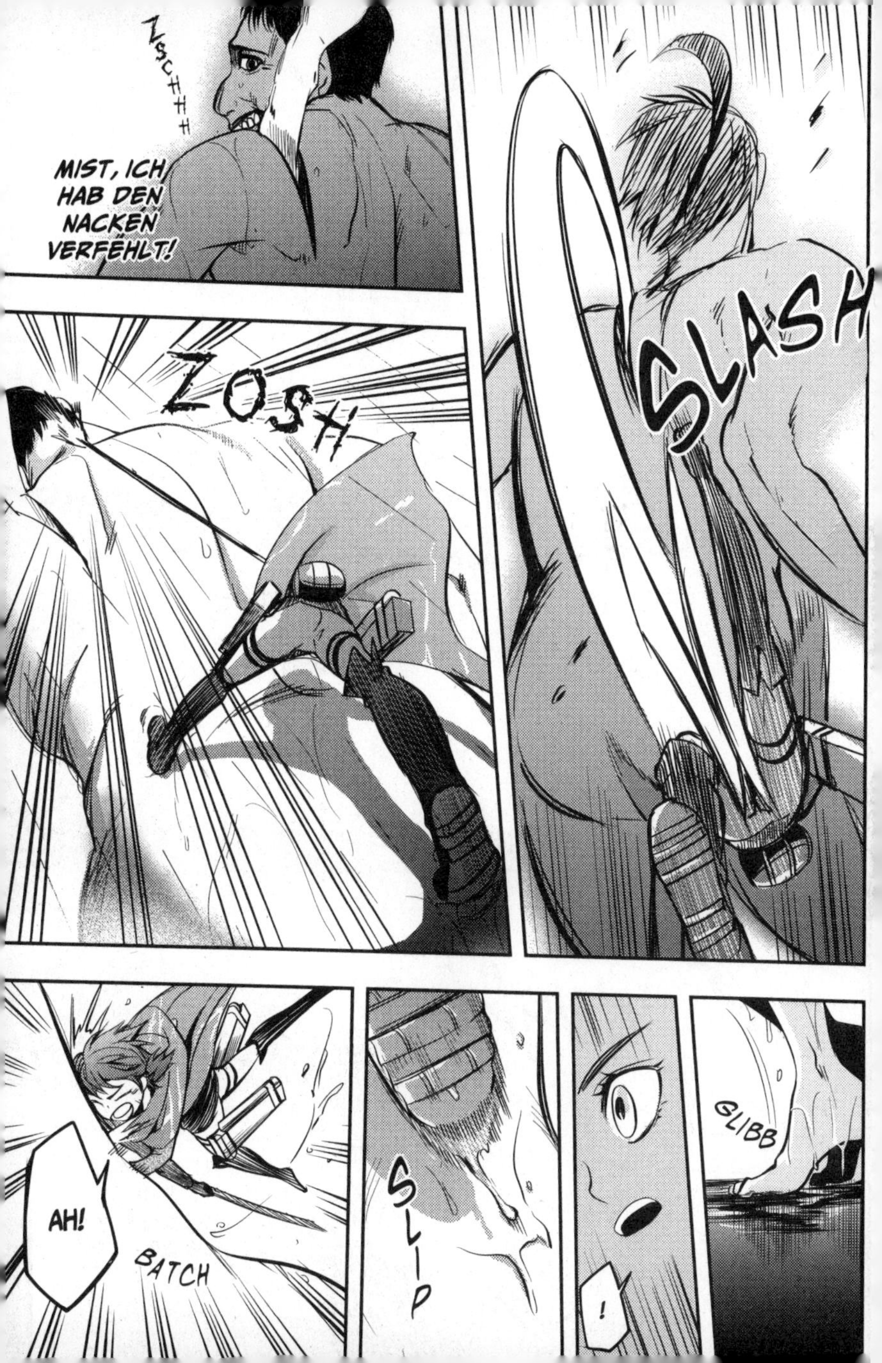
ZSCHHH
MIST, ICH HAB DEN NACKEN VERFEHLT!
SLASH
ZOSH!
GLIBB
!
SLIP
AH!
BATCH

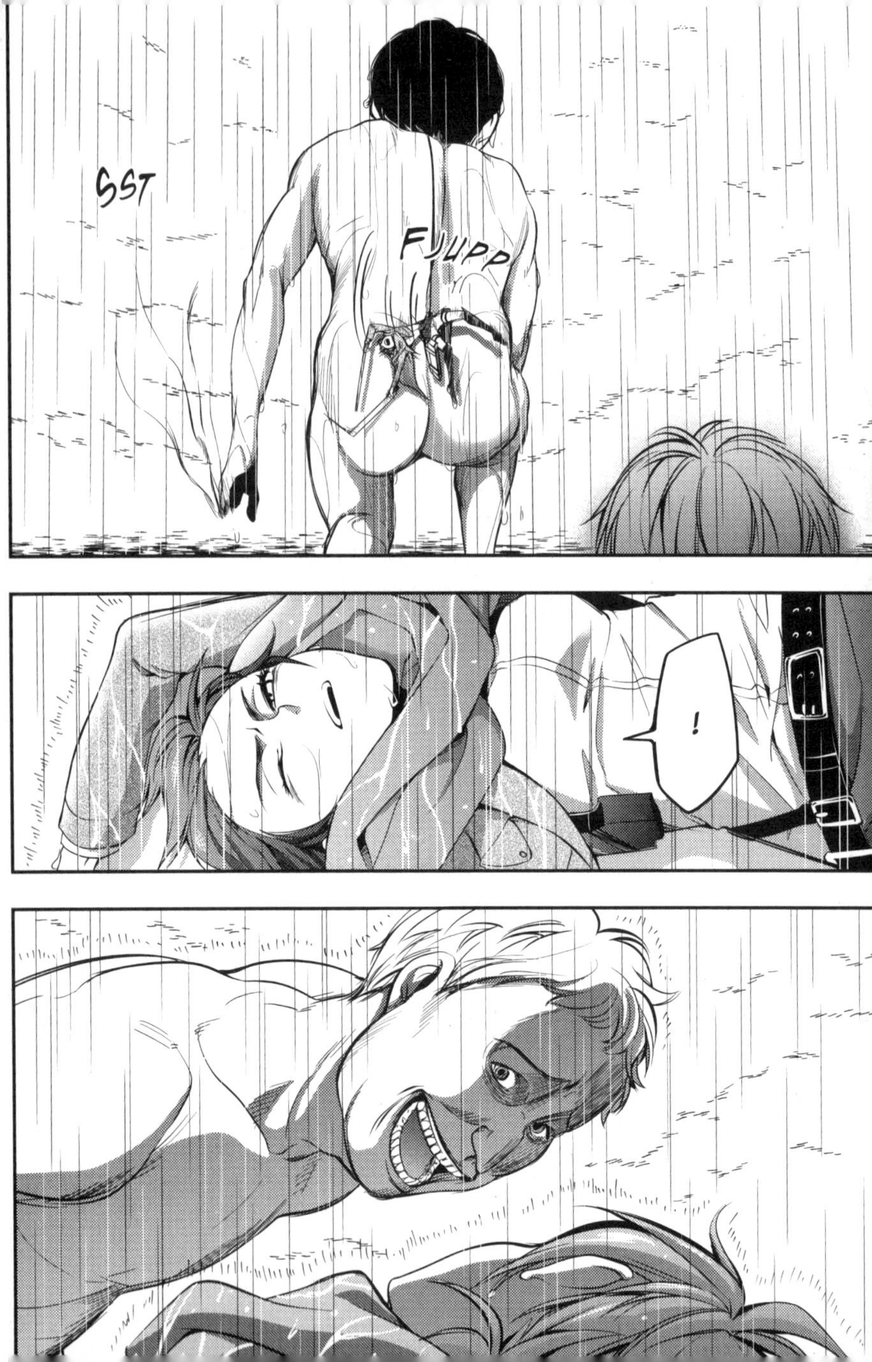
SST
FJUPP
!

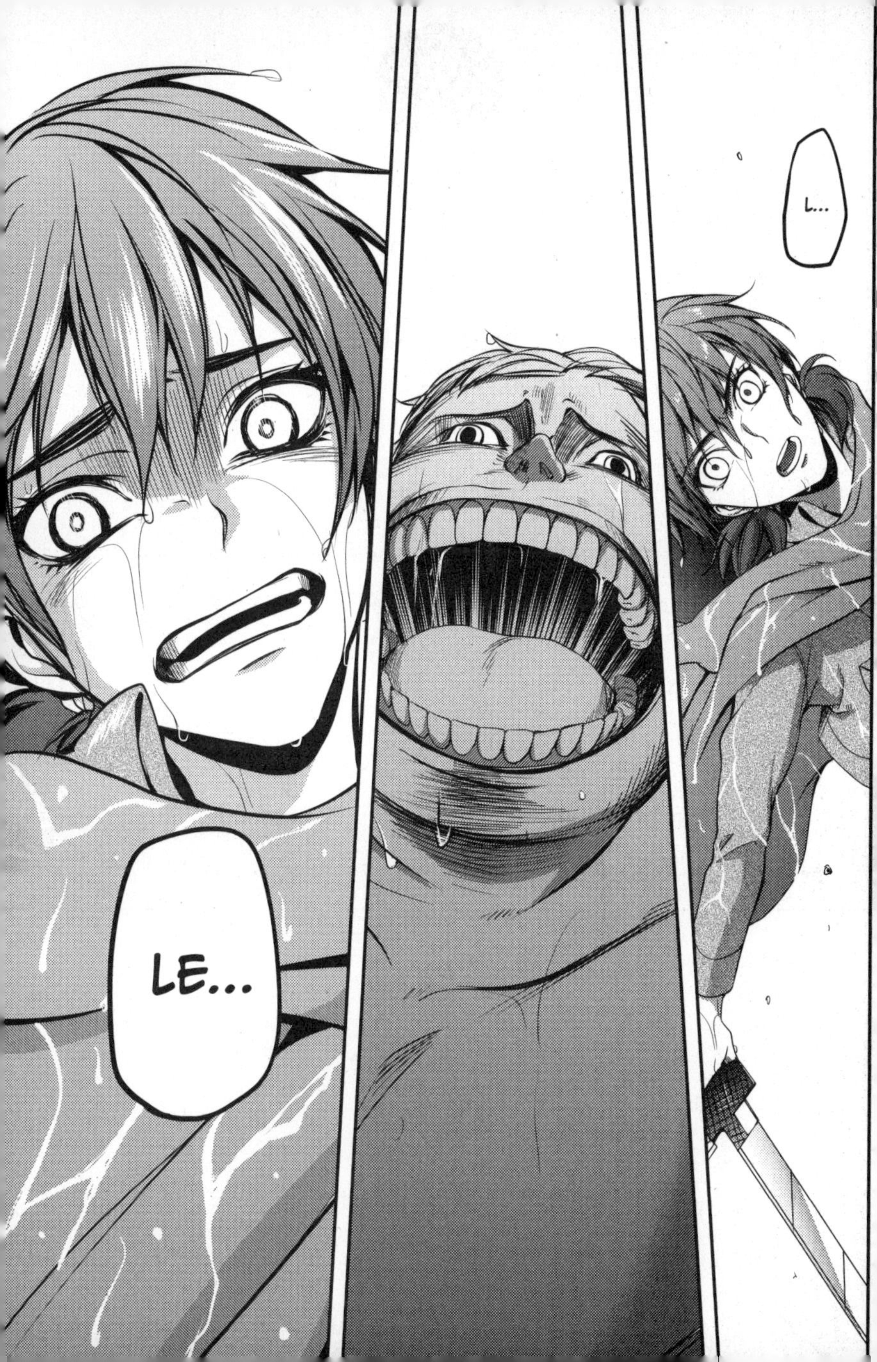
L...
LE...

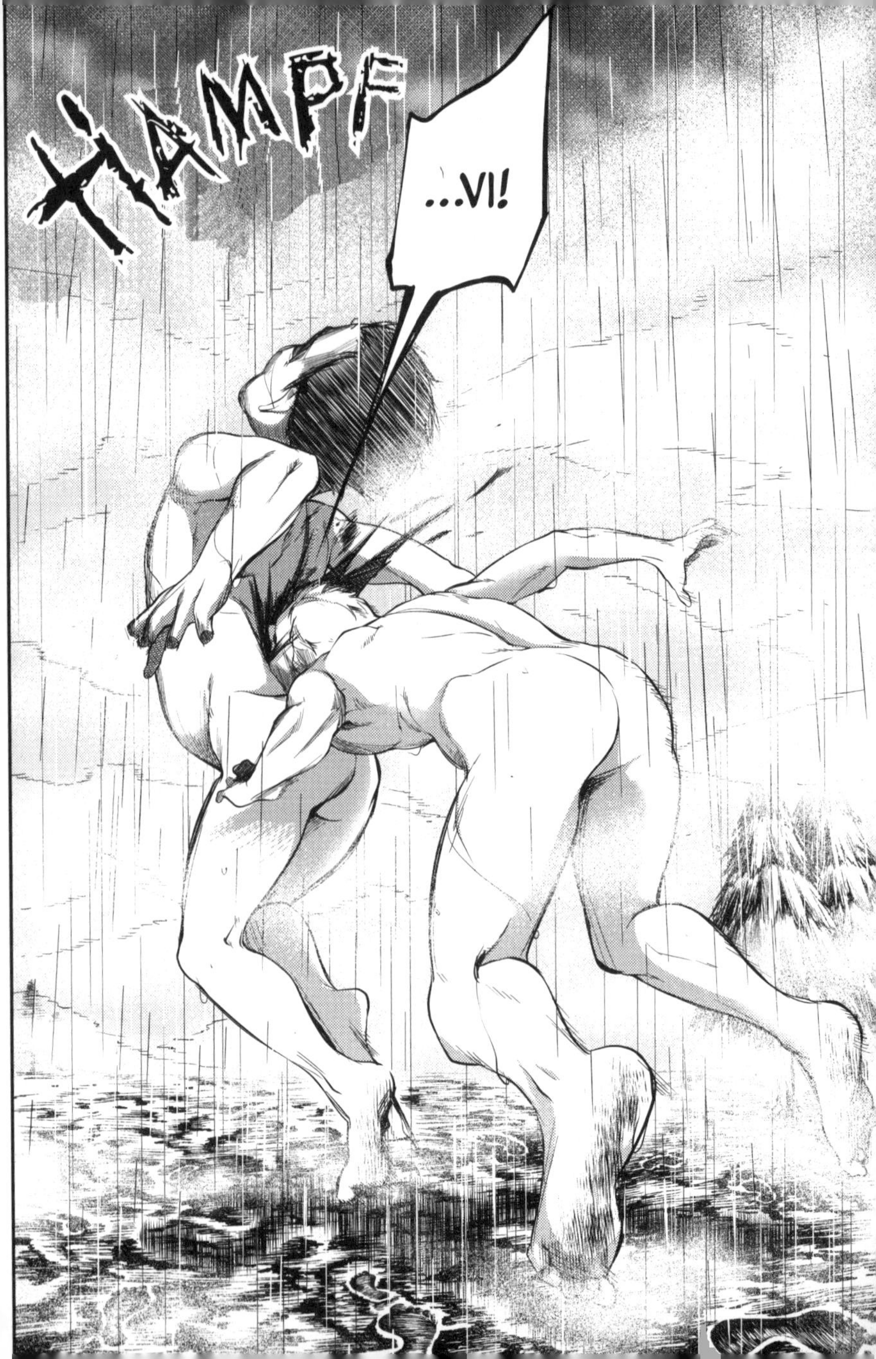
HAMPF
...VI!

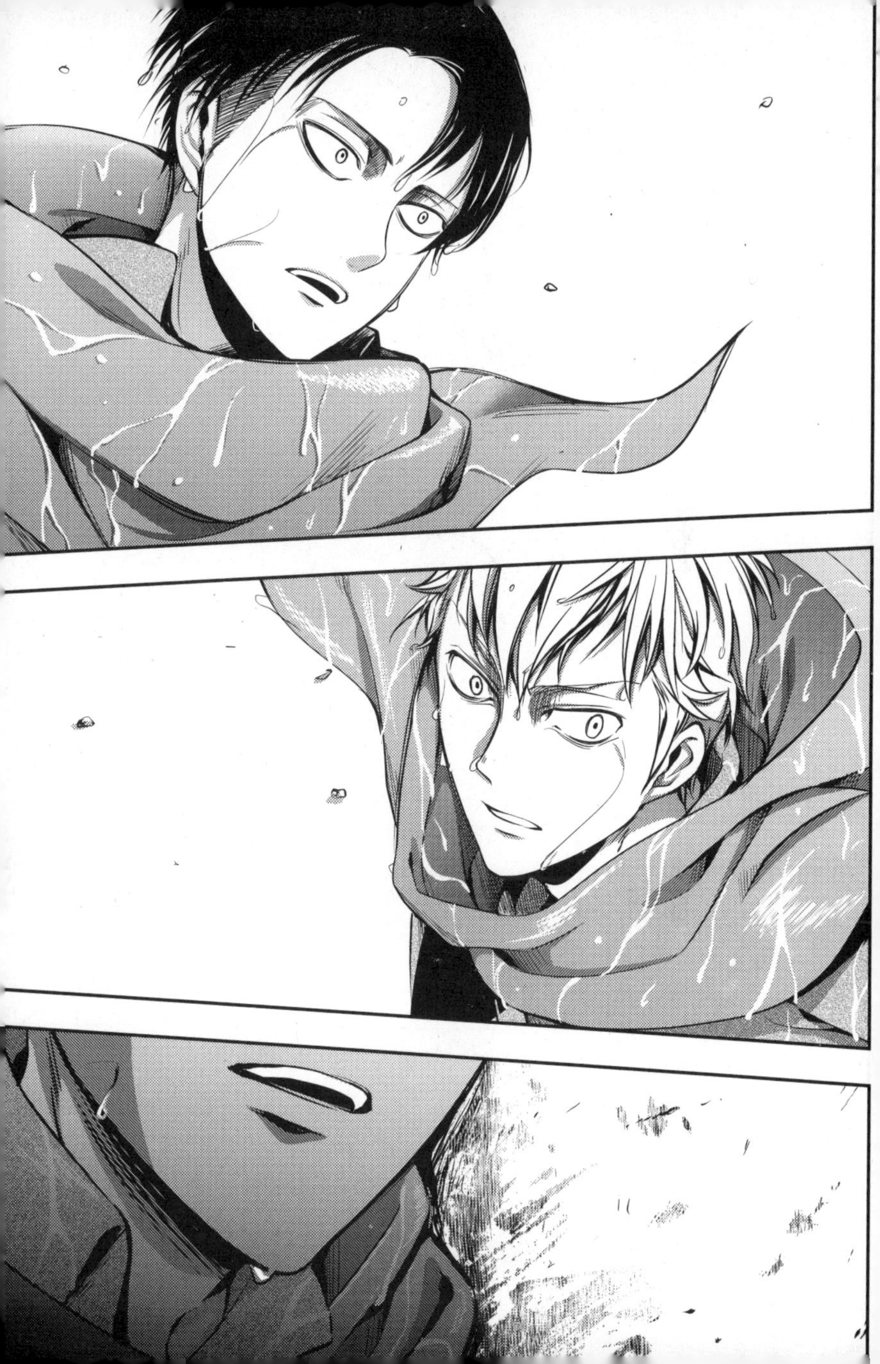

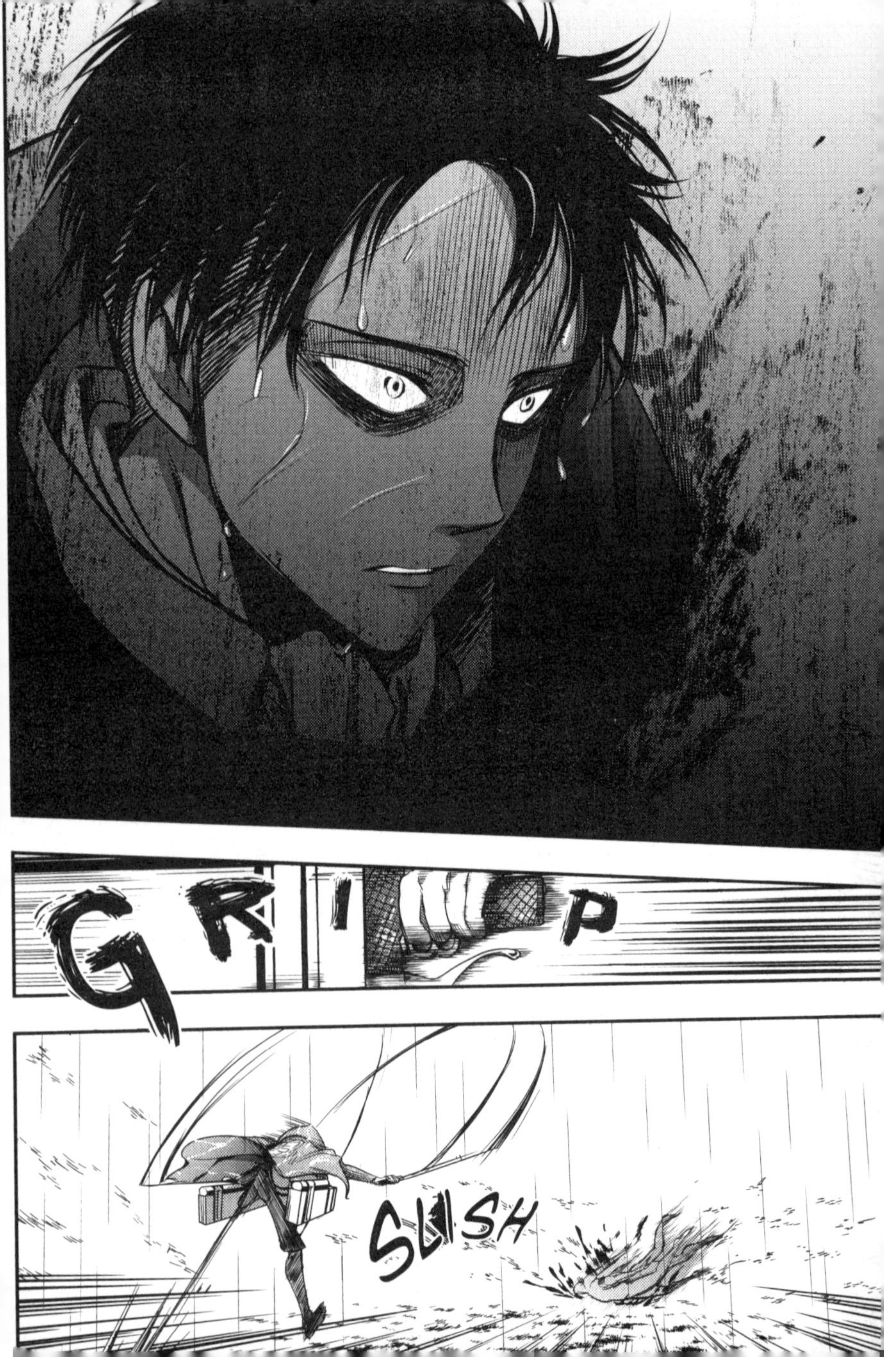
GRIP
SLISH

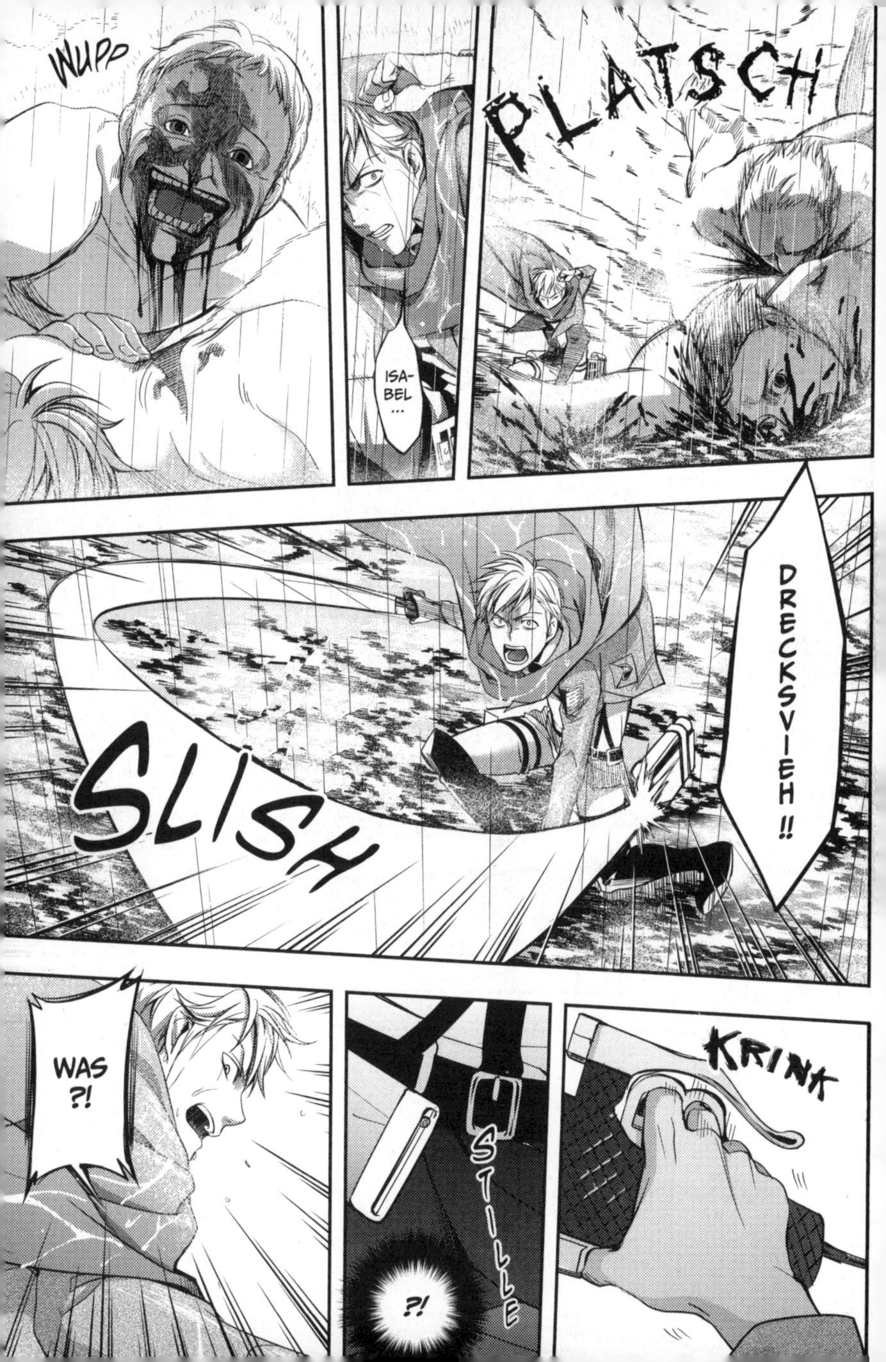
PLATSCH
ISA-
BEL
...
WUPP
DRECKSVIEH !!
SLISH
KRINK
STILLE
?!
WAS
?!

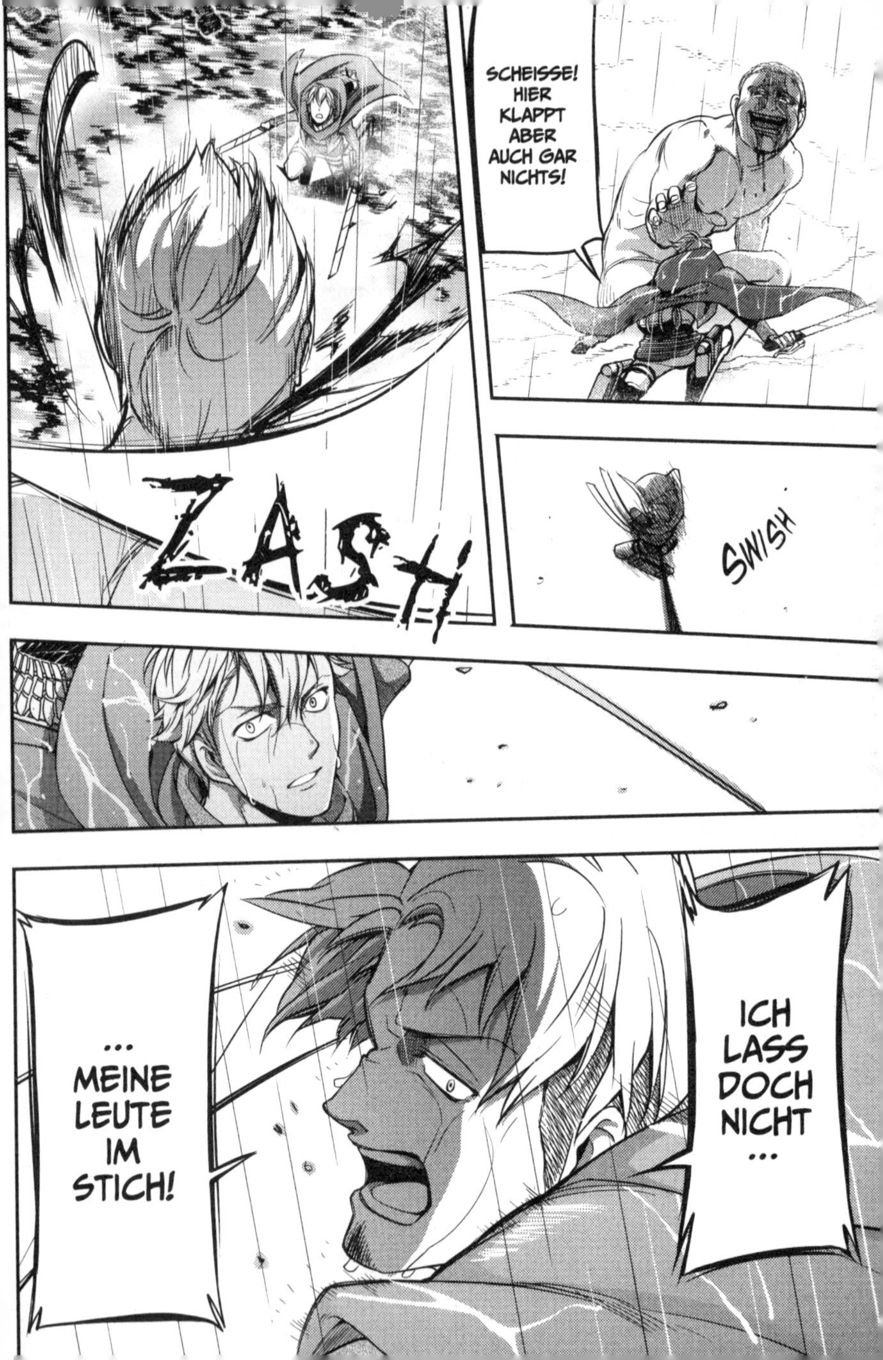
SCHEISSE! HIER KLAPPT ABER AUCH GAR NICHTS!
ZASH
SWISH
ICH LASS DOCH NICHT ...
... MEINE LEUTE IM STICH!

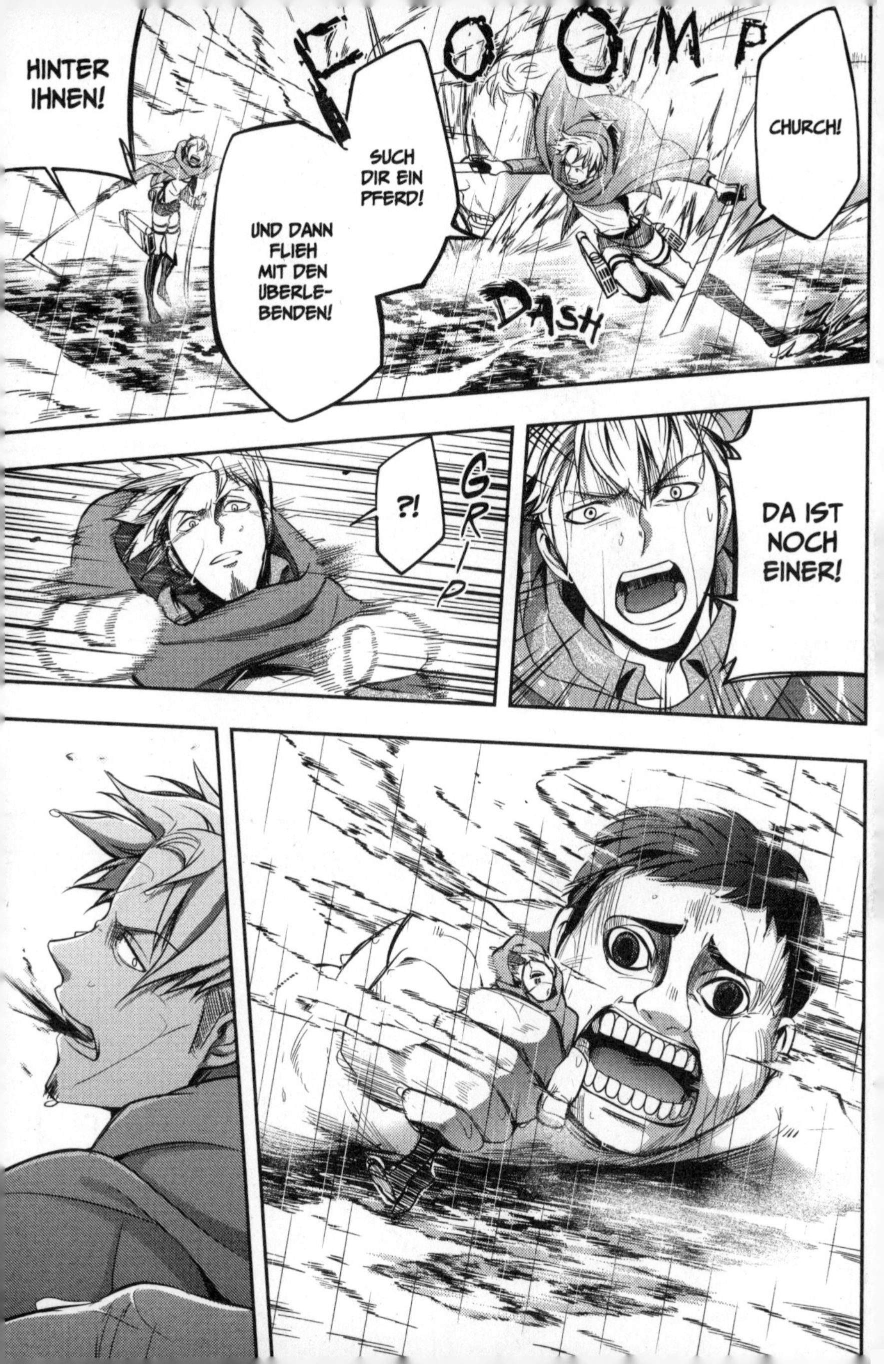

FOOMP
CHURCH!
SUCH DIR EIN PFERD!
UND DANN FLIEH MIT DEN UBERLE-BENDEN!
HINTER IHNEN!
DASH
DA IST NOCH EINER!
?!
GRIP

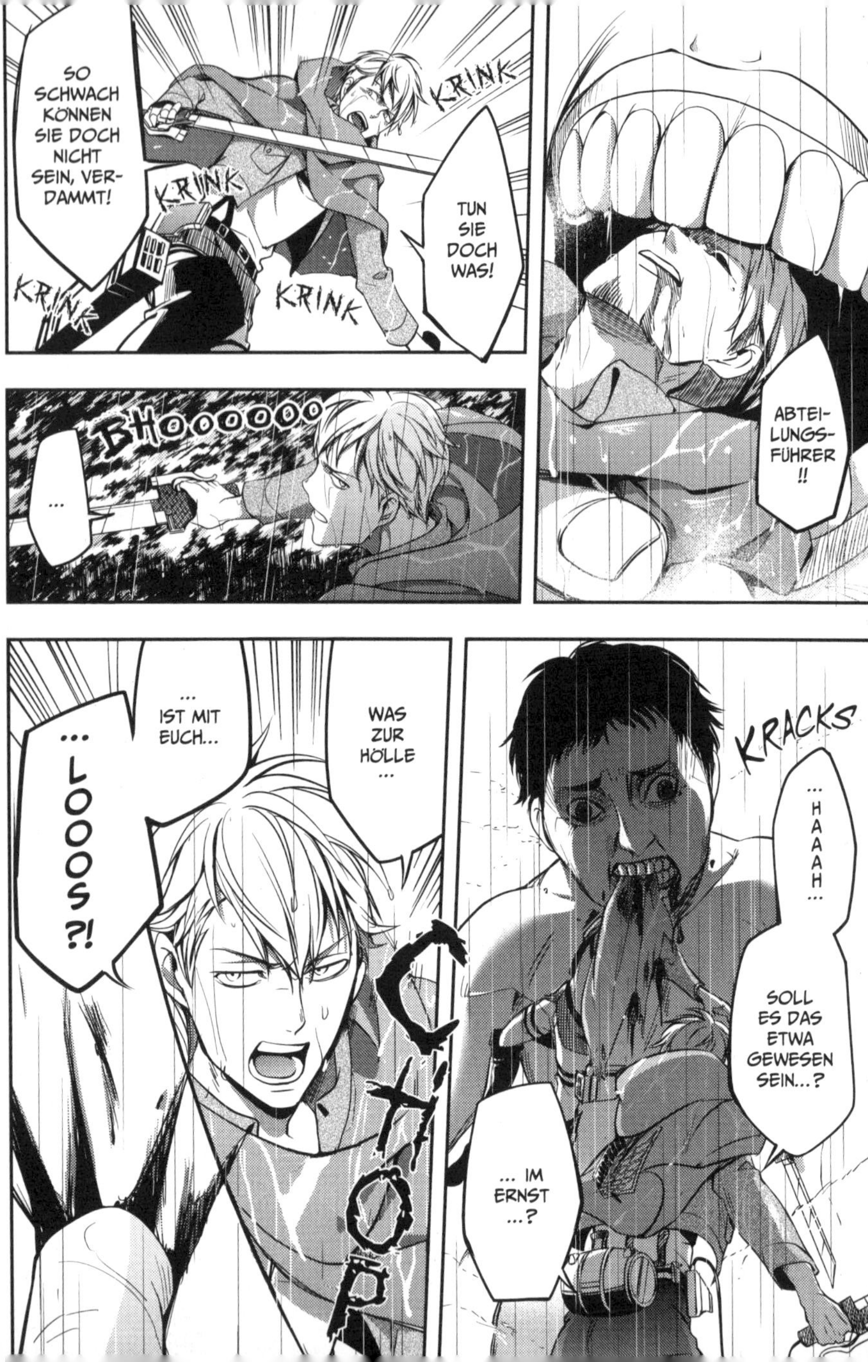

KRINK
TUN SIE DOCH WAS!
SO SCHWACH KÖNNEN SIE DOCH NICHT SEIN, VERDAMMT!
KRINK
KRINK
KRINK
ABTEILUNGSFÜHRER!!
BHOOOOOOO
...
KRACKS
... HAAAAH ...
SOLL ES DAS ETWA GEWESEN SEIN ...?
... IM ERNST ...?
WAS ZUR HÖLLE ...
... IST MIT EUCH ...
... LOOOOS?!
CHOMP

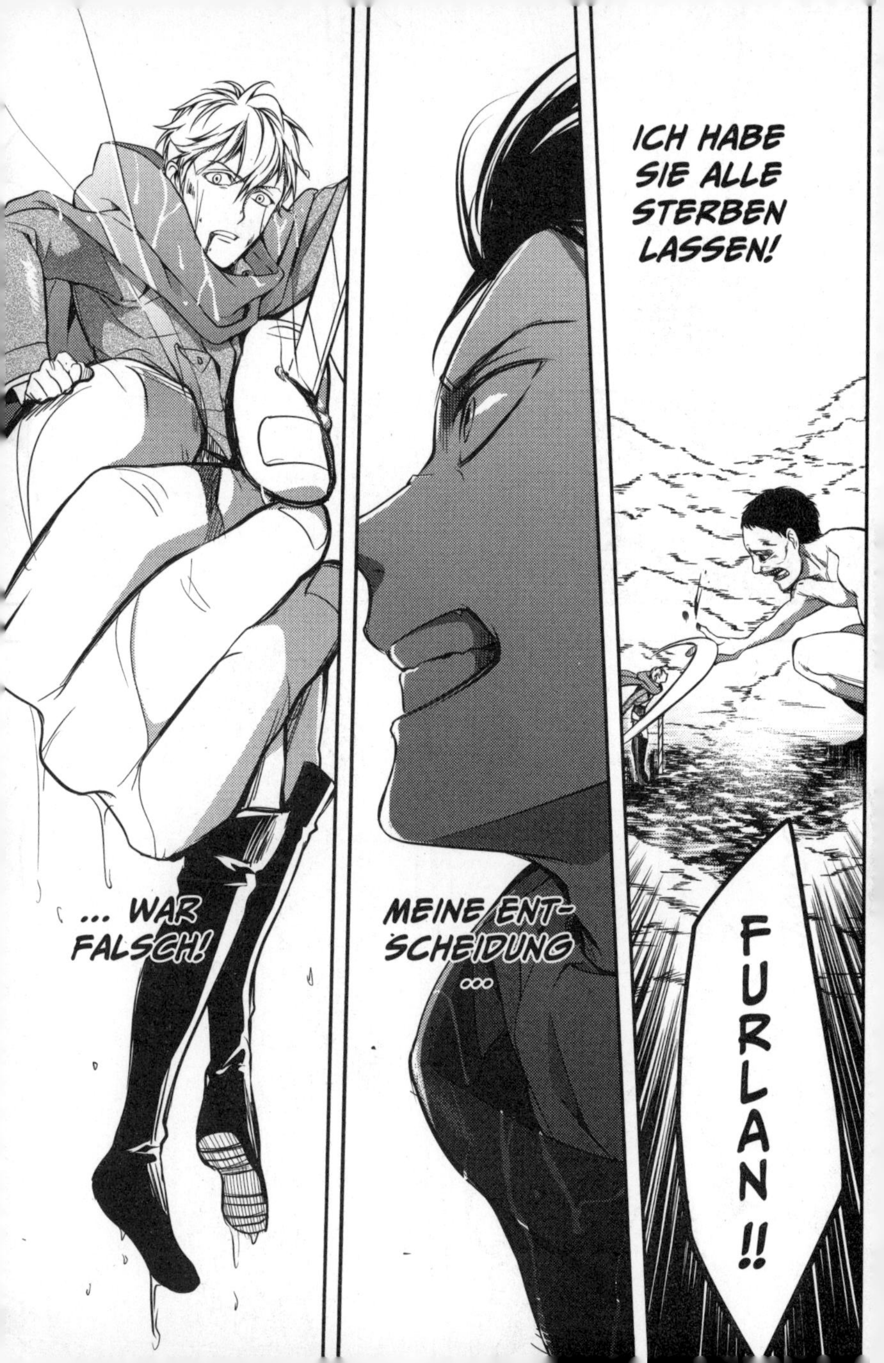
ICH HABE SIE ALLE STERBEN LASSEN!
FURLAN!!
MEINE ENT-SCHEIDUNG ...
... WAR FALSCH!

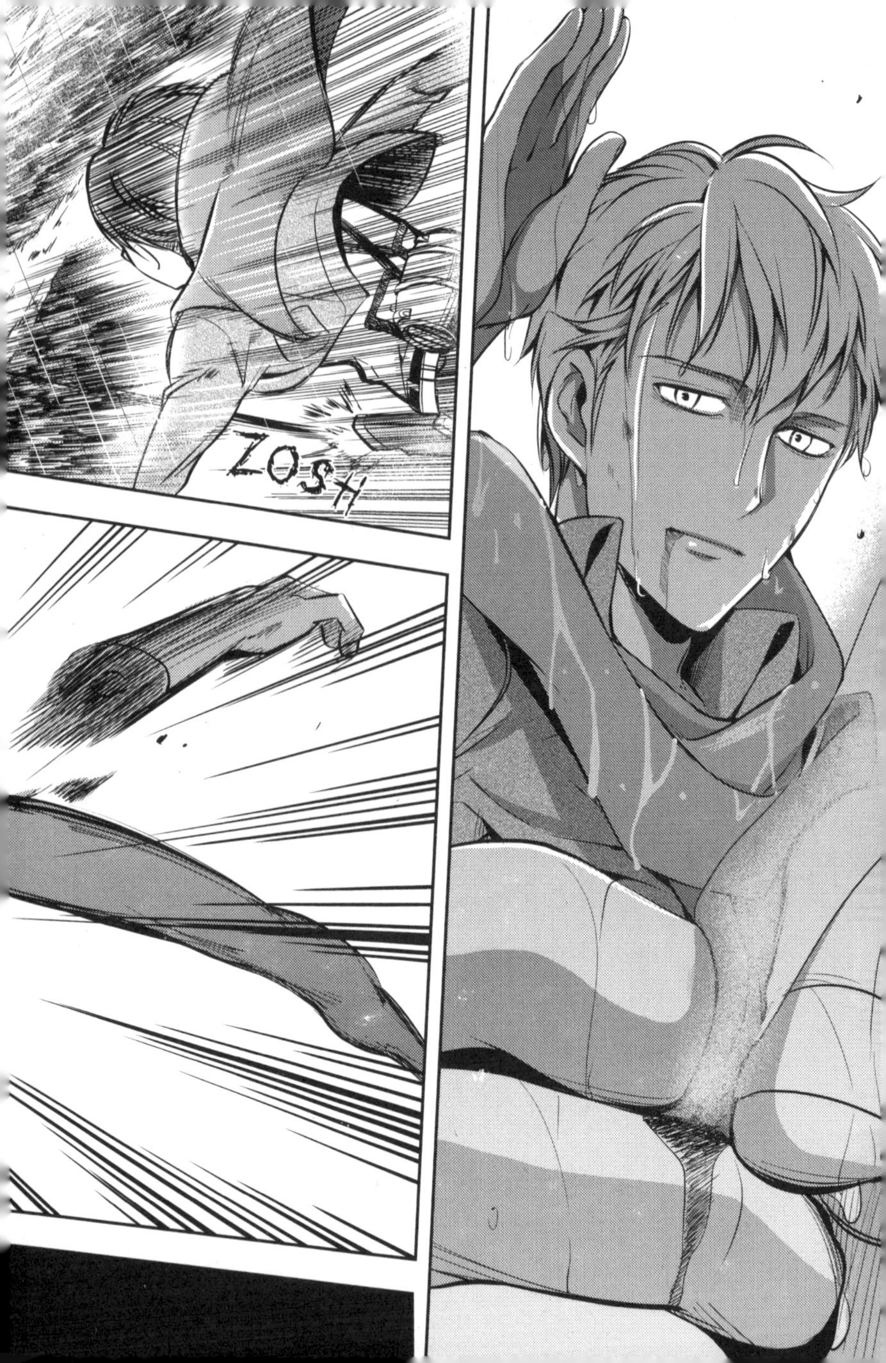
ZOSH

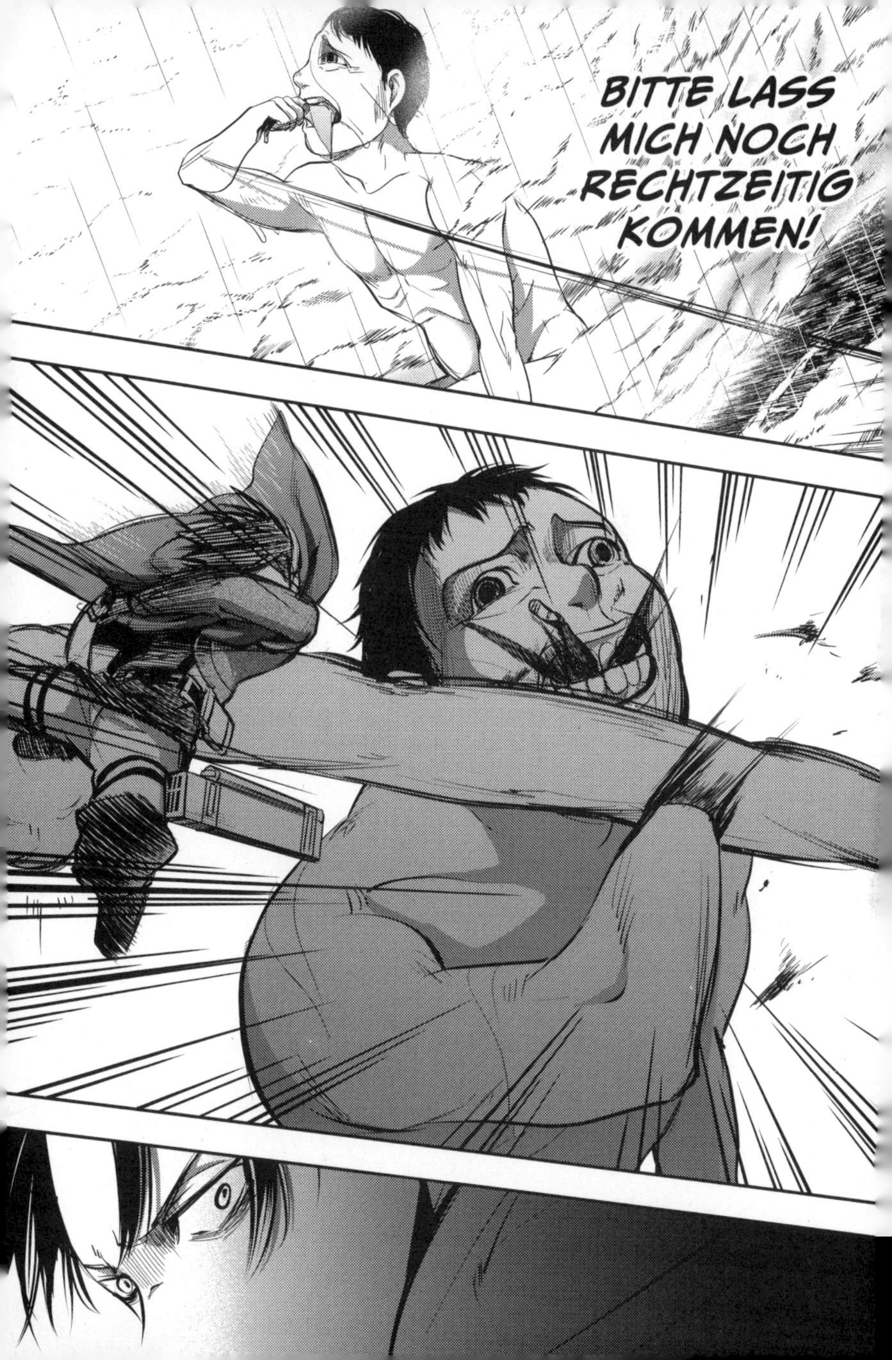
BITTE LASS MICH NOCH RECHTZEITIG KOMMEN!

ATTACK ON TITAN
NO REGRETS

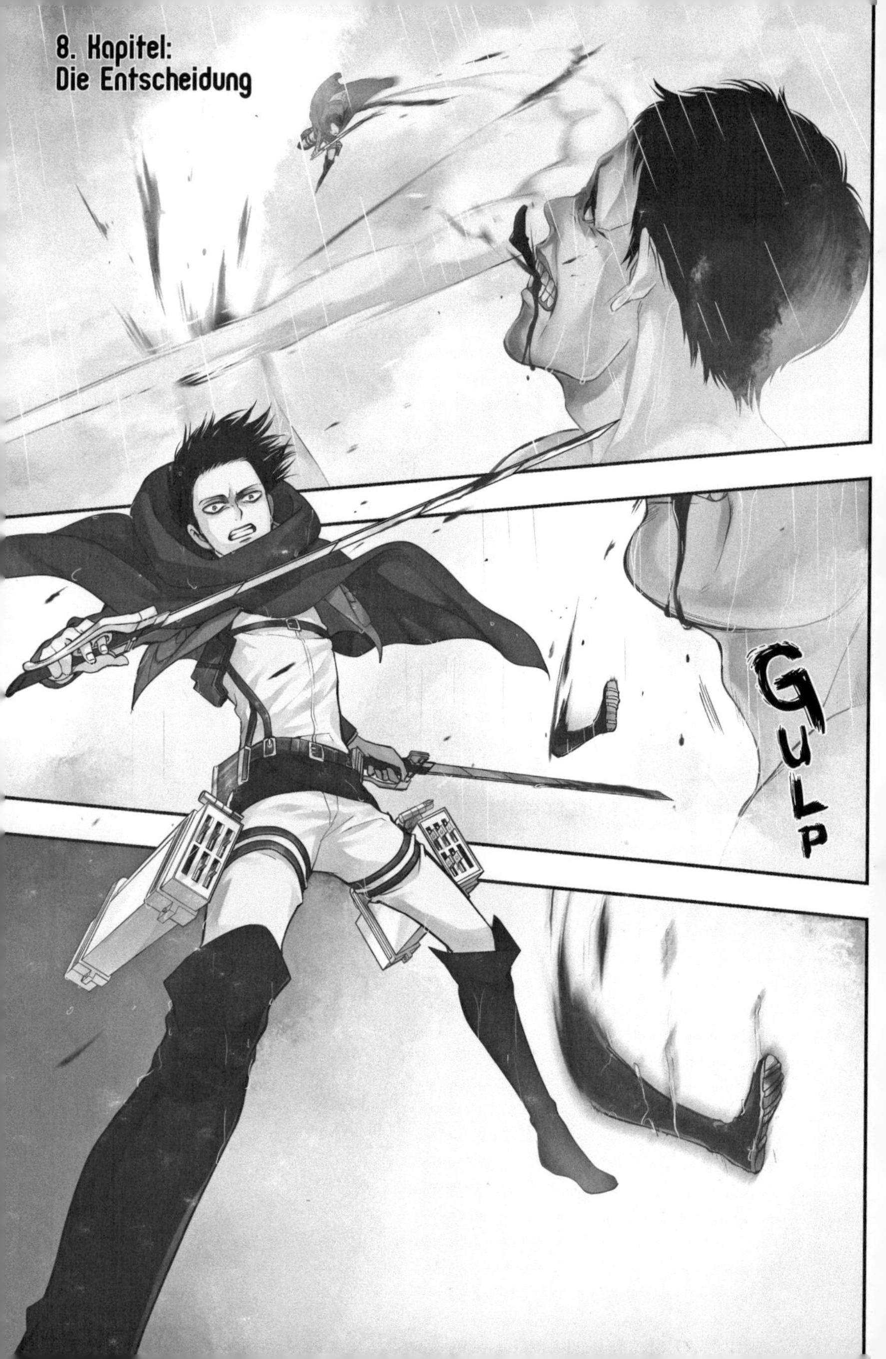
8. Kapitel:
Die Entscheidung
GULP

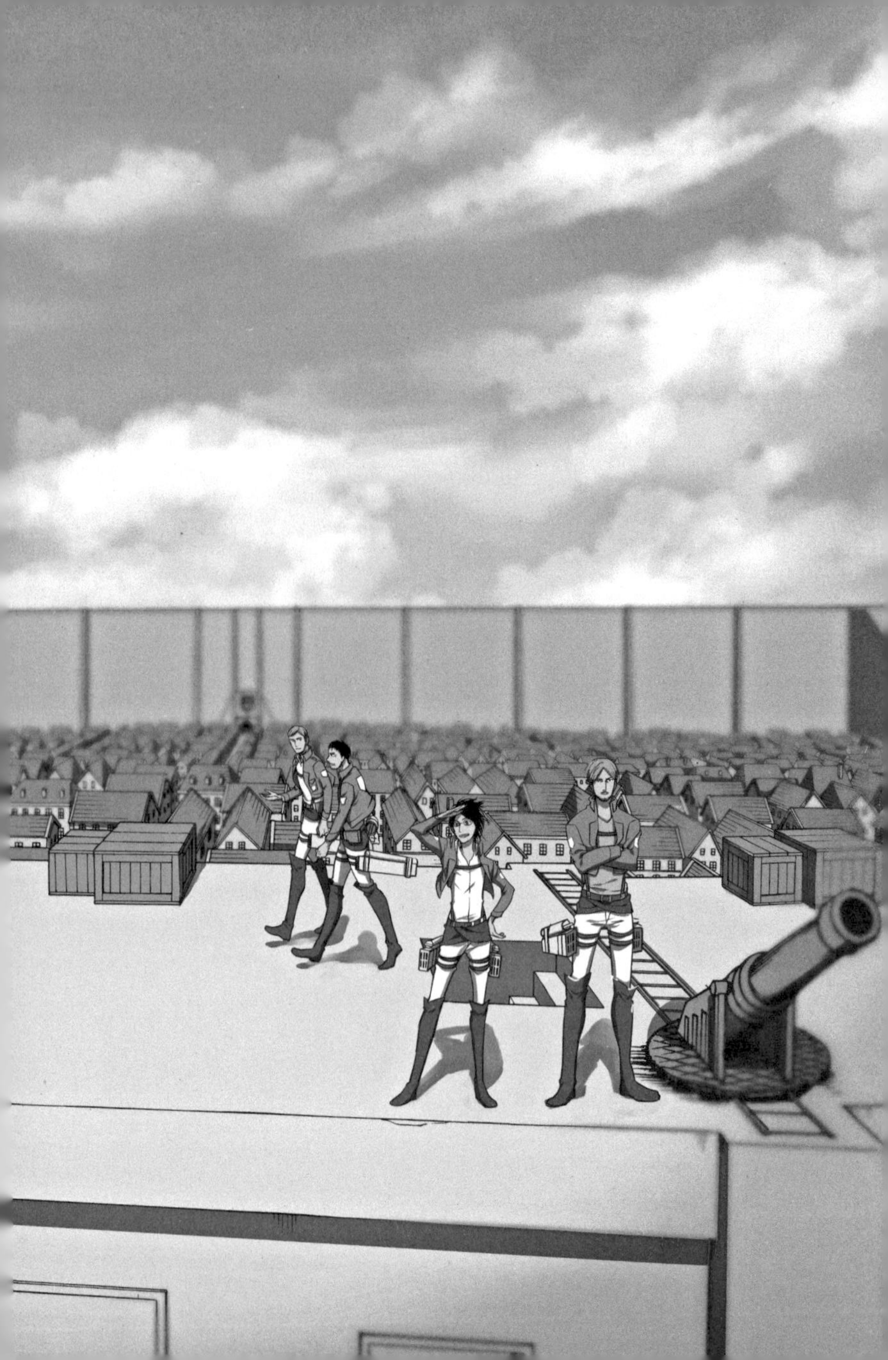

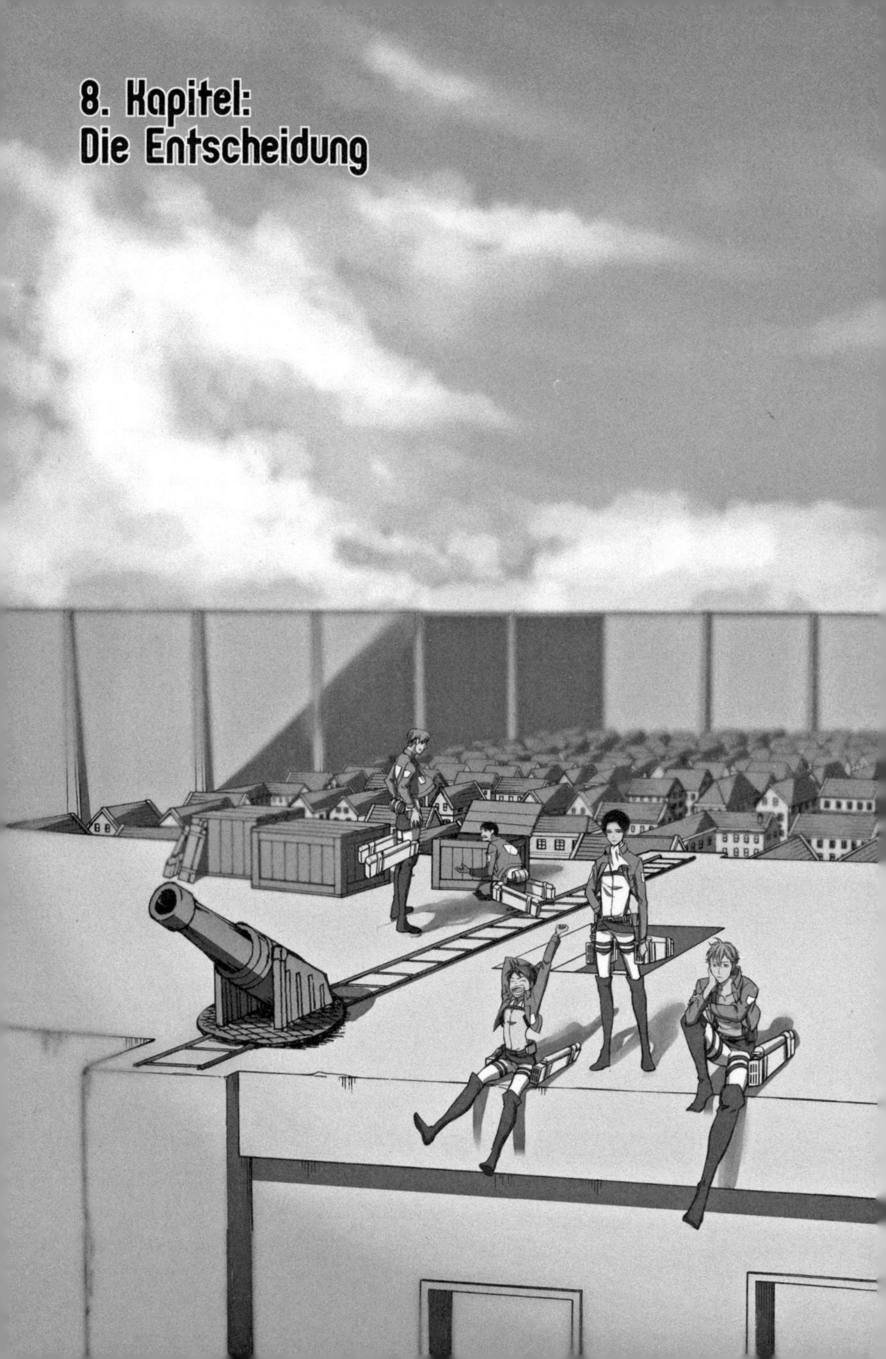
8. Kapitel:
Die Entscheidung

ATTACK ON TITAN
NO REGRETS

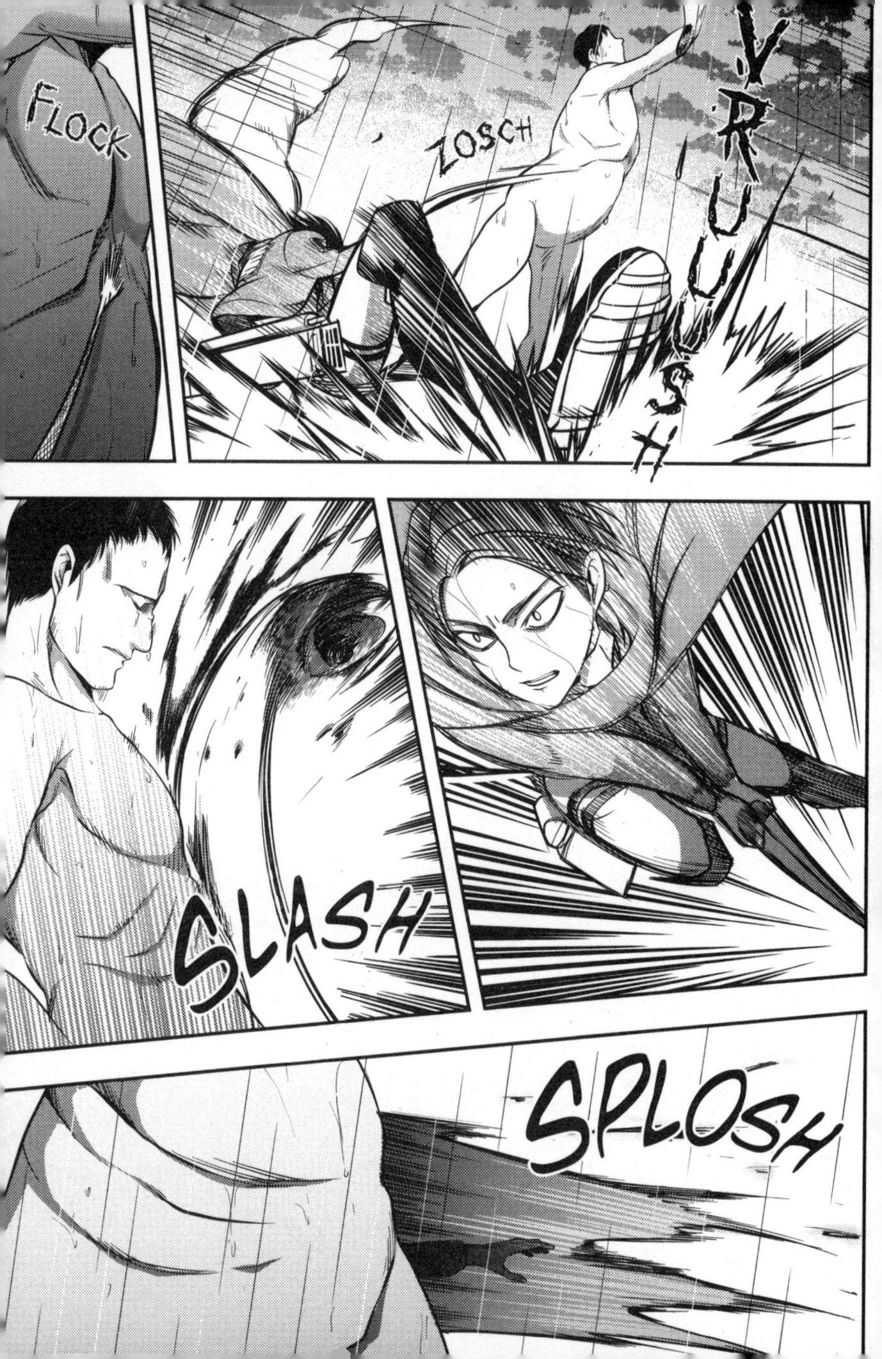

FLOCK
ZOSCH
VRUUUSHH
SLASH
SPLOSH

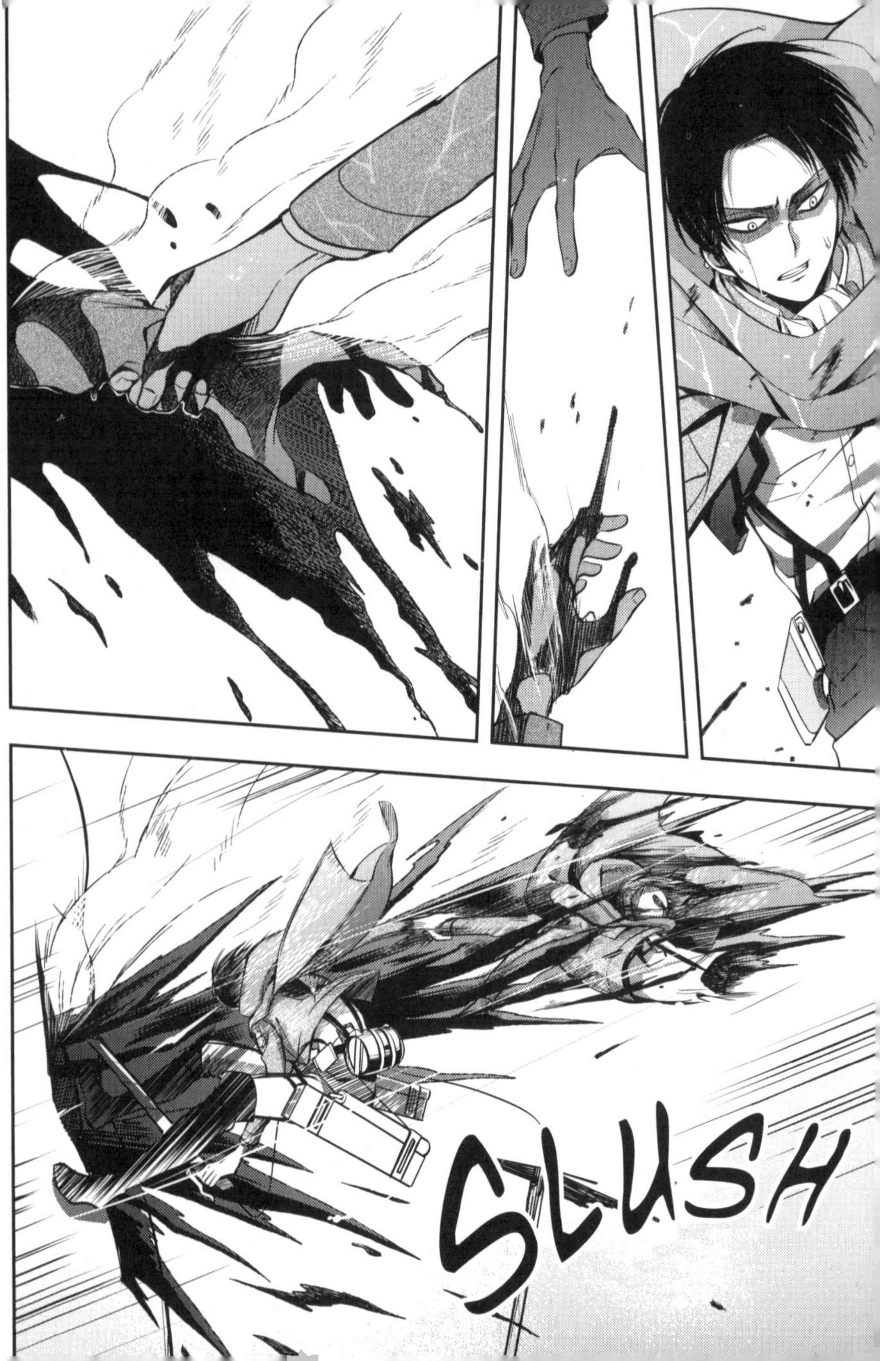
SLUSH

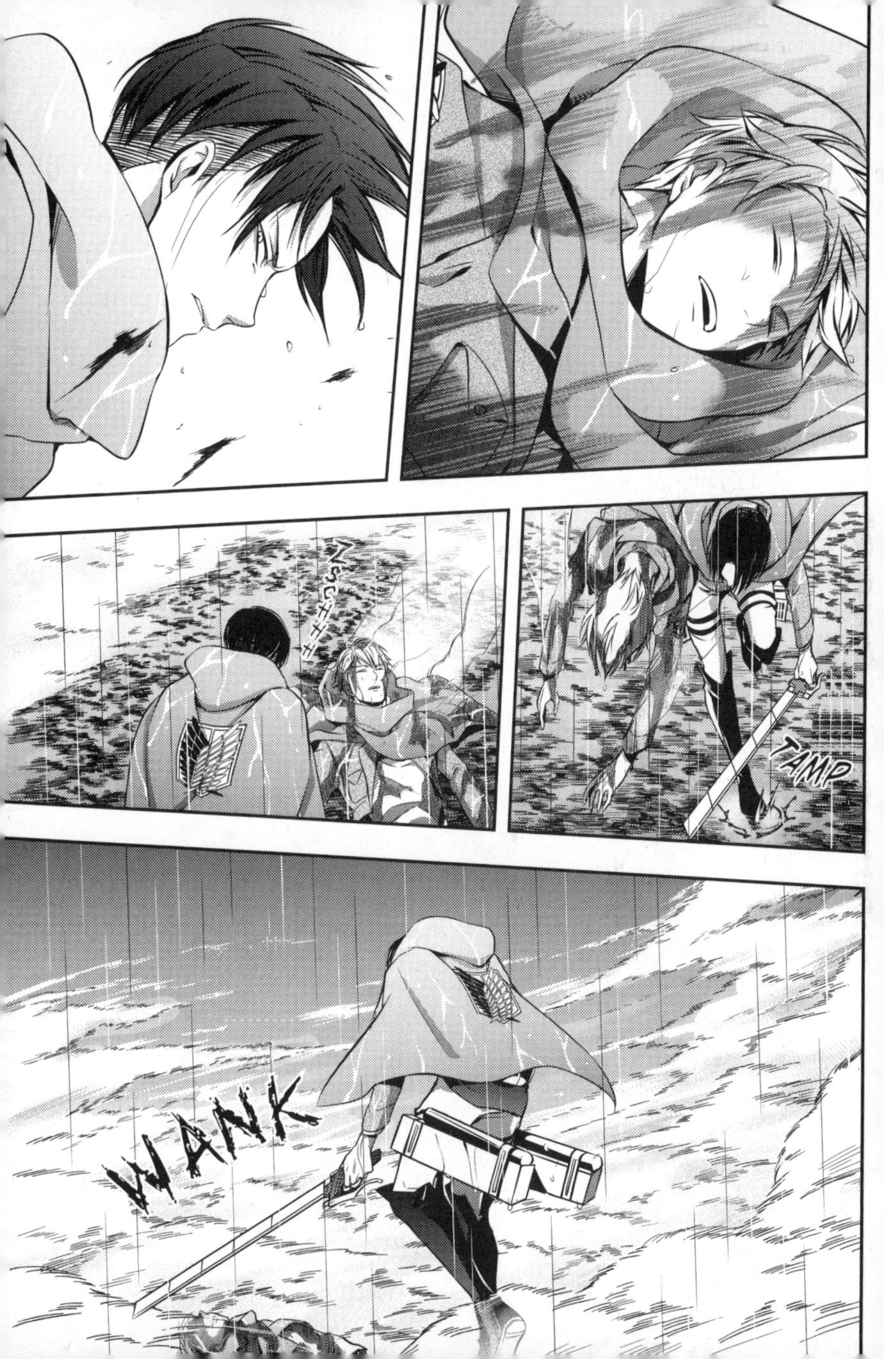
ZSCHHHH
TAMP
WANK

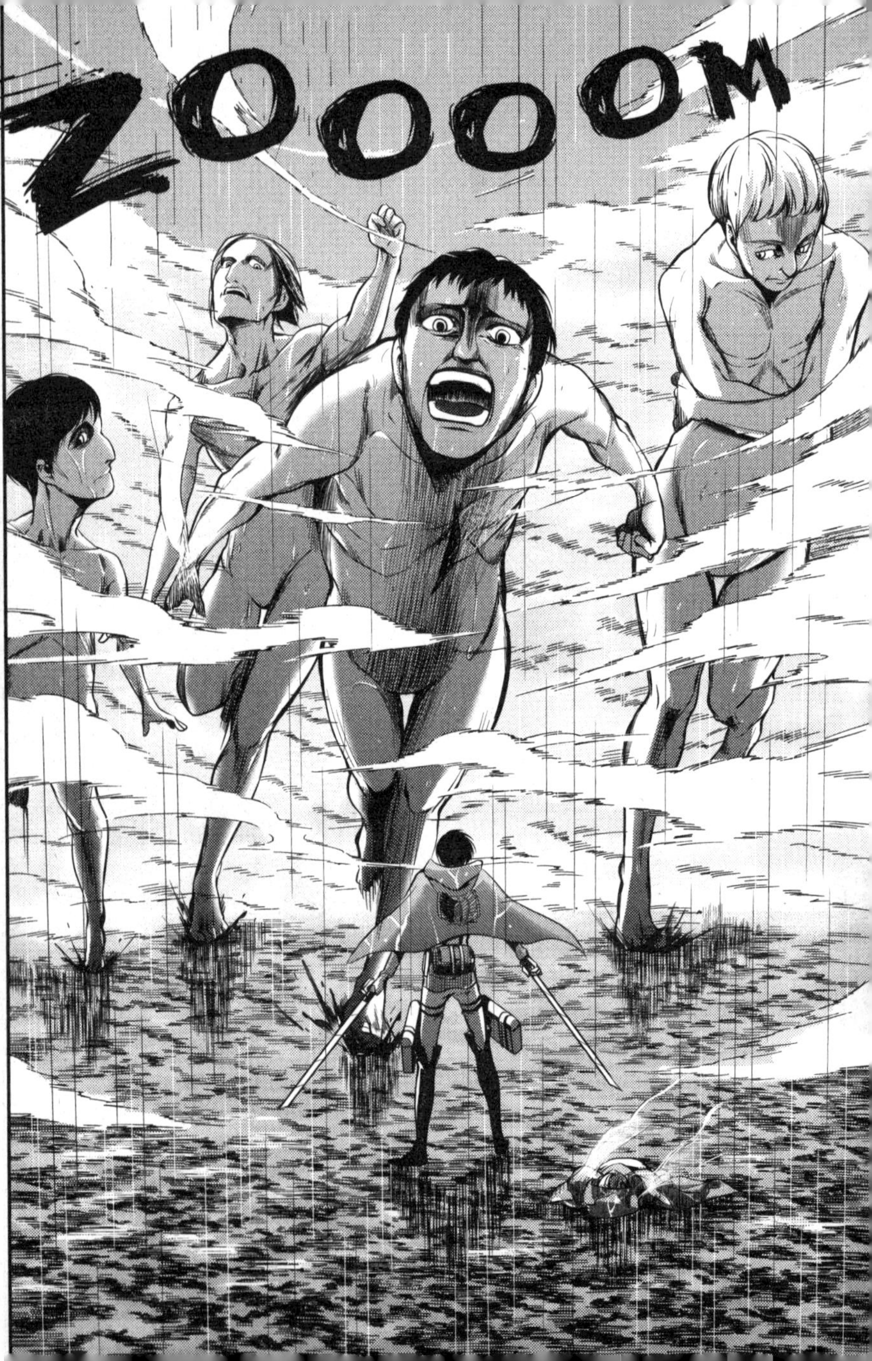
ZOOOOM

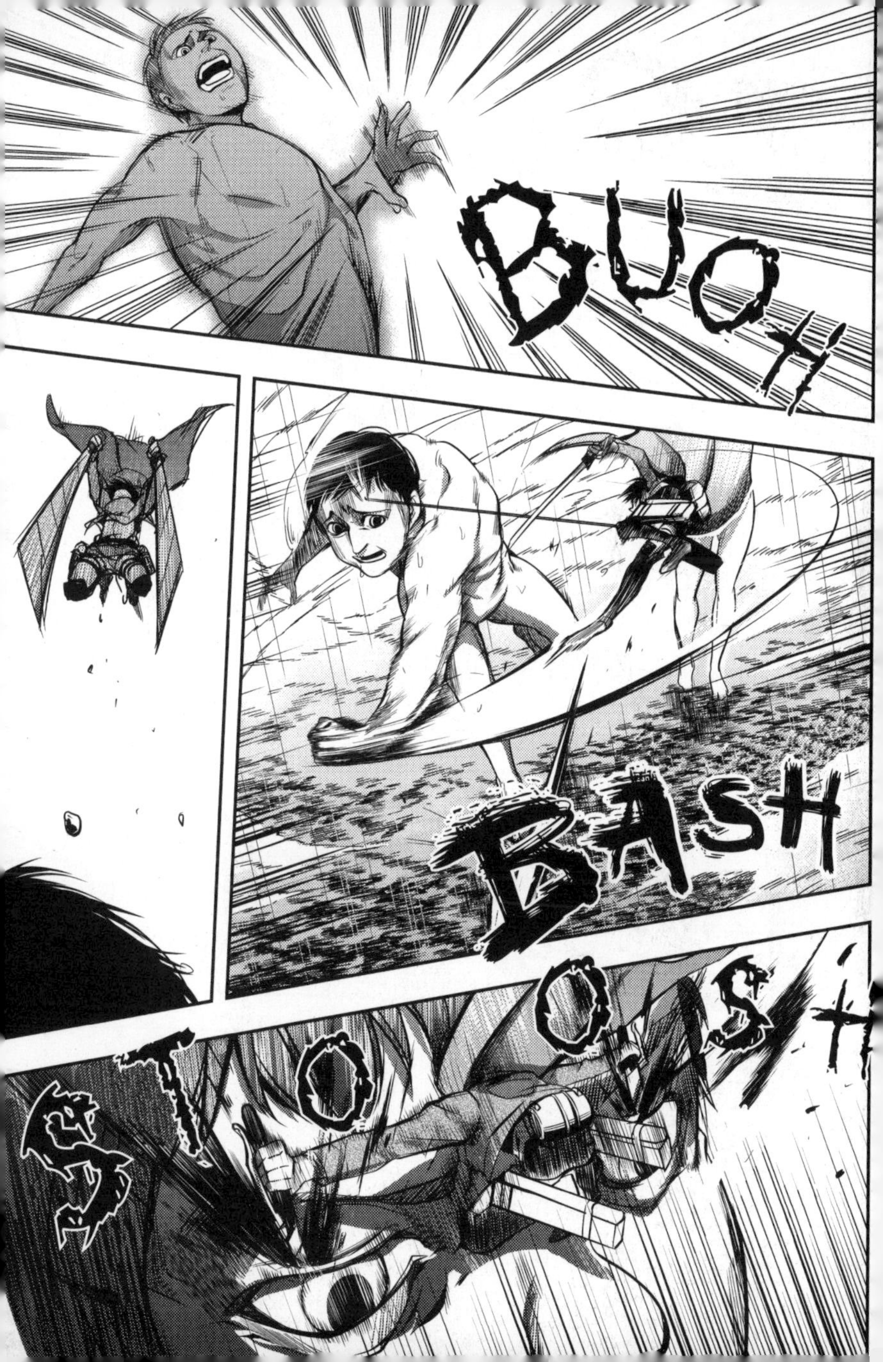
BUOH!
BASH
STOOSH

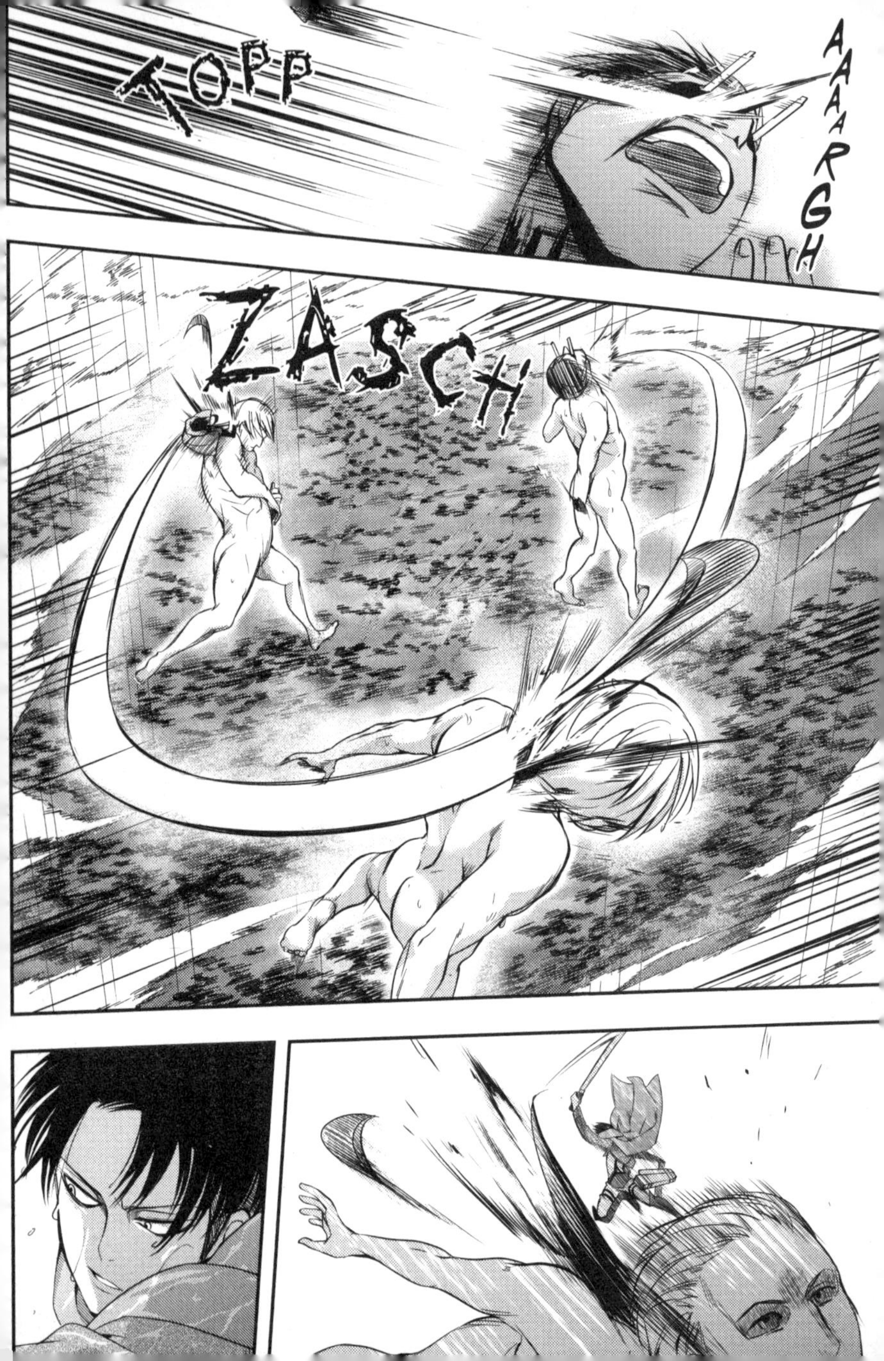
AAAARGH
TOPP
ZASCH

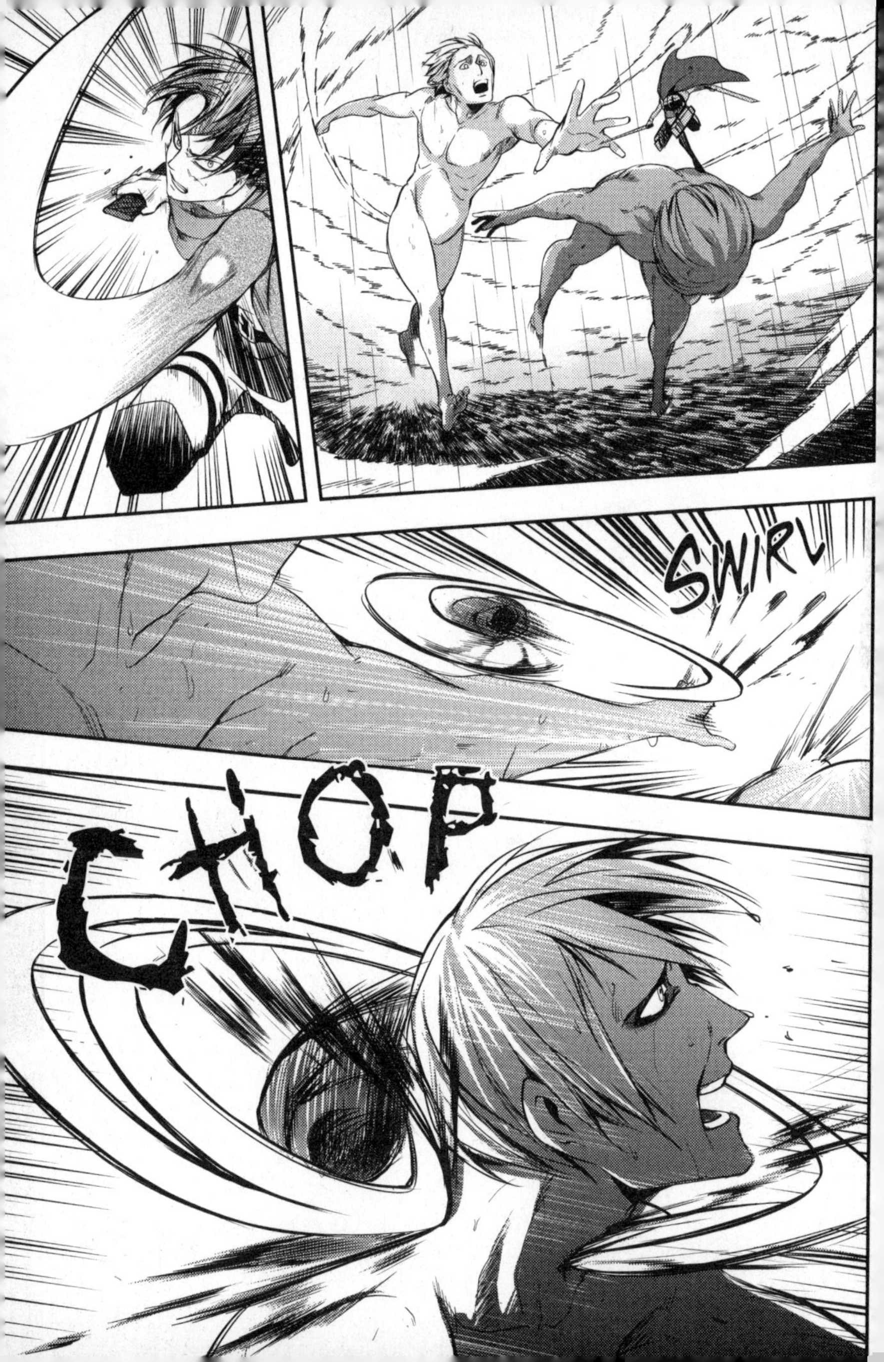
SWIRL
CHOP

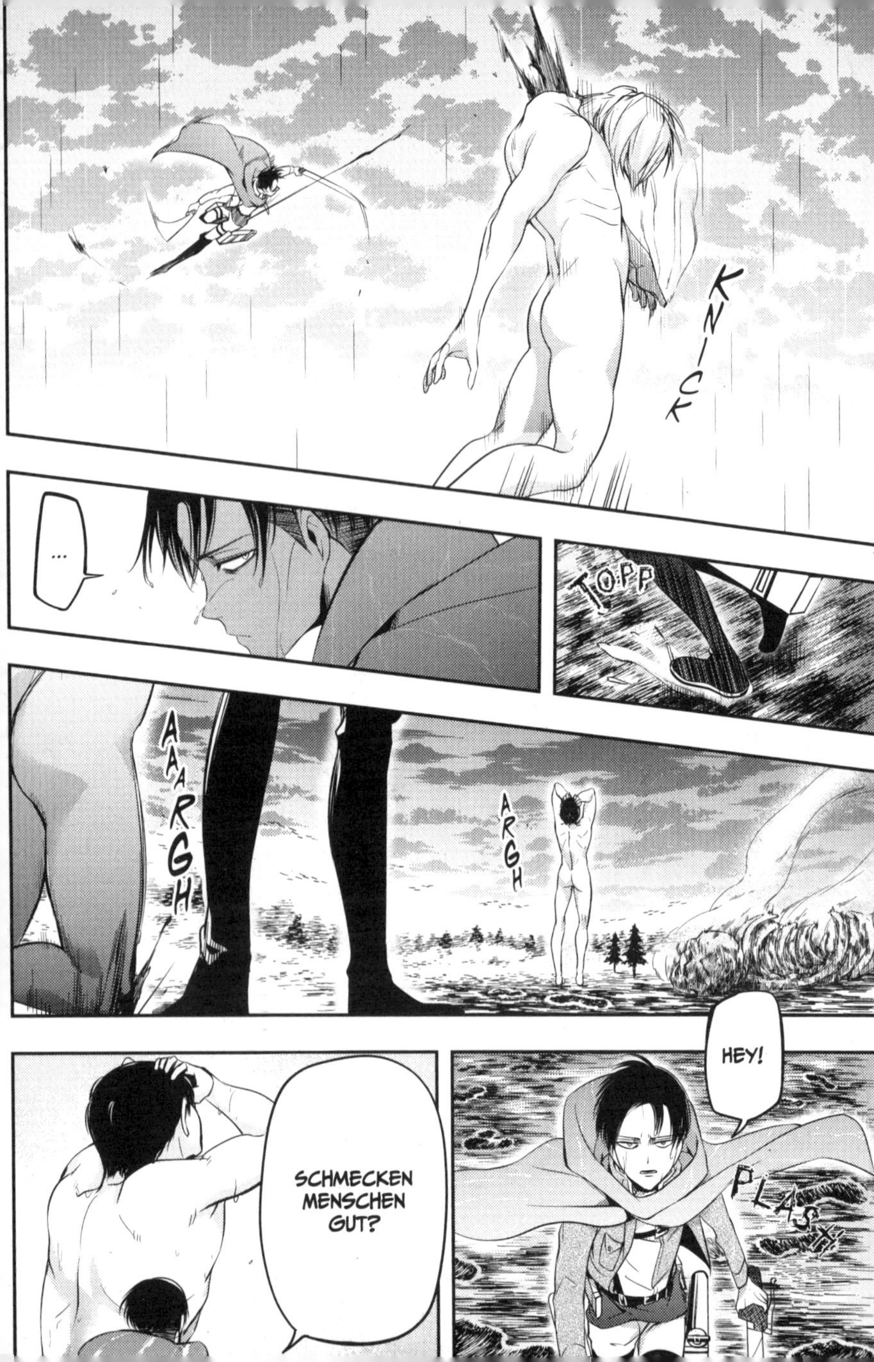
KNICK
TOPP
...
ARGH
AAARGH
HEY!
SCHMECKEN MENSCHEN GUT?

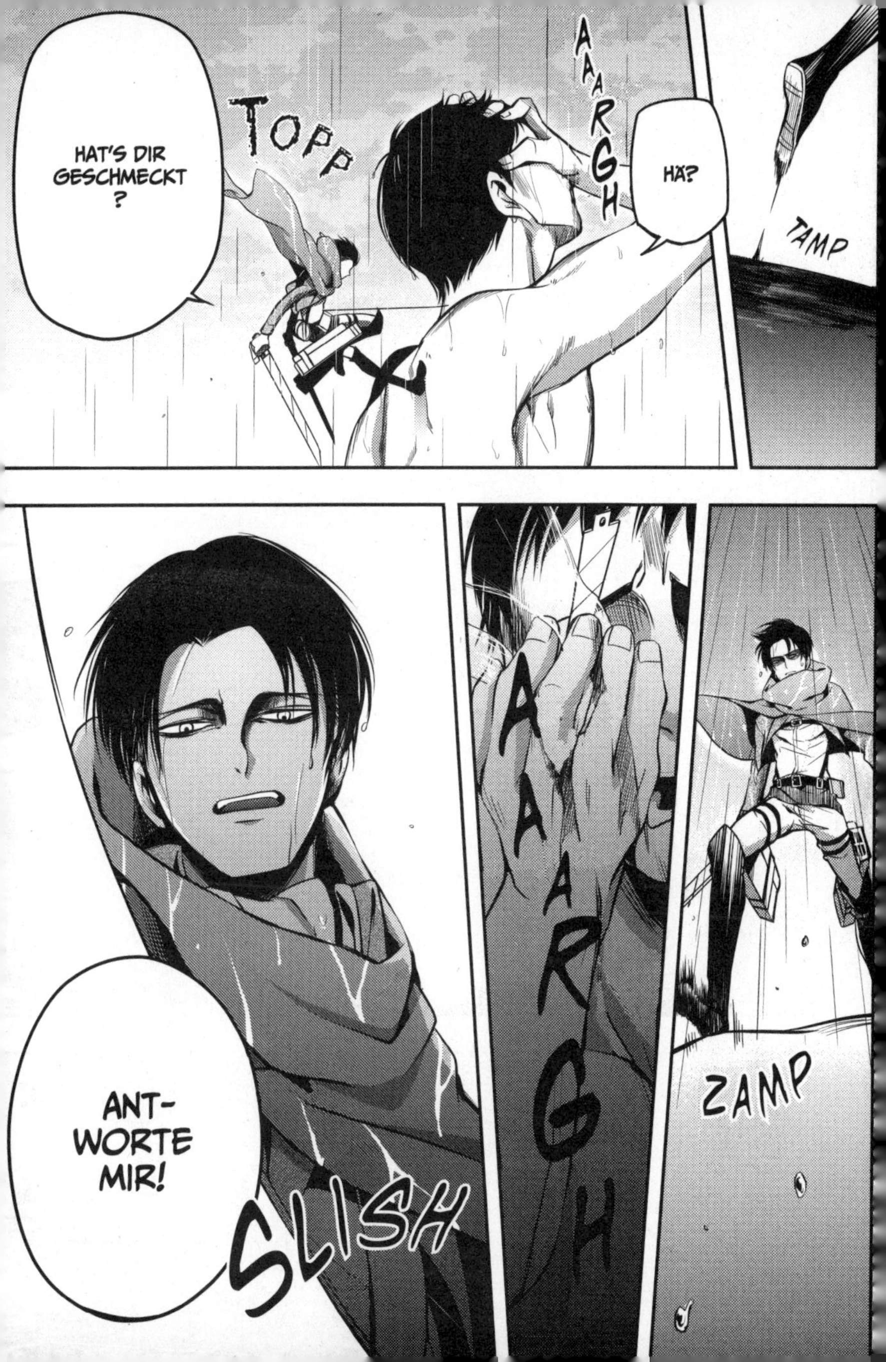
TAMP
HÄ?
AAARGH
TOPP
HAT'S DIR GESCHMECKT ?
ZAMP
AAARGH
ANT-
WORTE
MIR!
SLISH

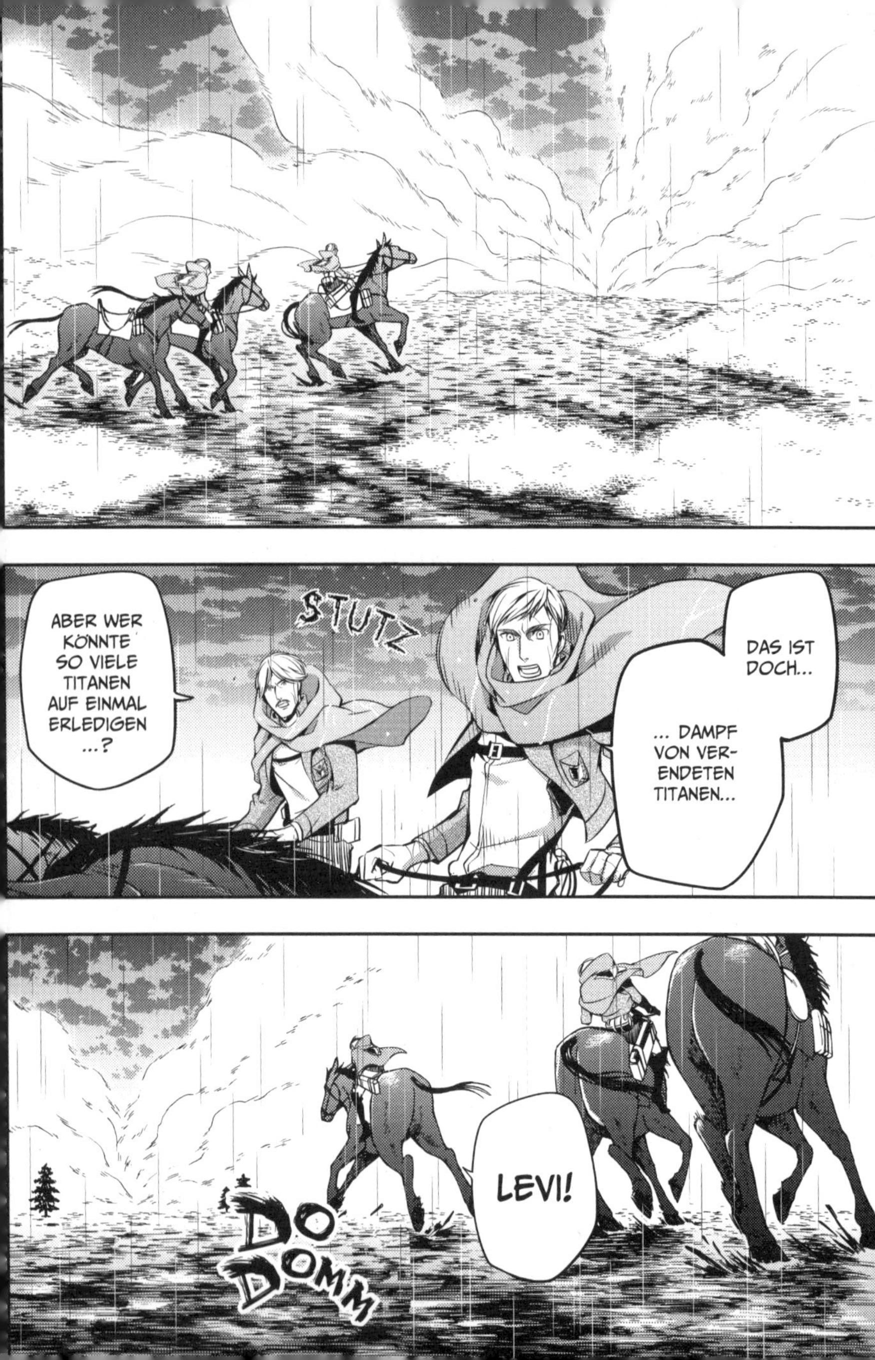
DAS IST DOCH...
... DAMPF VON VER-ENDETEN TITANEN...
STUTZ
ABER WER KÖNNTE SO VIELE TITANEN AUF EINMAL ERLEDIGEN ...?
LEVI!
DO DOMM

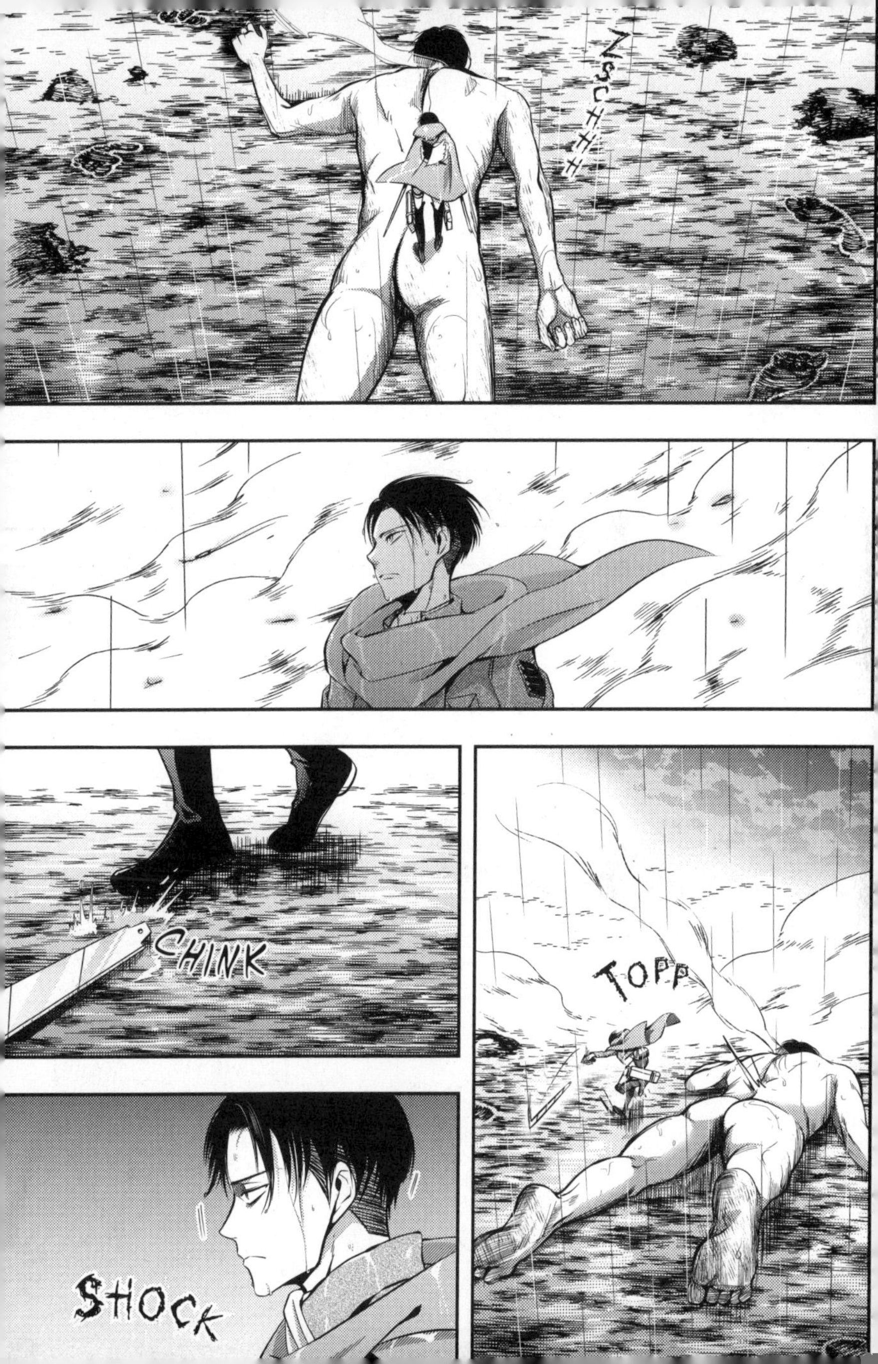
ZSCHHH
CHINK
TOPP
SHOCK

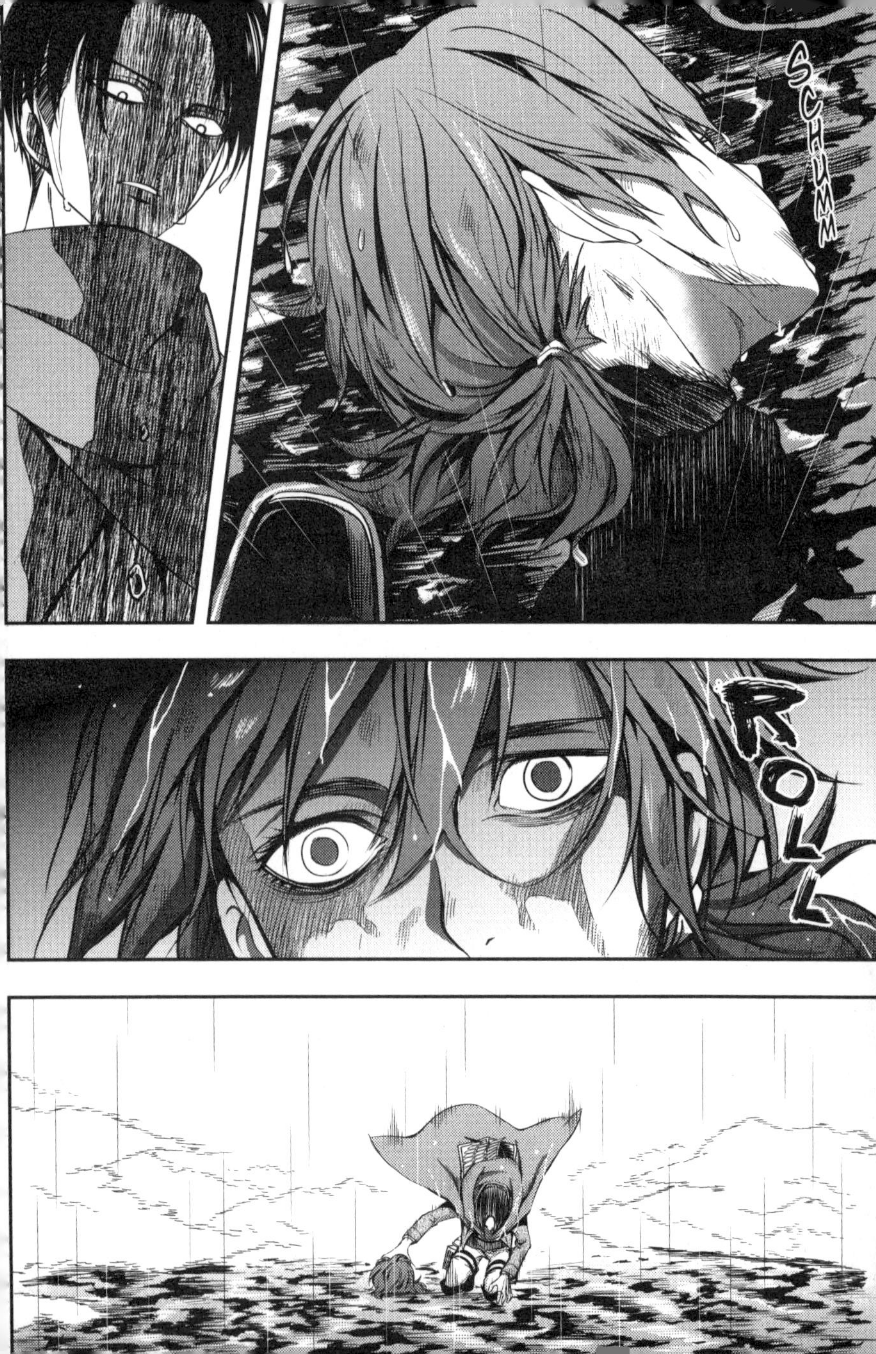
SCHUMM
ROLL

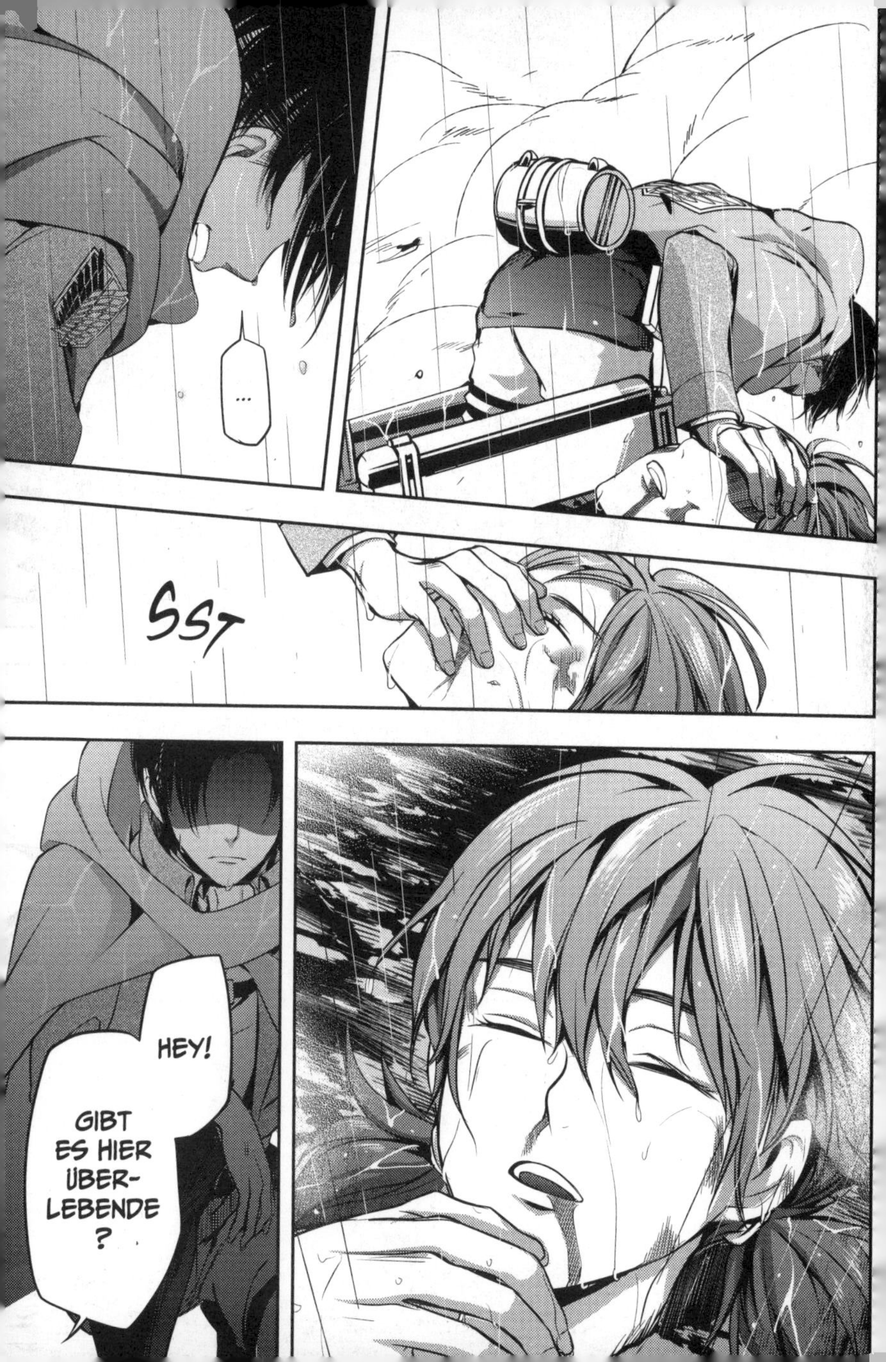
...
SST
HEY!
GIBT ES HIER ÜBER-LEBENDE?

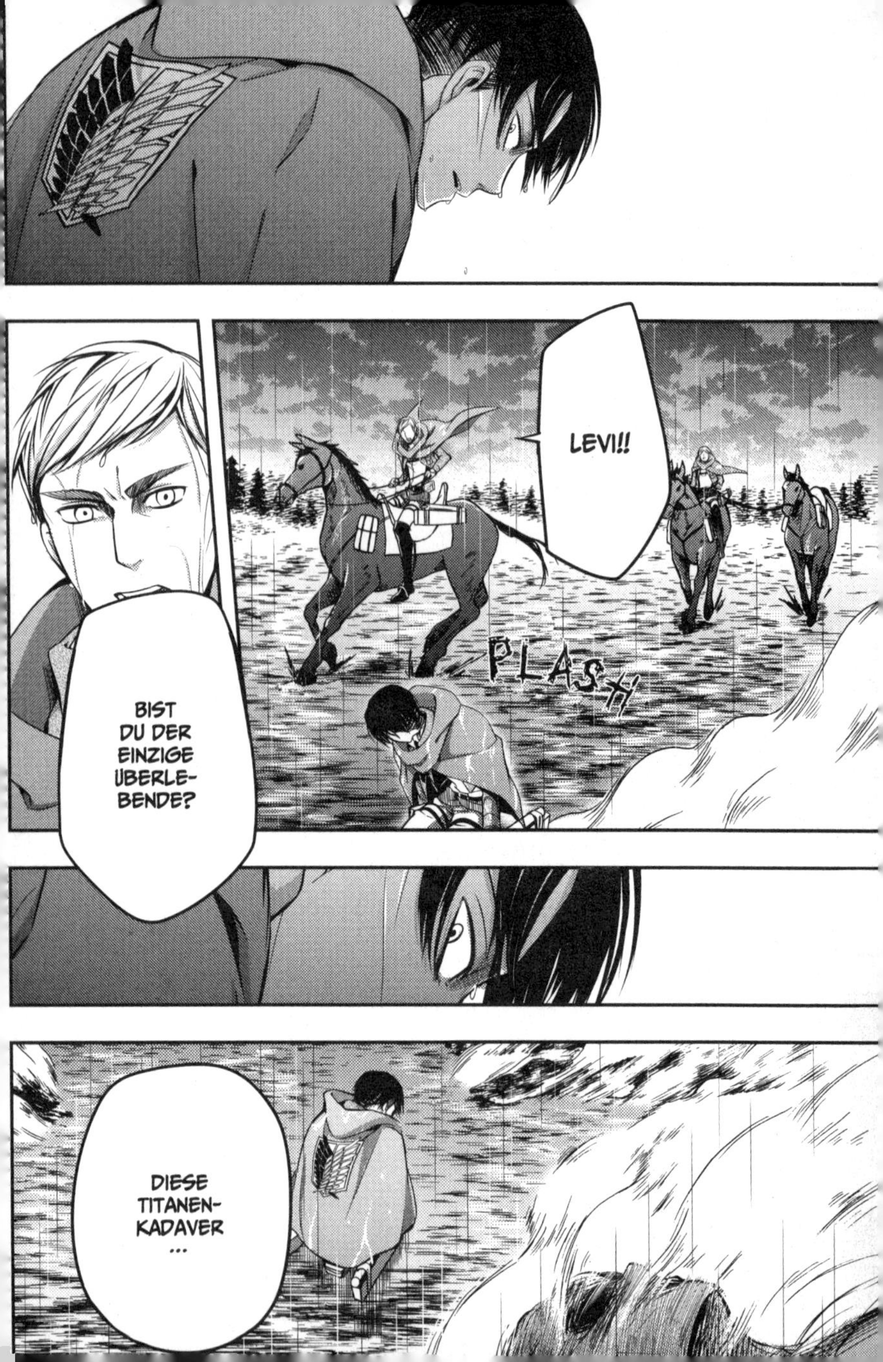
LEVI!!
BIST DU DER EINZIGE ÜBERLE-BENDE?
PLASH
DIESE TITANEN-KADAVER ...

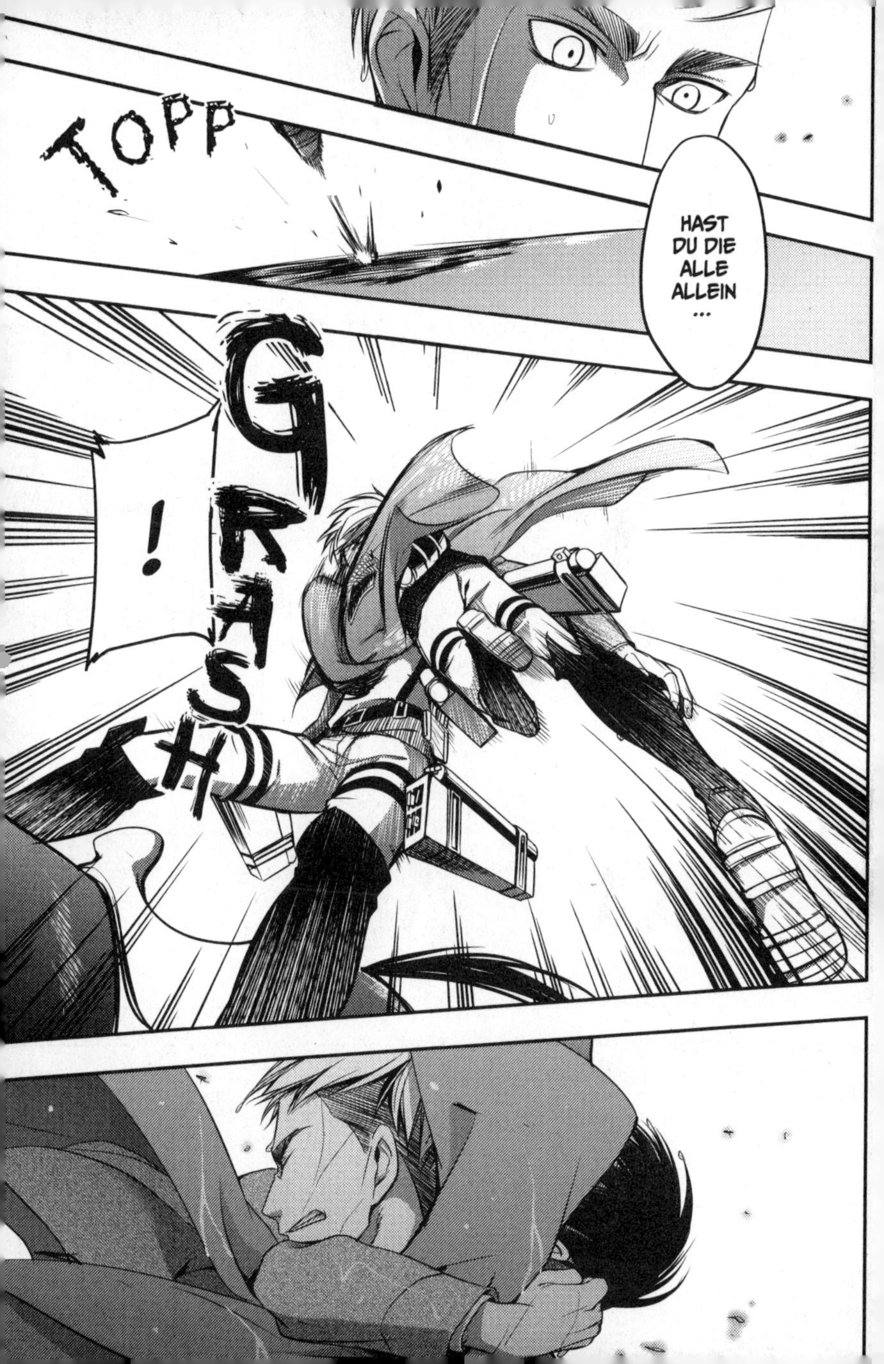

HAST DU DIE ALLE ALLEIN ...
TOPP
GRASH
!

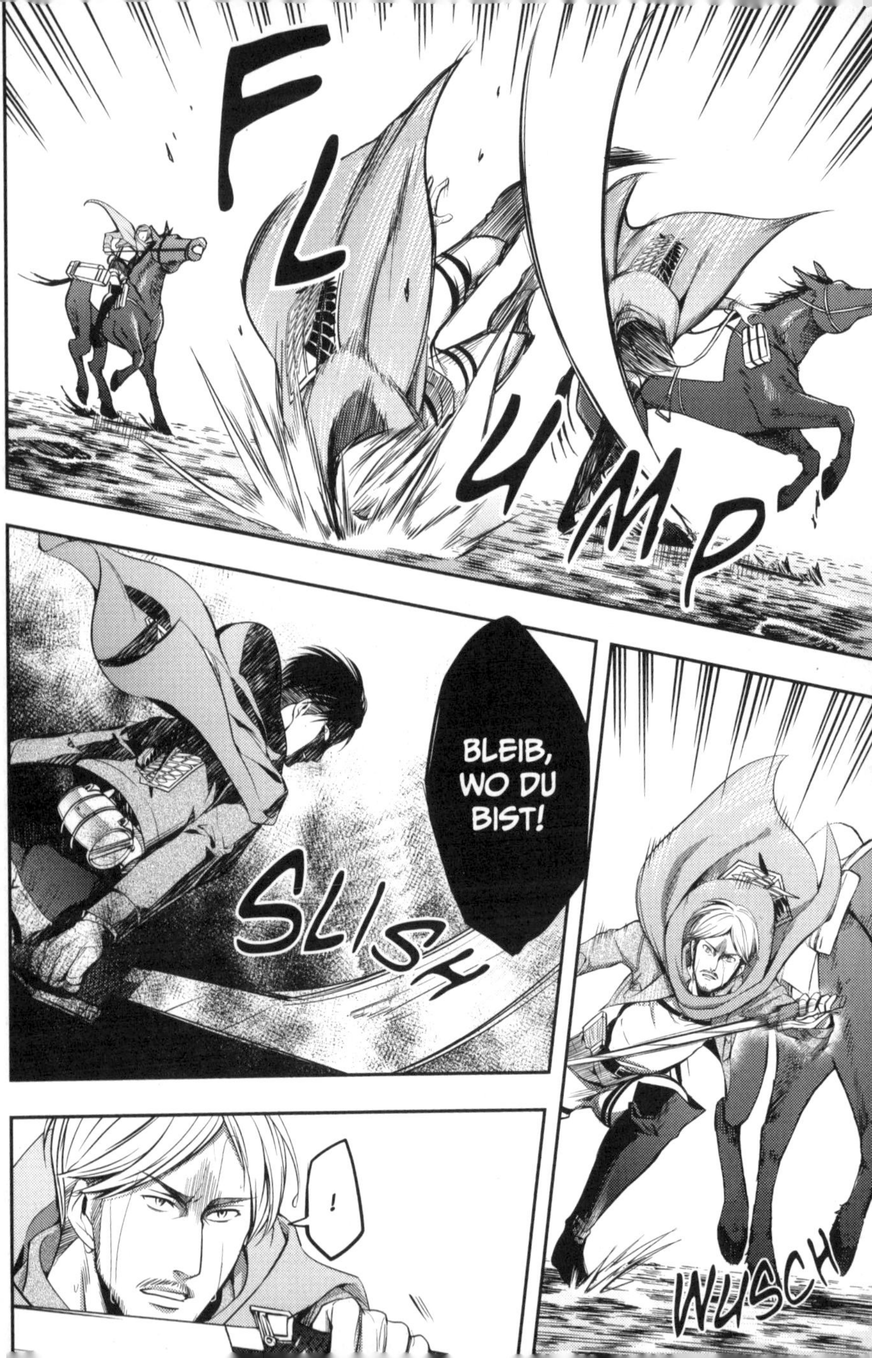
FLUMP
BLEIB, WO DU BIST!
SLISH
WUSCH
!

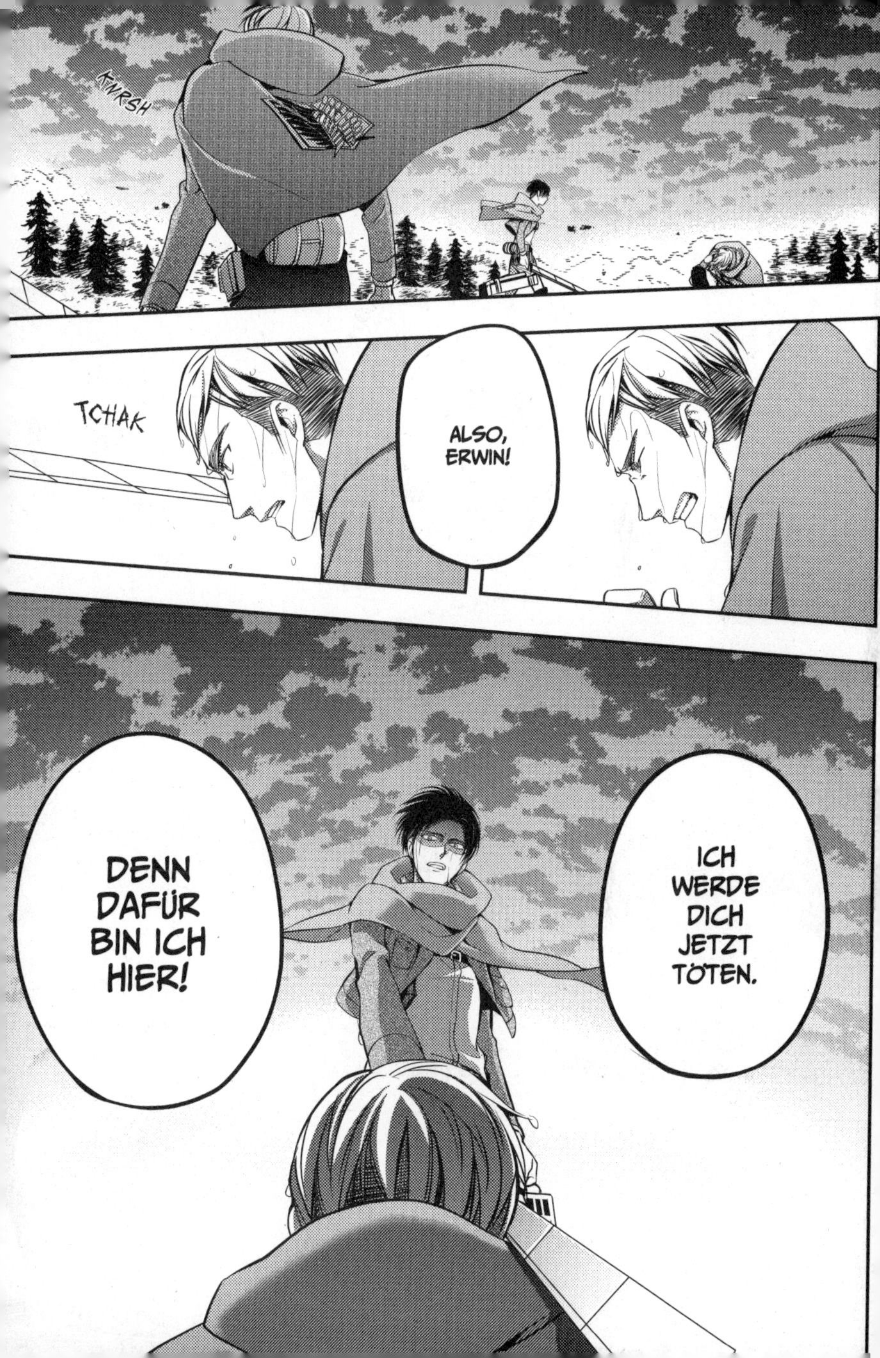
KNRSH
ALSO, ERWIN!
TCHAK
ICH WERDE DICH JETZT TÖTEN.
DENN DAFÜR BIN ICH HIER!

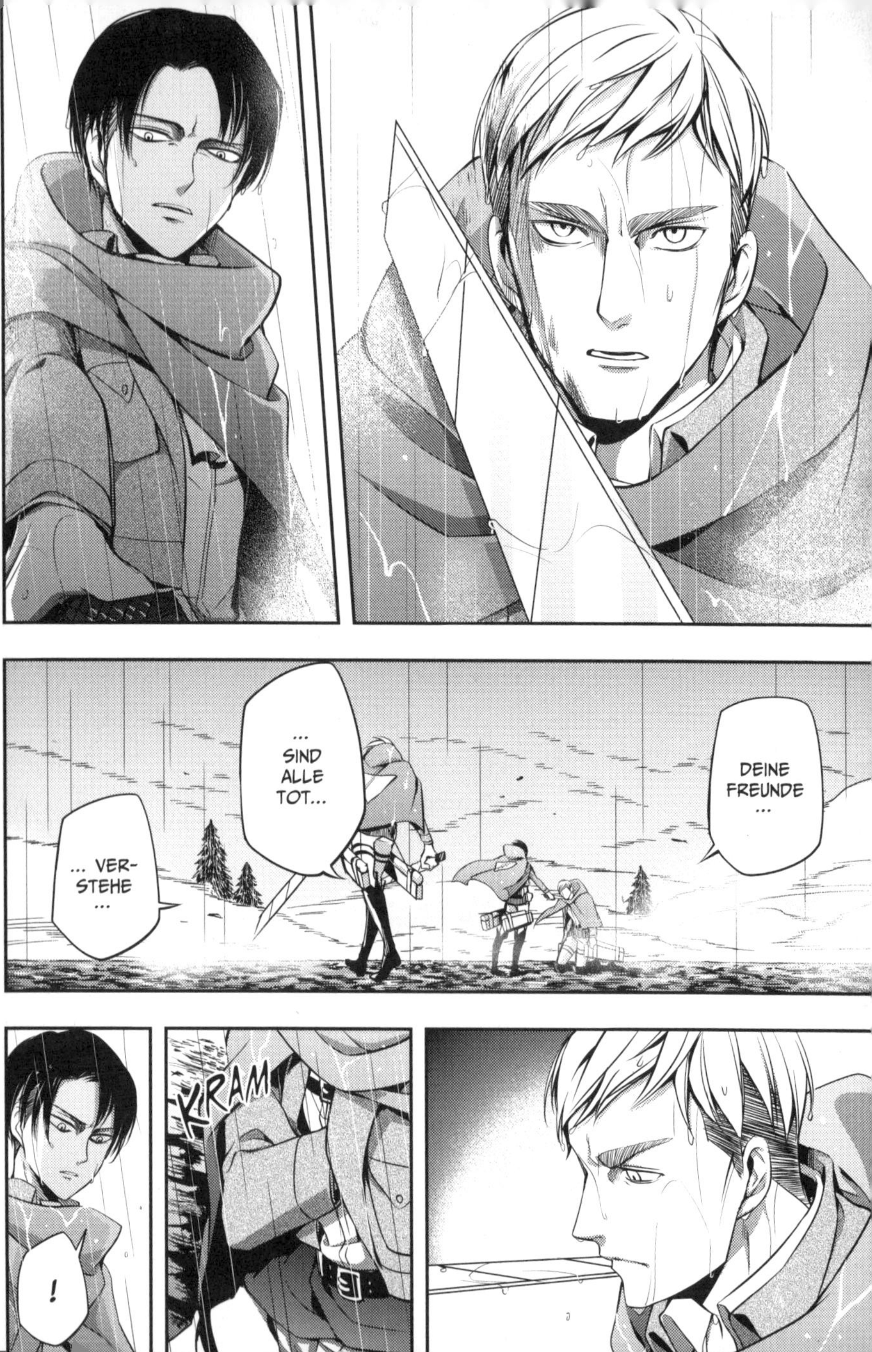
DEINE FREUNDE ...
... SIND ALLE TOT...
... VER-STEHE ...
KRAM
!

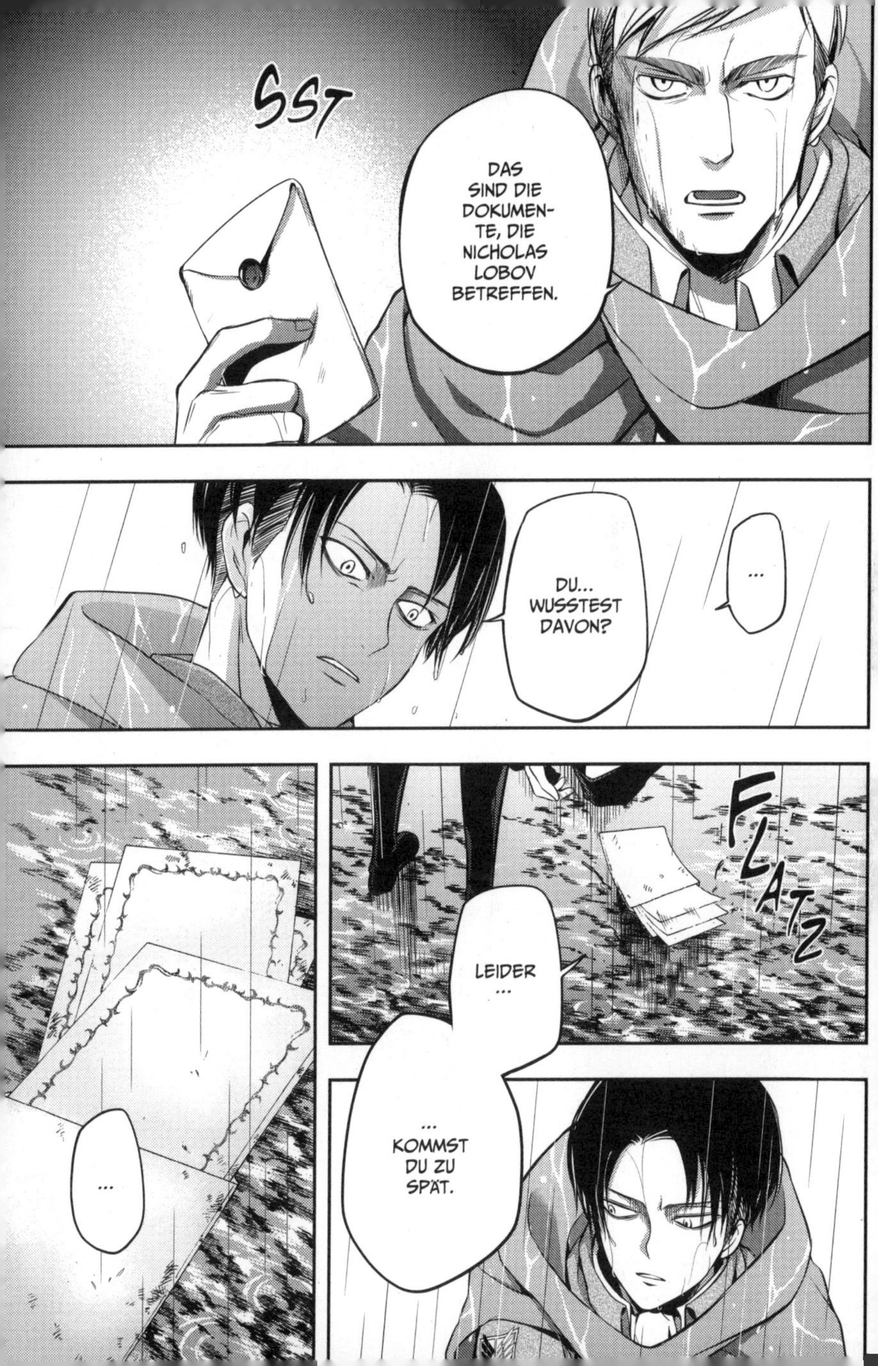
SST
DAS SIND DIE DOKUMENTE, DIE NICHOLAS LOBOV BETREFFEN.
...
DU... WUSSTEST DAVON?
FLATZ
LEIDER ...
... KOMMST DU ZU SPÄT.
...

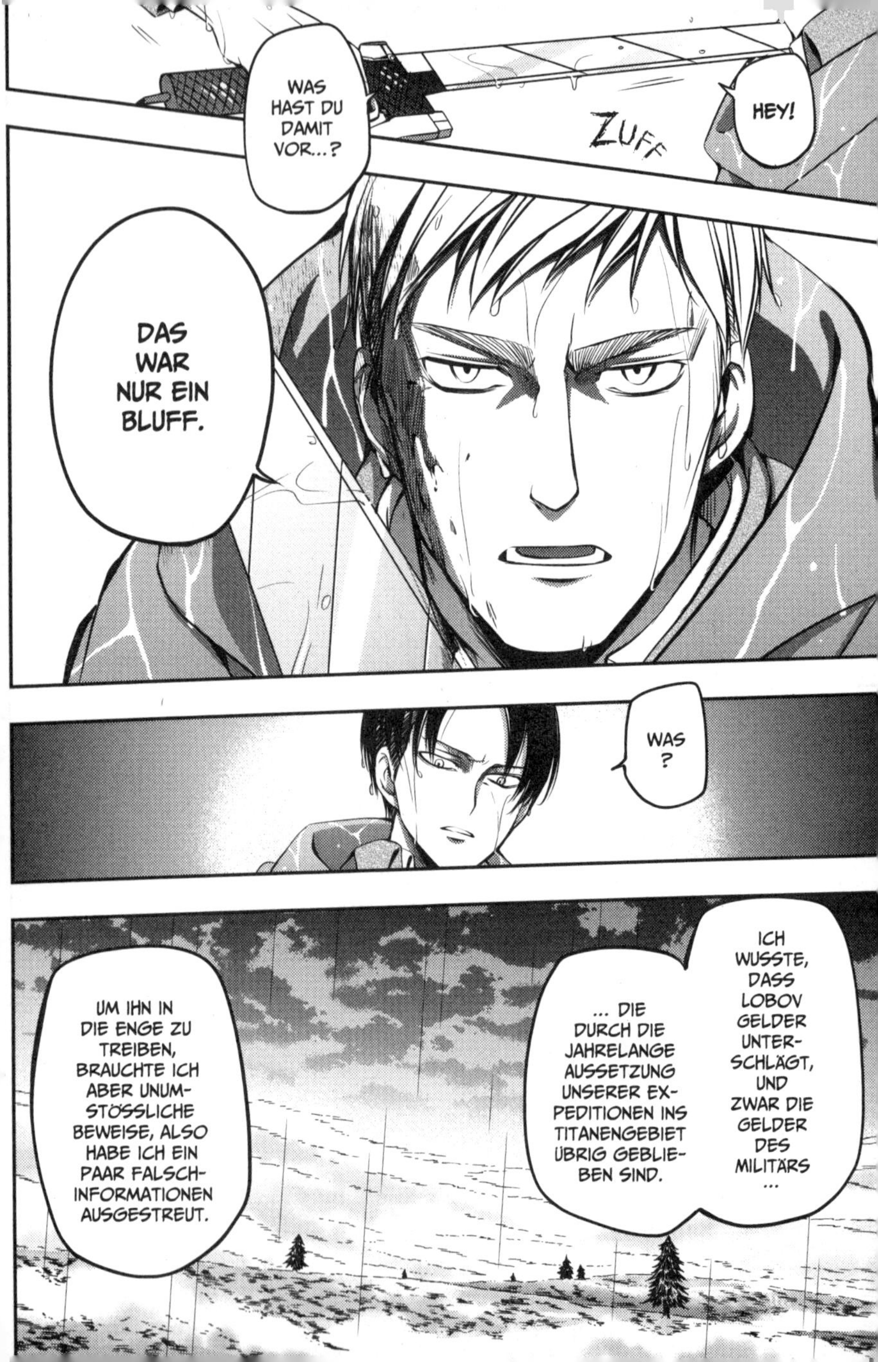
HEY!
ZUFF
WAS HAST DU DAMIT VOR...?
DAS WAR NUR EIN BLUFF.
WAS?
ICH WUSSTE, DASS LOBOV GELDER UNTER-SCHLÄGT, UND ZWAR DIE GELDER DES MILITÄRS ...
... DIE DURCH DIE JAHRELANGE AUSSETZUNG UNSERER EX-PEDITIONEN INS TITANENGEBIET ÜBRIG GEBLIE-BEN SIND.
UM IHN IN DIE ENGE ZU TREIBEN, BRAUCHTE ICH ABER UNUM-STÖSSLICHE BEWEISE, ALSO HABE ICH EIN PAAR FALSCH-INFORMATIONEN AUSGESTREUT.

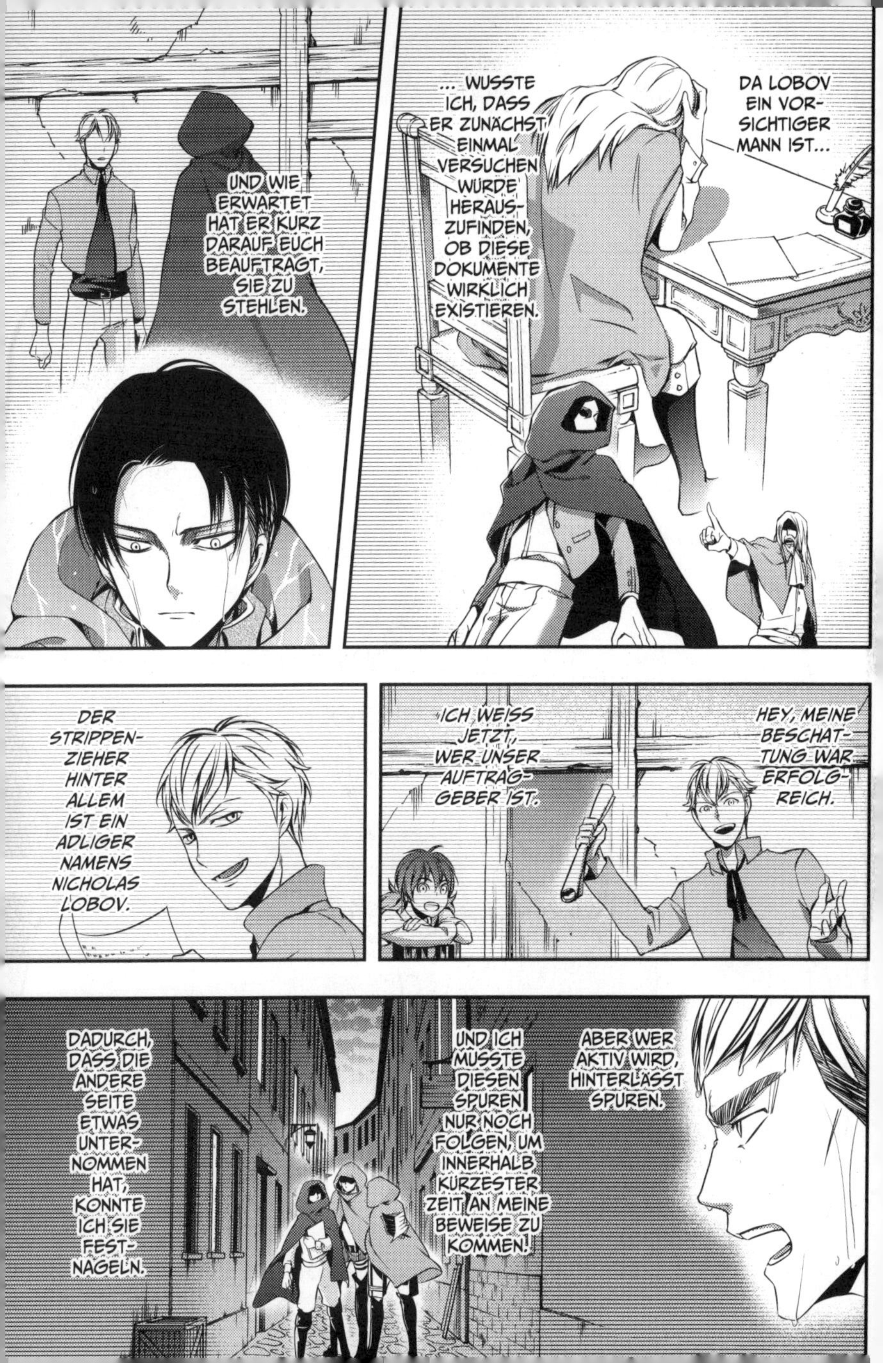
DA LOBOV EIN VORSICHTIGER MANN IST...
... WUSSTE ICH, DASS ER ZUNÄCHST EINMAL VERSUCHEN WÜRDE HERAUSZUFINDEN, OB DIESE DOKUMENTE WIRKLICH EXISTIEREN.
UND WIE ERWARTET HAT ER KURZ DARAUF EUCH BEAUFTRAGT, SIE ZU STEHLEN.
HEY, MEINE BESCHATTUNG WAR ERFOLGREICH.
ICH WEISS JETZT, WER UNSER AUFTRAGGEBER IST.
DER STRIPPENZIEHER HINTER ALLEM IST EIN ADLIGER NAMENS NICHOLAS LOBOV.
ABER WER AKTIV WIRD, HINTERLÄSST SPUREN.
UND ICH MUSSTE DIESEN SPUREN NUR NOCH FOLGEN, UM INNERHALB KÜRZESTER ZEIT AN MEINE BEWEISE ZU KOMMEN.
DADURCH, DASS DIE ANDERE SEITE ETWAS UNTERNOMMEN HAT, KONNTE ICH SIE FESTNAGELN.

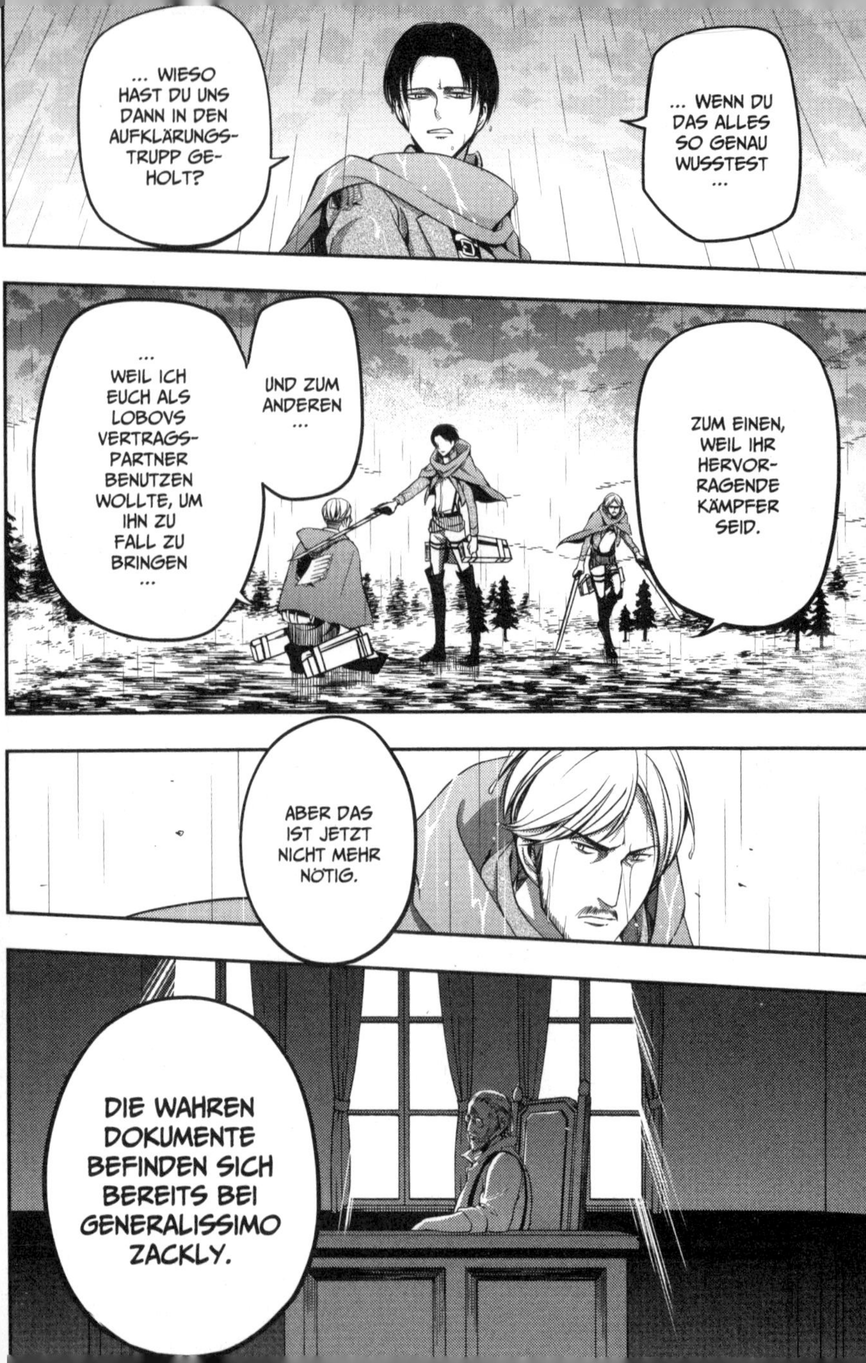
... WENN DU DAS ALLES SO GENAU WUSSTEST ...
... WIESO HAST DU UNS DANN IN DEN AUFKLÄRUNGS-TRUPP GE-HOLT?
ZUM EINEN, WEIL IHR HERVOR-RAGENDE KÄMPFER SEID.
UND ZUM ANDEREN ...
... WEIL ICH EUCH ALS LOBOVS VERTRAGS-PARTNER BENUTZEN WOLLTE, UM IHN ZU FALL ZU BRINGEN ...
ABER DAS IST JETZT NICHT MEHR NÖTIG.
DIE WAHREN DOKUMENTE BEFINDEN SICH BEREITS BEI GENERALISSIMO ZACKLY.

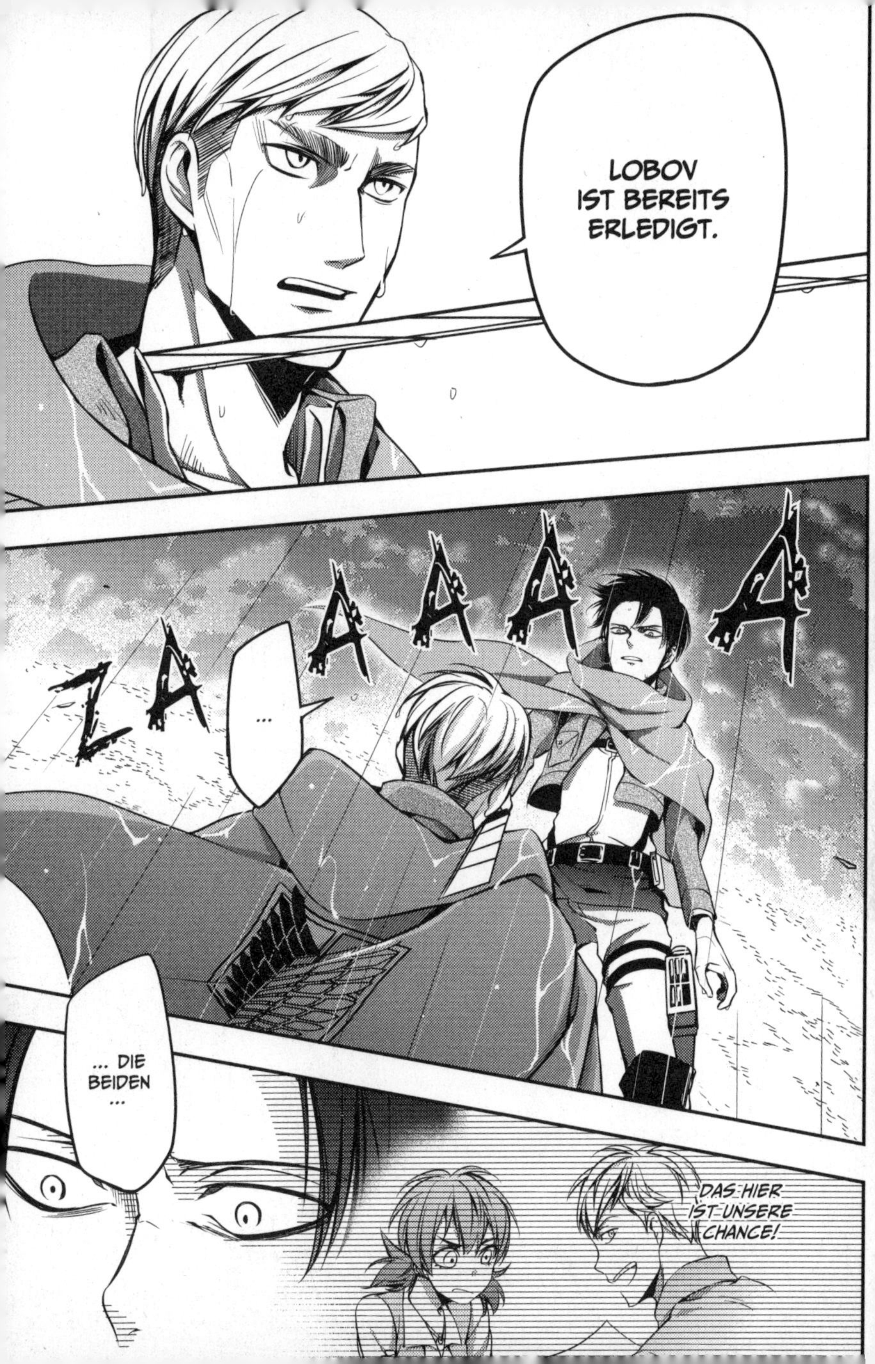
LOBOV IST BEREITS ERLEDIGT.
ZAAAAAA
...
... DIE BEIDEN ...
DAS HIER IST UNSERE CHANCE!

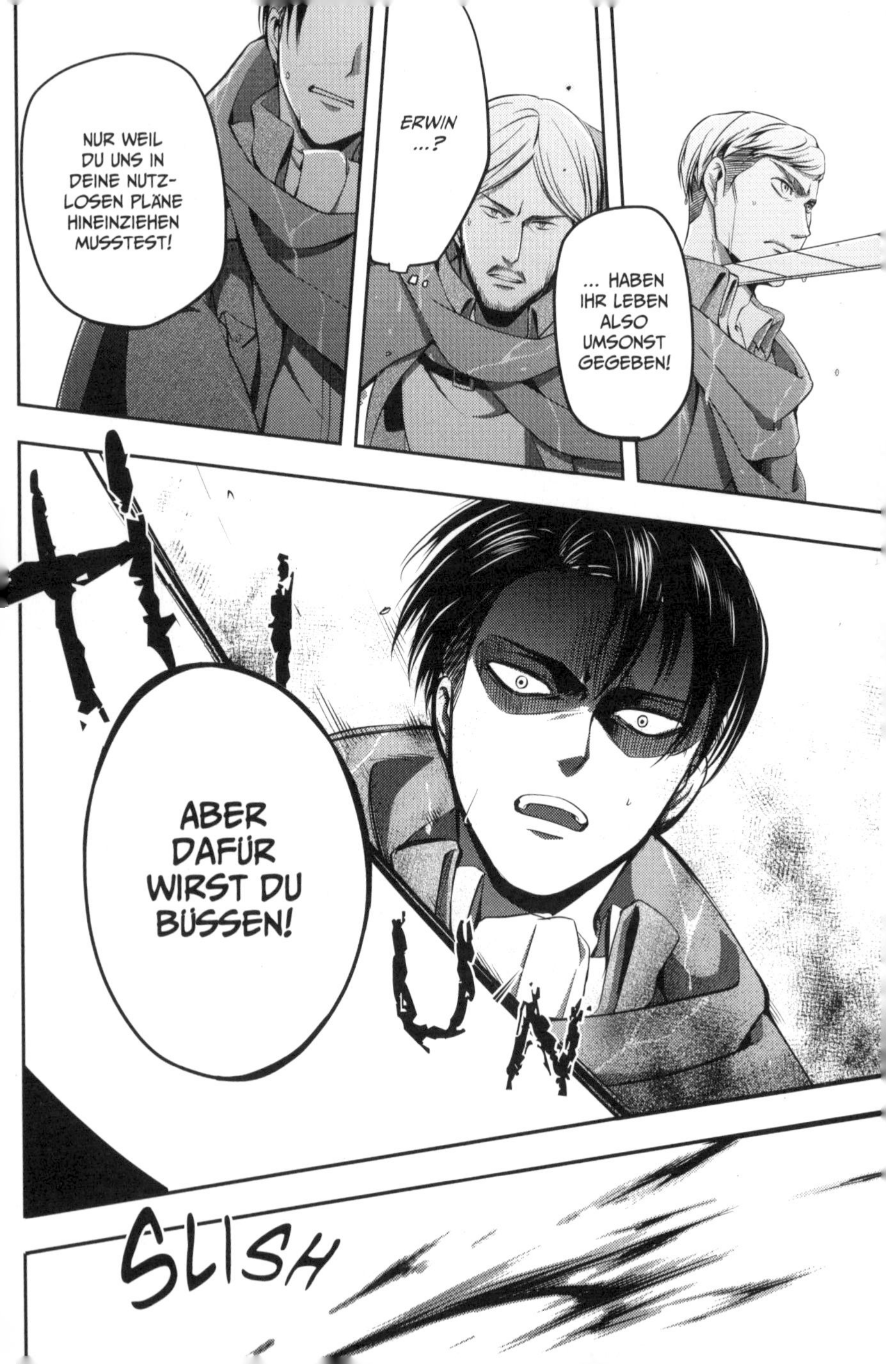

NUR WEIL DU UNS IN DEINE NUTZ-LOSEN PLÄNE HINEINZIEHEN MUSSTEST!
ERWIN ...?
... HABEN IHR LEBEN ALSO UMSONST GEGEBEN!
ABER DAFÜR WIRST DU BÜSSEN!
SLISH

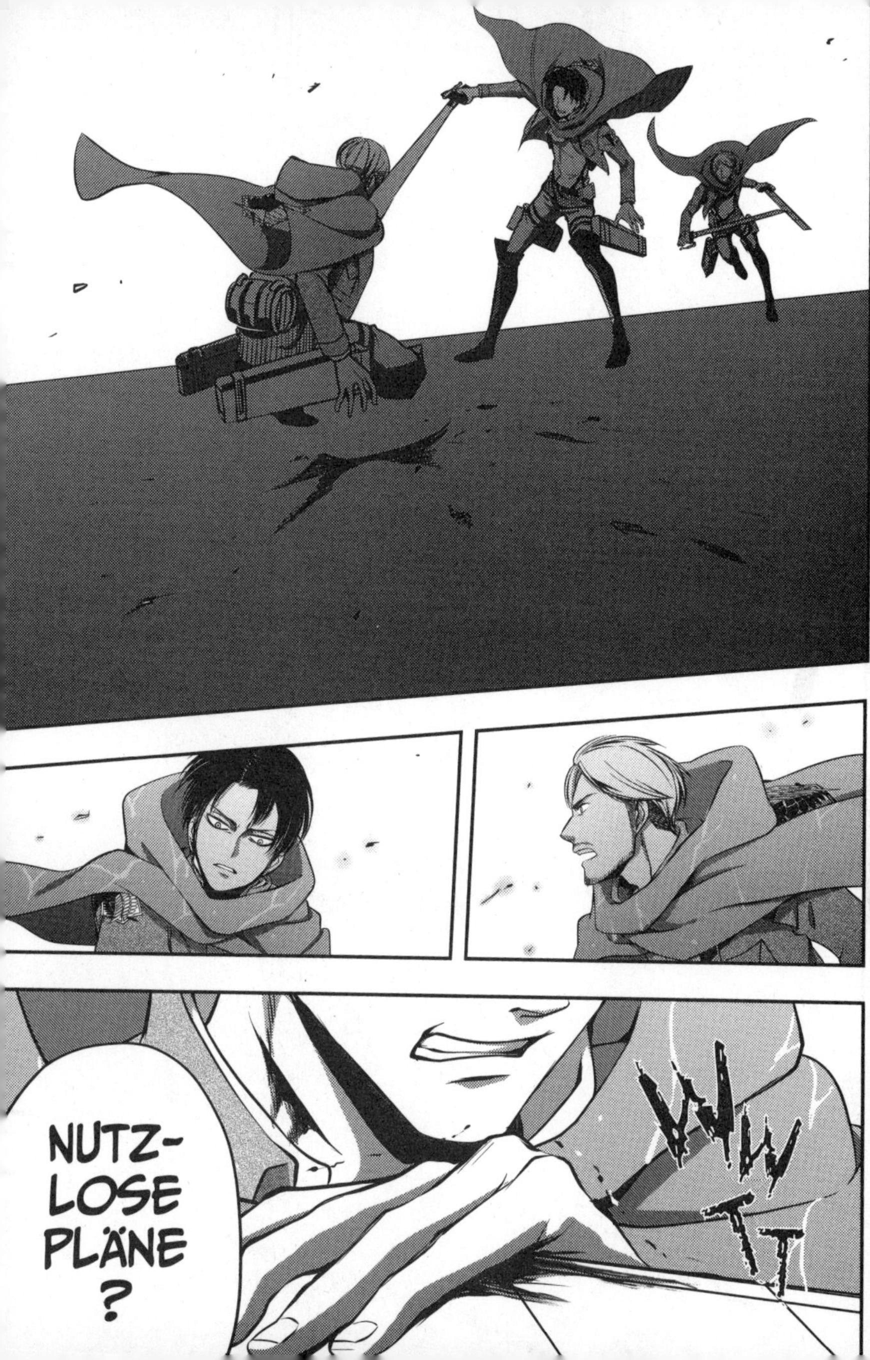
NUTZ-
LOSE
PLÄNE
?

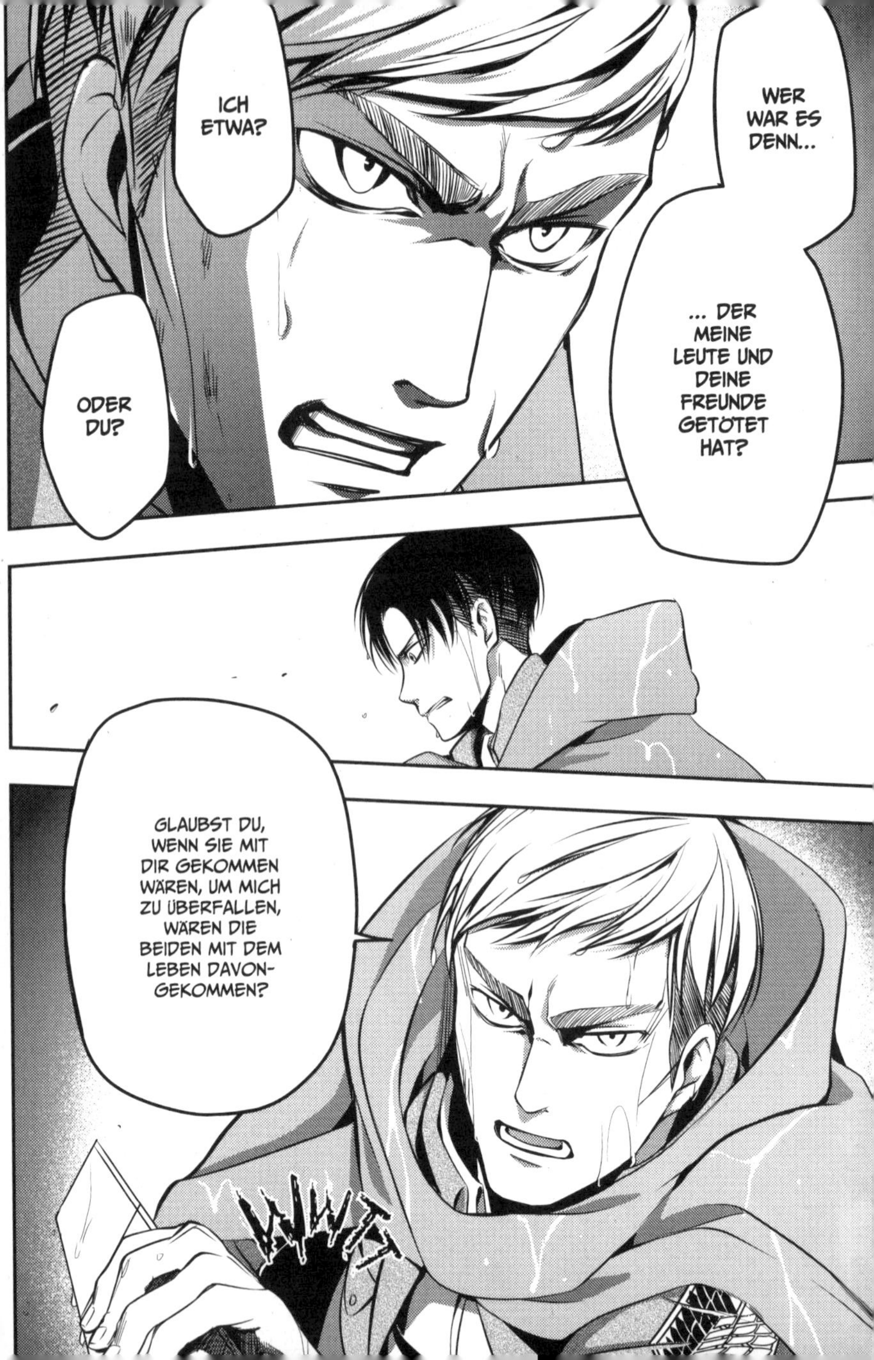
WER WAR ES DENN...
... DER MEINE LEUTE UND DEINE FREUNDE GETÖTET HAT?
ICH ETWA?
ODER DU?
GLAUBST DU, WENN SIE MIT DIR GEKOMMEN WÄREN, UM MICH ZU ÜBERFALLEN, WÄREN DIE BEIDEN MIT DEM LEBEN DAVON-GEKOMMEN?

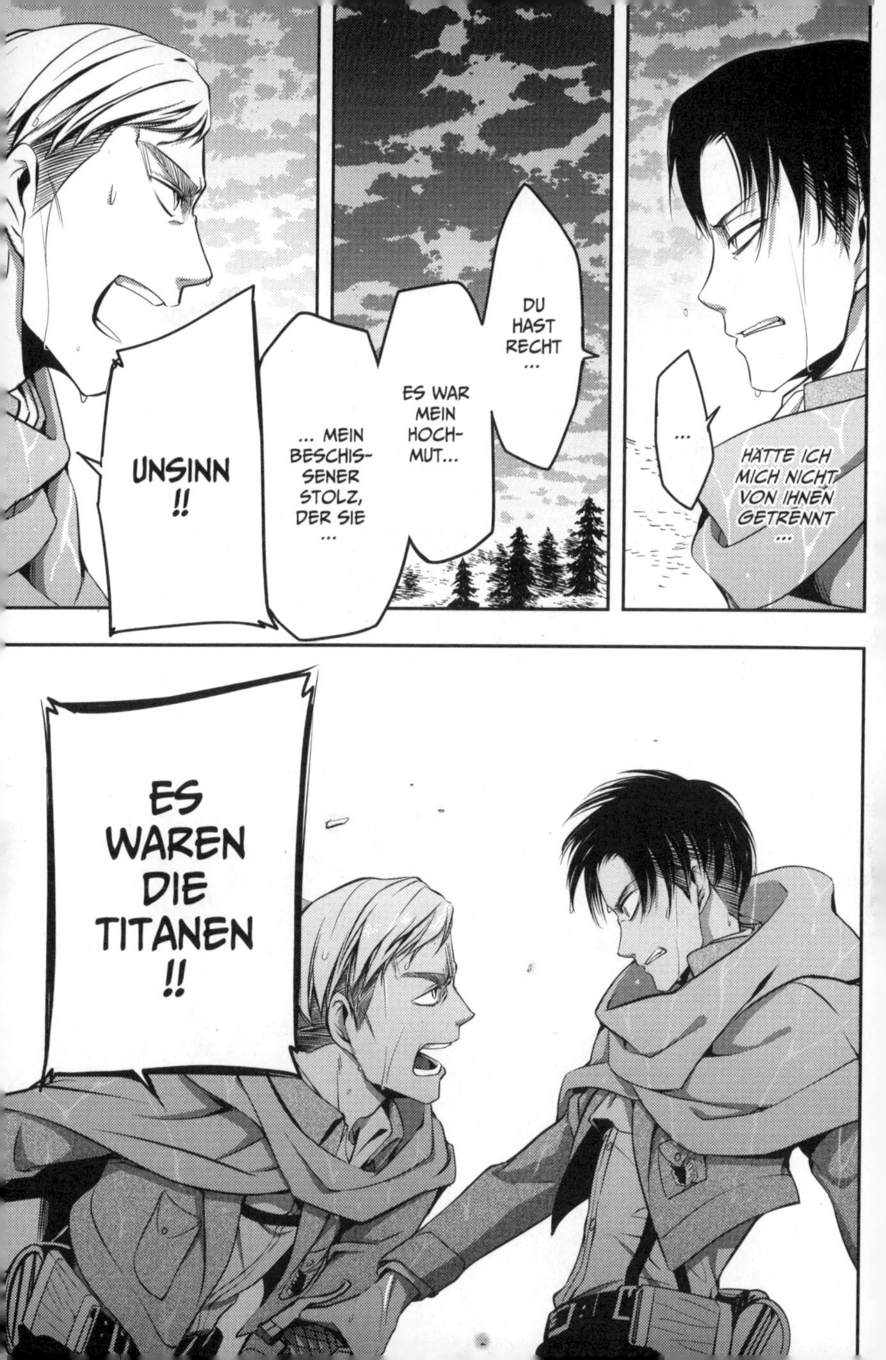
…
HÄTTE ICH MICH NICHT VON IHNEN GETRENNT …
DU HAST RECHT …
ES WAR MEIN HOCH-MUT…
… MEIN BESCHIS-SENER STOLZ, DER SIE …
UNSINN !!
ES WAREN DIE TITANEN !!

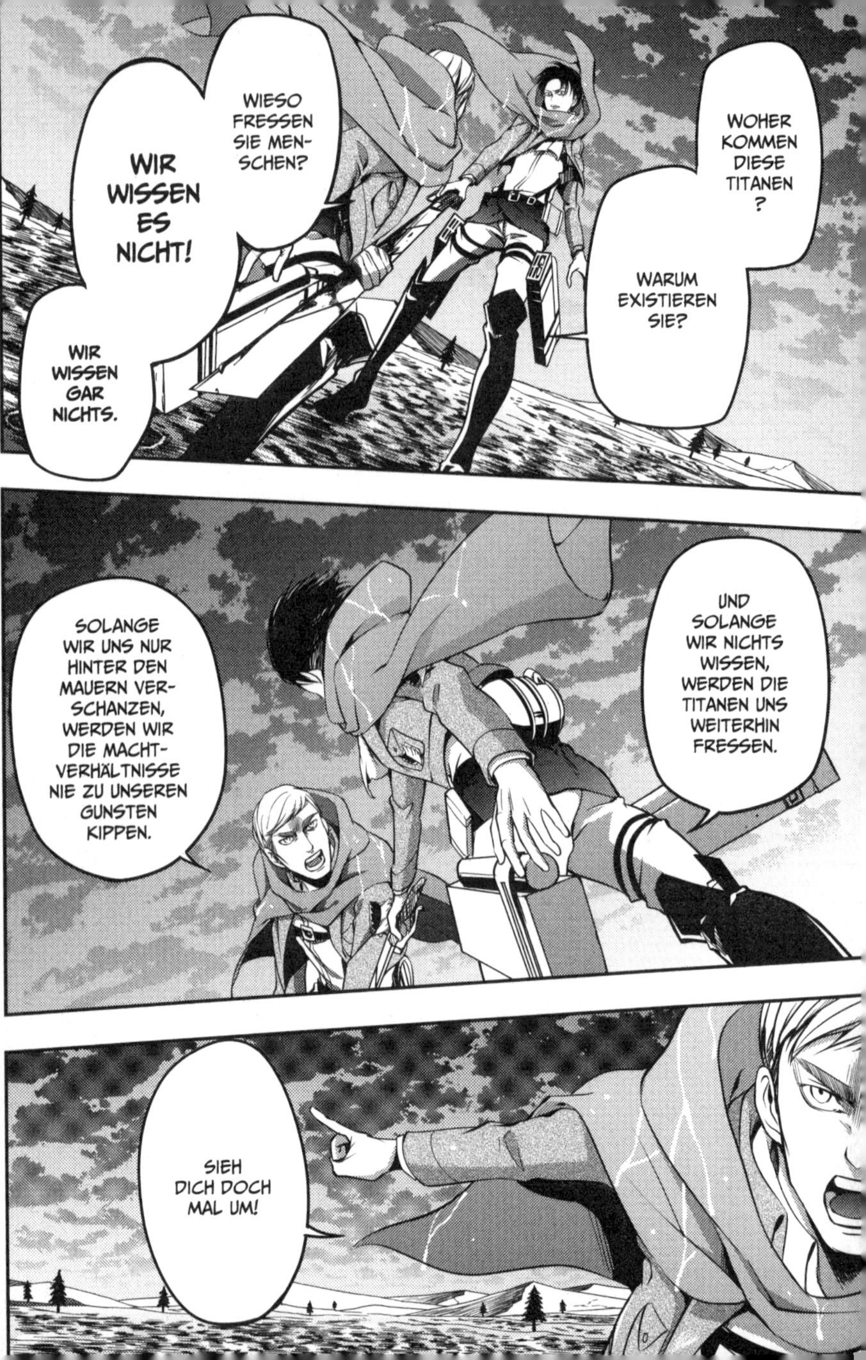
WOHER KOMMEN DIESE TITANEN ?
WARUM EXISTIEREN SIE?
WIESO FRESSEN SIE MENSCHEN?
WIR WISSEN ES NICHT!
WIR WISSEN GAR NICHTS.
UND SOLANGE WIR NICHTS WISSEN, WERDEN DIE TITANEN UNS WEITERHIN FRESSEN.
SOLANGE WIR UNS NUR HINTER DEN MAUERN VERSCHANZEN, WERDEN WIR DIE MACHTVERHÄLTNISSE NIE ZU UNSEREN GUNSTEN KIPPEN.
SIEH DICH DOCH MAL UM!

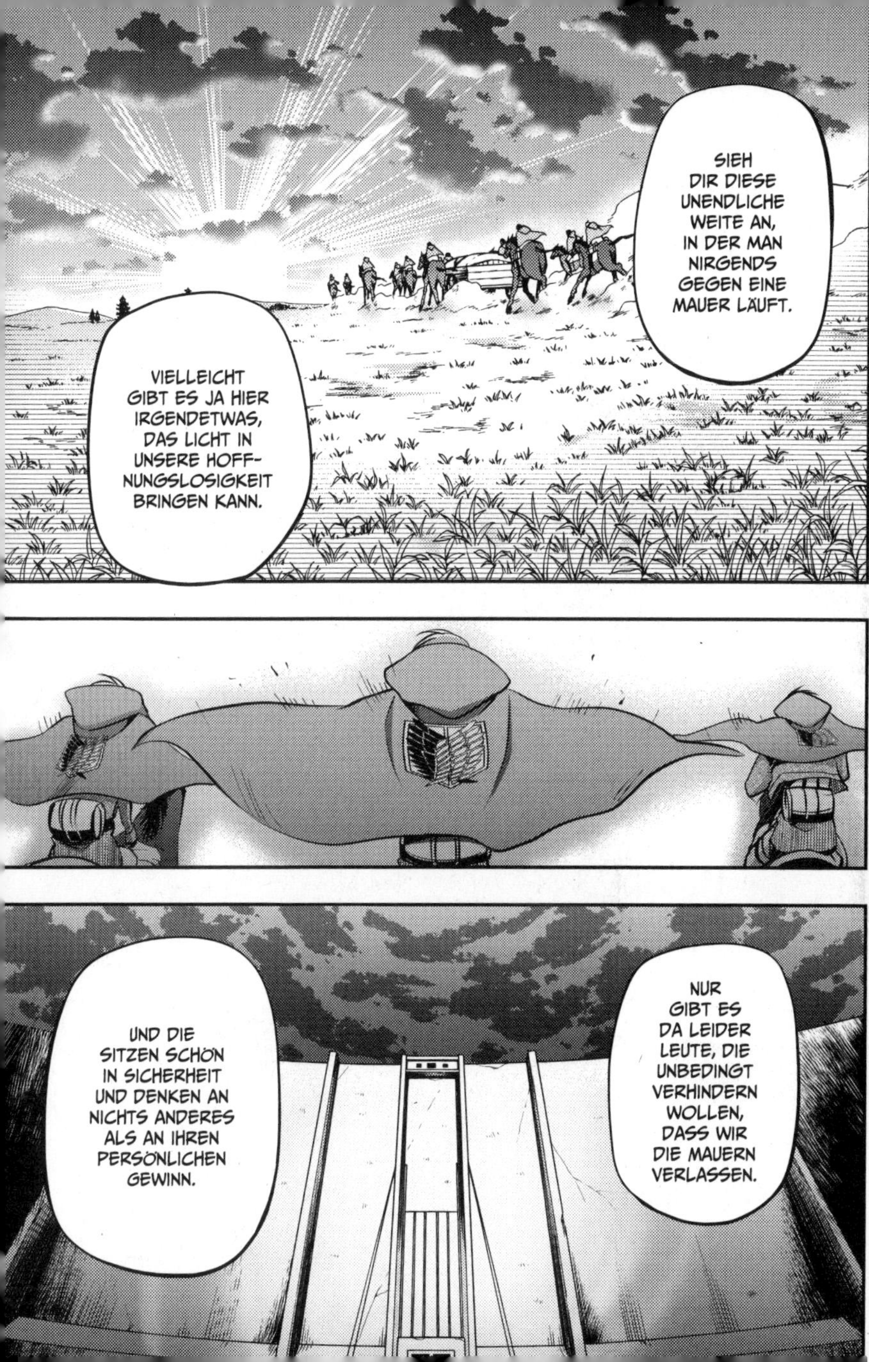

SIEH DIR DIESE UNENDLICHE WEITE AN, IN DER MAN NIRGENDS GEGEN EINE MAUER LÄUFT.
VIELLEICHT GIBT ES JA HIER IRGENDETWAS, DAS LICHT IN UNSERE HOFF-NUNGSLOSIGKEIT BRINGEN KANN.
NUR GIBT ES DA LEIDER LEUTE, DIE UNBEDINGT VERHINDERN WOLLEN, DASS WIR DIE MAUERN VERLASSEN.
UND DIE SITZEN SCHÖN IN SICHERHEIT UND DENKEN AN NICHTS ANDERES ALS AN IHREN PERSÖNLICHEN GEWINN.

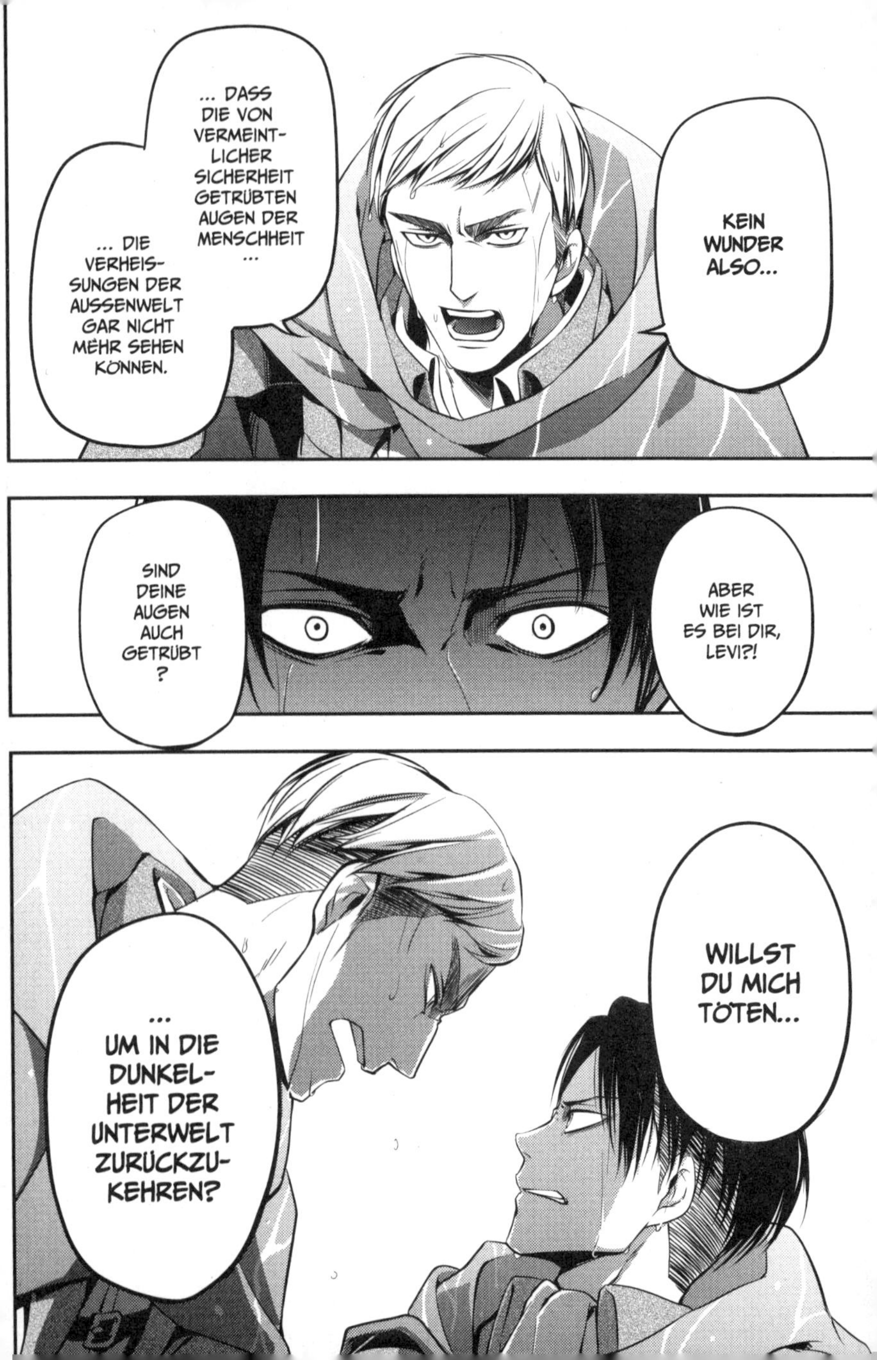
KEIN WUNDER ALSO...
... DASS DIE VON VERMEINTLICHER SICHERHEIT GETRÜBTEN AUGEN DER MENSCHHEIT ...
... DIE VERHEISSUNGEN DER AUSSENWELT GAR NICHT MEHR SEHEN KÖNNEN.
ABER WIE IST ES BEI DIR, LEVI?!
SIND DEINE AUGEN AUCH GETRÜBT ?
WILLST DU MICH TÖTEN...
... UM IN DIE DUNKELHEIT DER UNTERWELT ZURÜCKZUKEHREN?

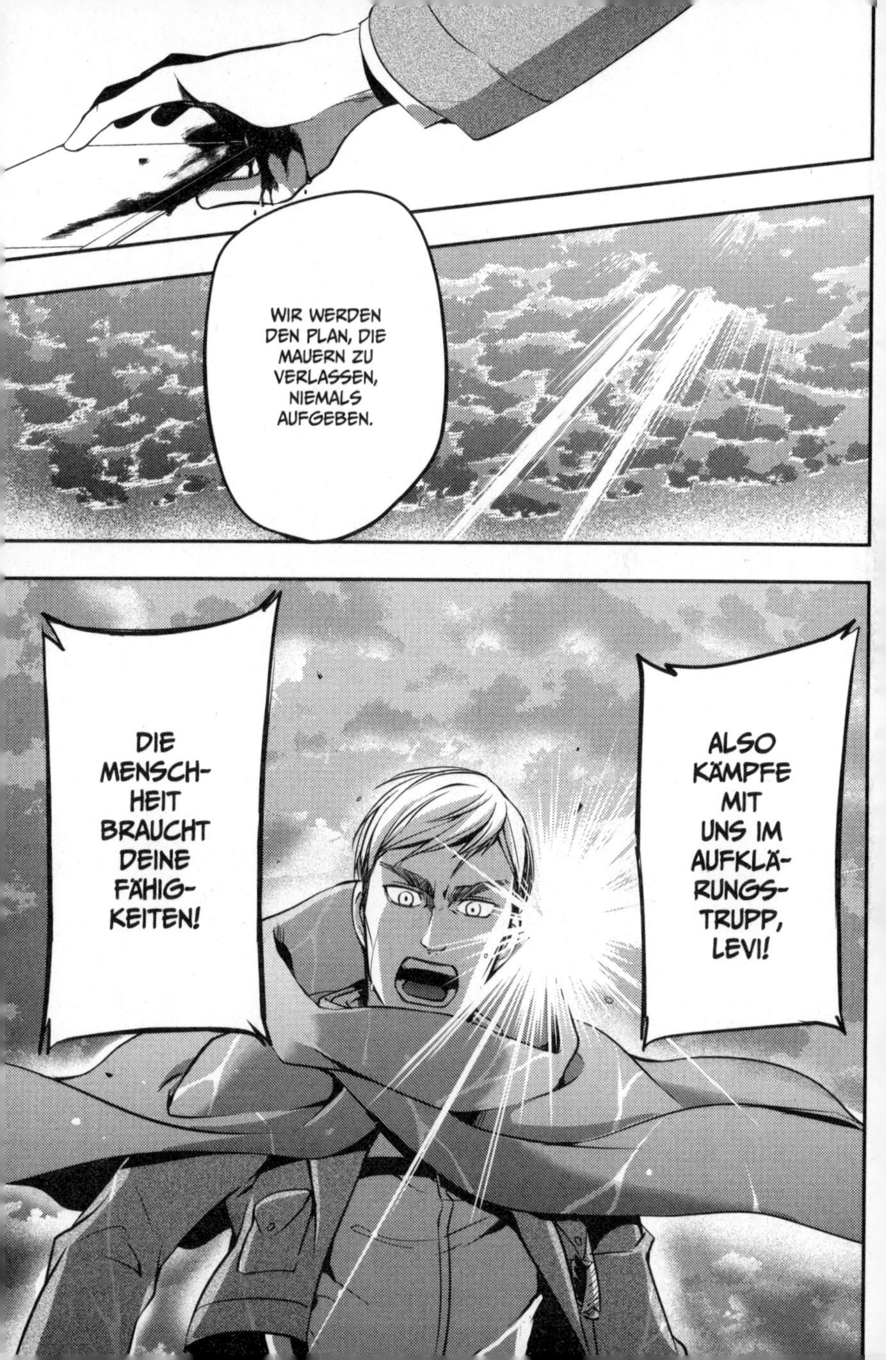
WIR WERDEN DEN PLAN, DIE MAUERN ZU VERLASSEN, NIEMALS AUFGEBEN.
ALSO KÄMPFE MIT UNS IM AUFKLÄRUNGS-TRUPP, LEVI!
DIE MENSCH-HEIT BRAUCHT DEINE FÄHIG-KEITEN!

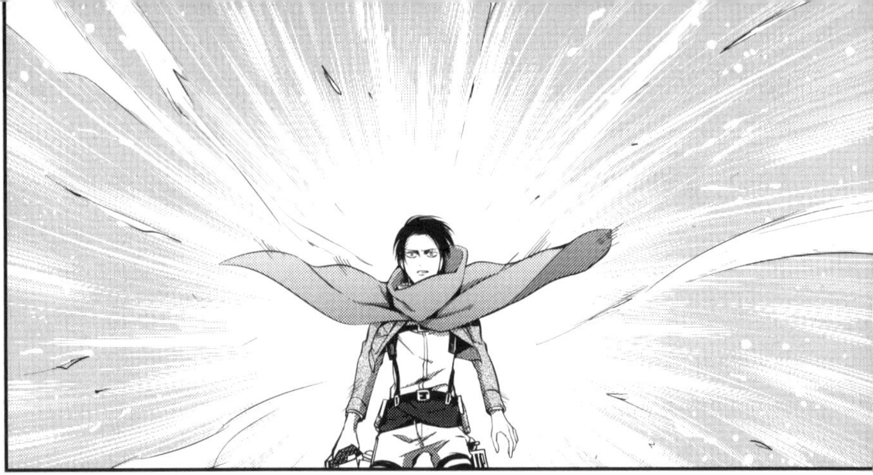

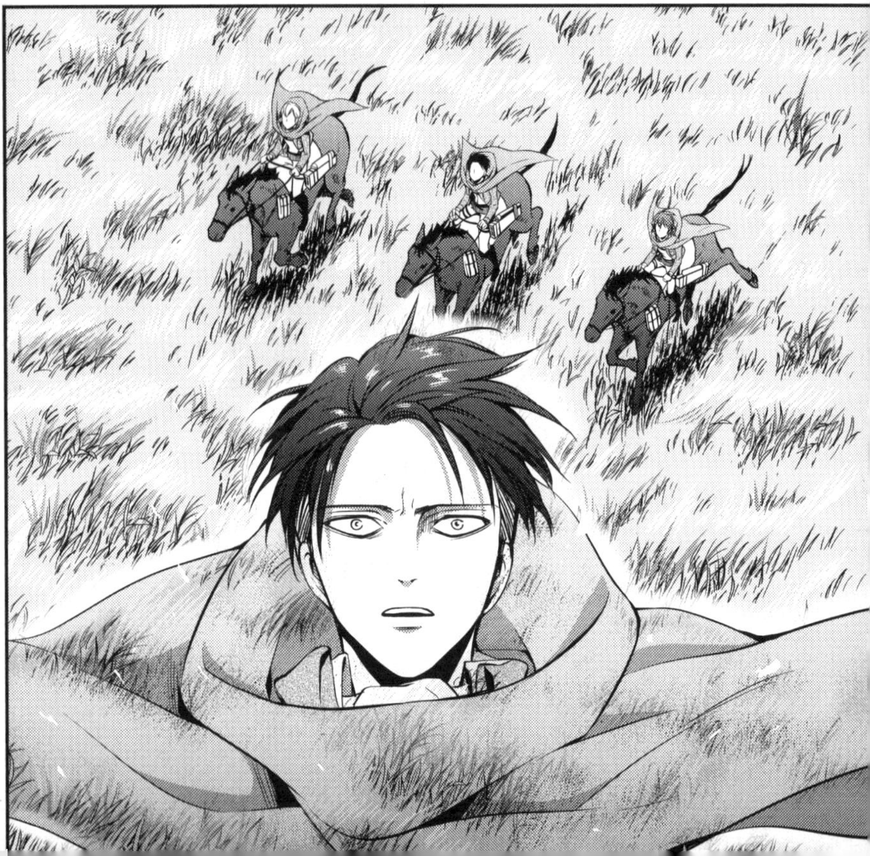

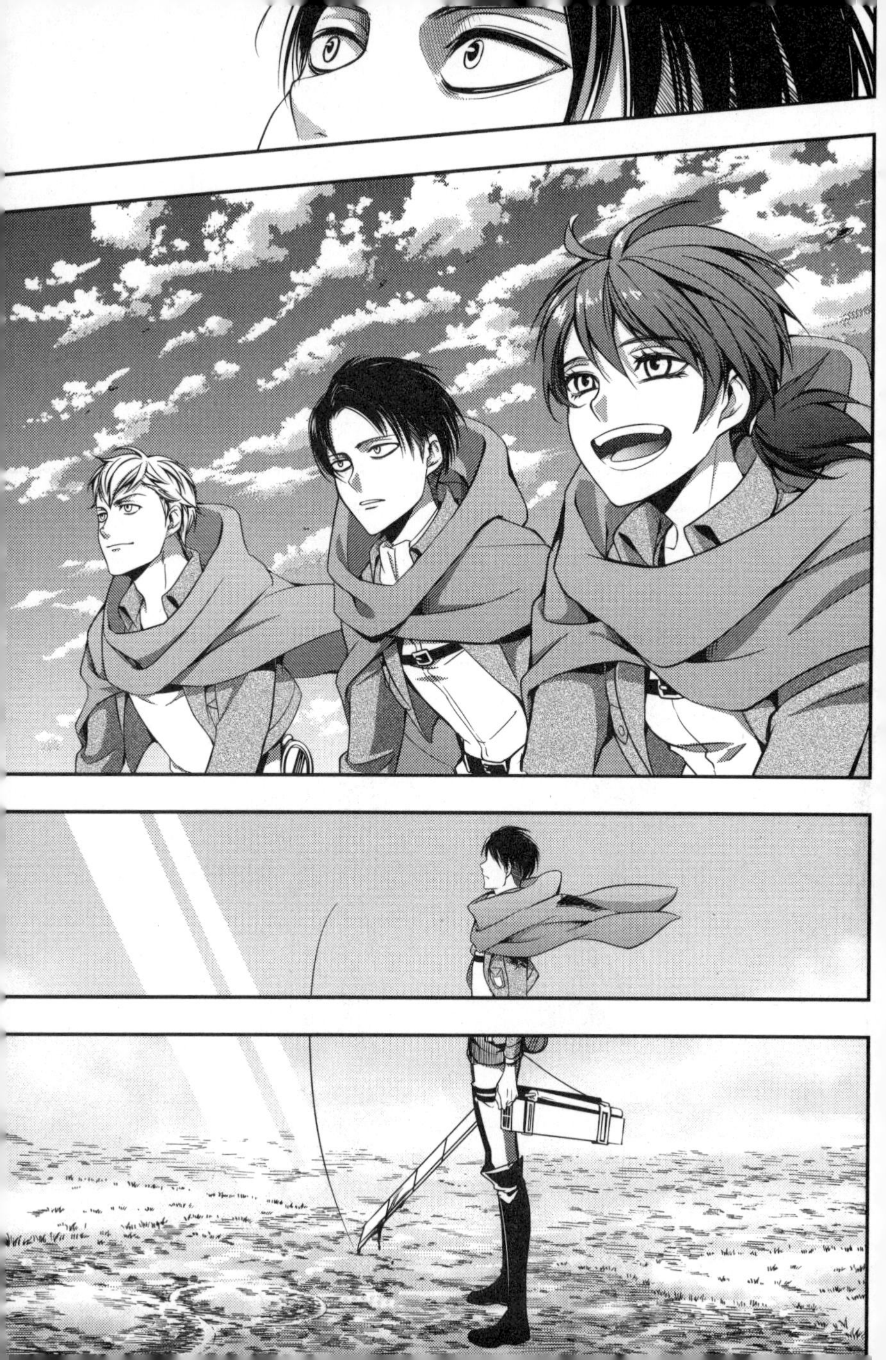

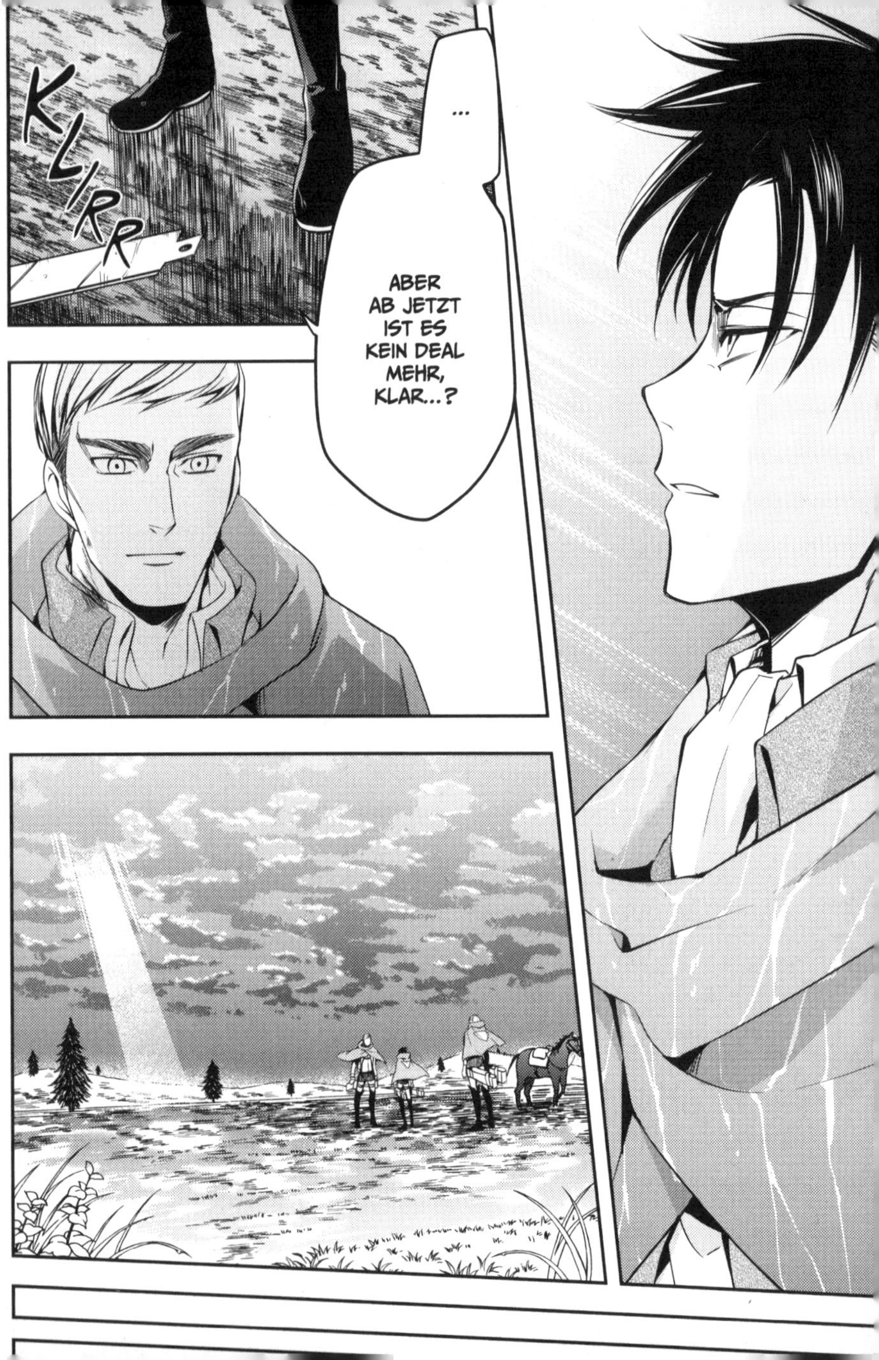
KLIRR
...
ABER AB JETZT IST ES KEIN DEAL MEHR, KLAR...?

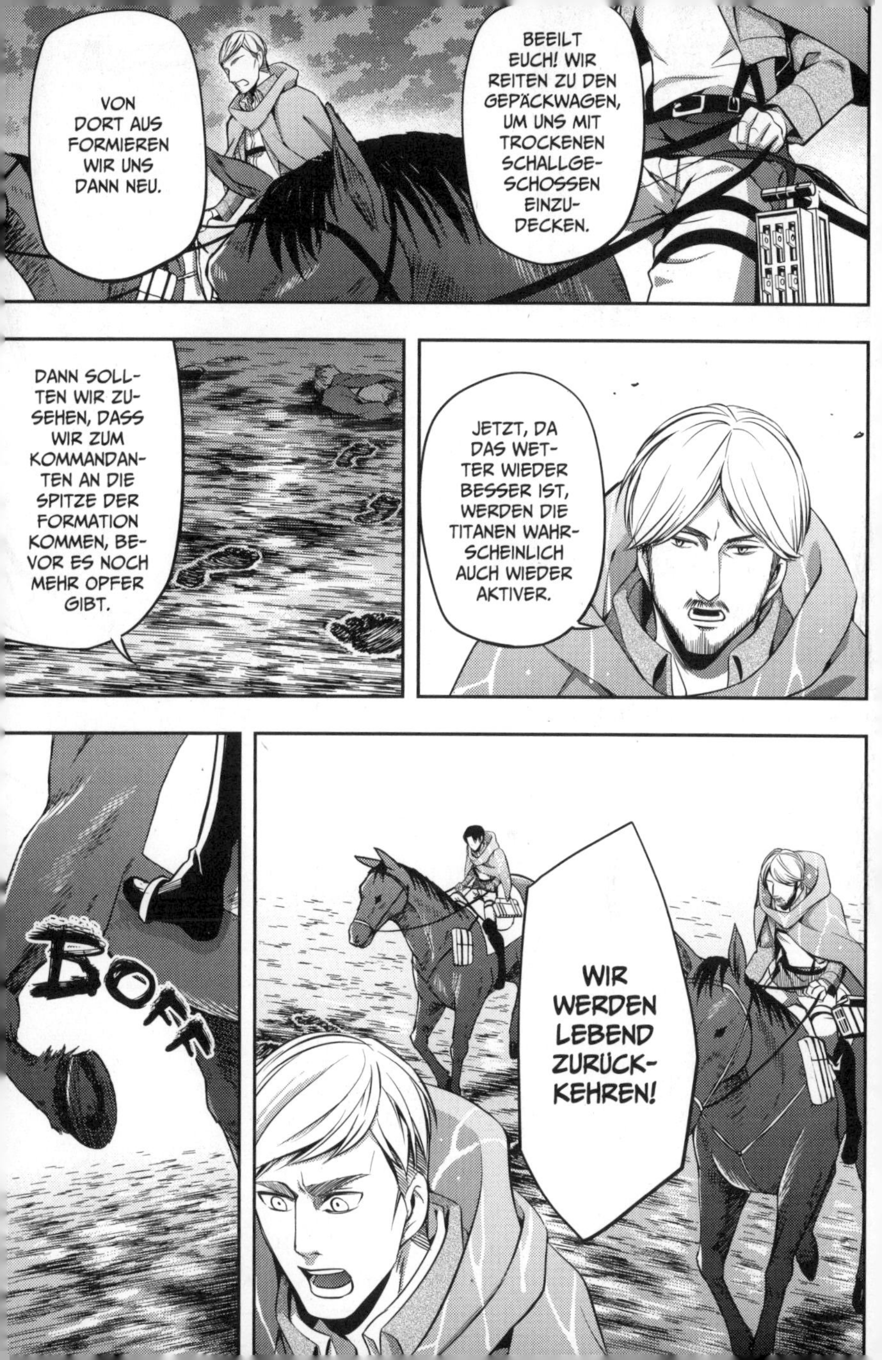
BEEILT EUCH! WIR REITEN ZU DEN GEPÄCKWAGEN, UM UNS MIT TROCKENEN SCHALLGE-SCHOSSEN EINZU-DECKEN.
VON DORT AUS FORMIEREN WIR UNS DANN NEU.
JETZT, DA DAS WET-TER WIEDER BESSER IST, WERDEN DIE TITANEN WAHR-SCHEINLICH AUCH WIEDER AKTIVER.
DANN SOLL-TEN WIR ZU-SEHEN, DASS WIR ZUM KOMMANDAN-TEN AN DIE SPITZE DER FORMATION KOMMEN, BE-VOR ES NOCH MEHR OPFER GIBT.
WIR WERDEN LEBEND ZURÜCK-KEHREN!
BOFF

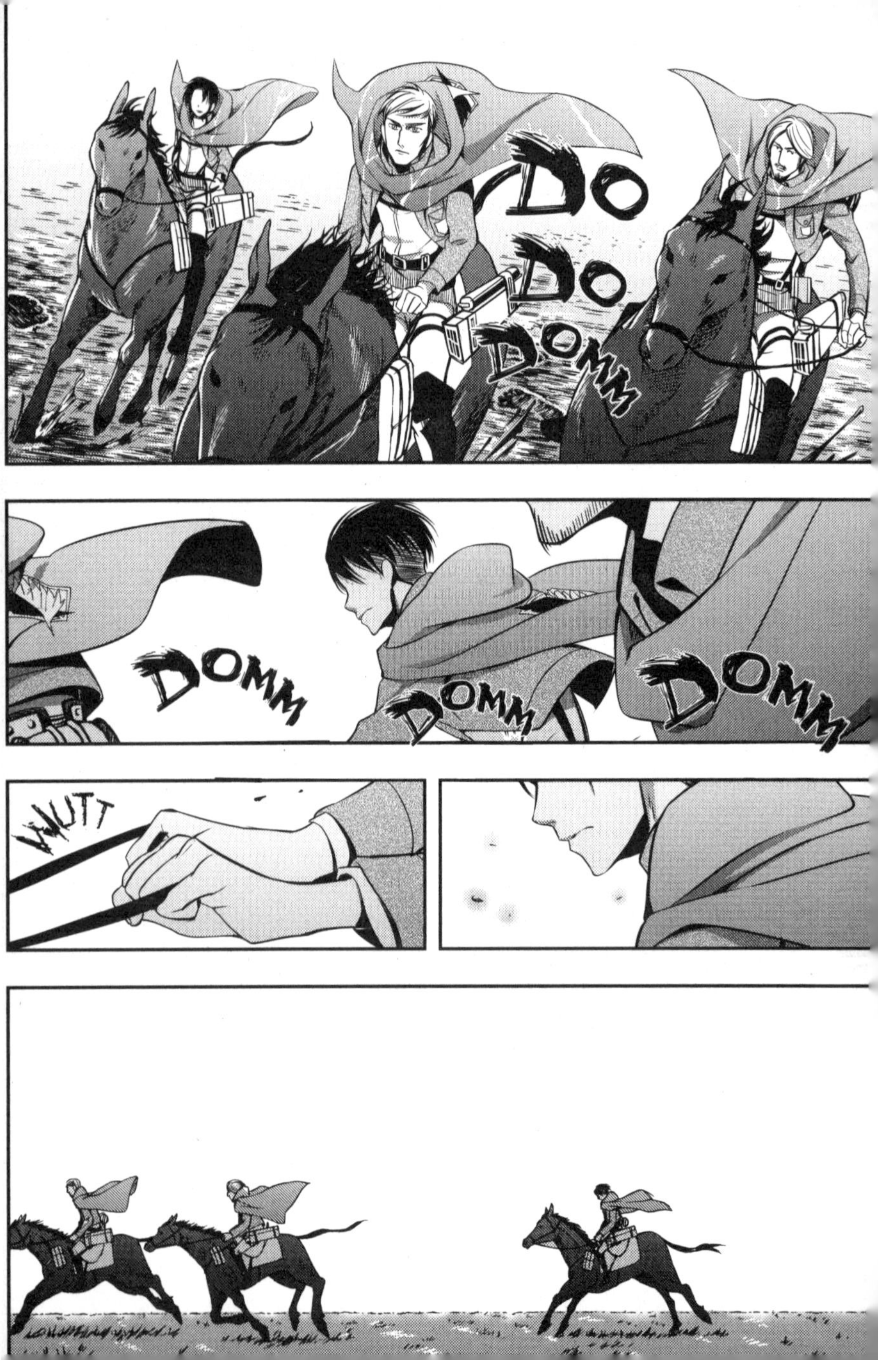
DO
DO
DOMM
DOMM
DOMM
DOMM
WUTT

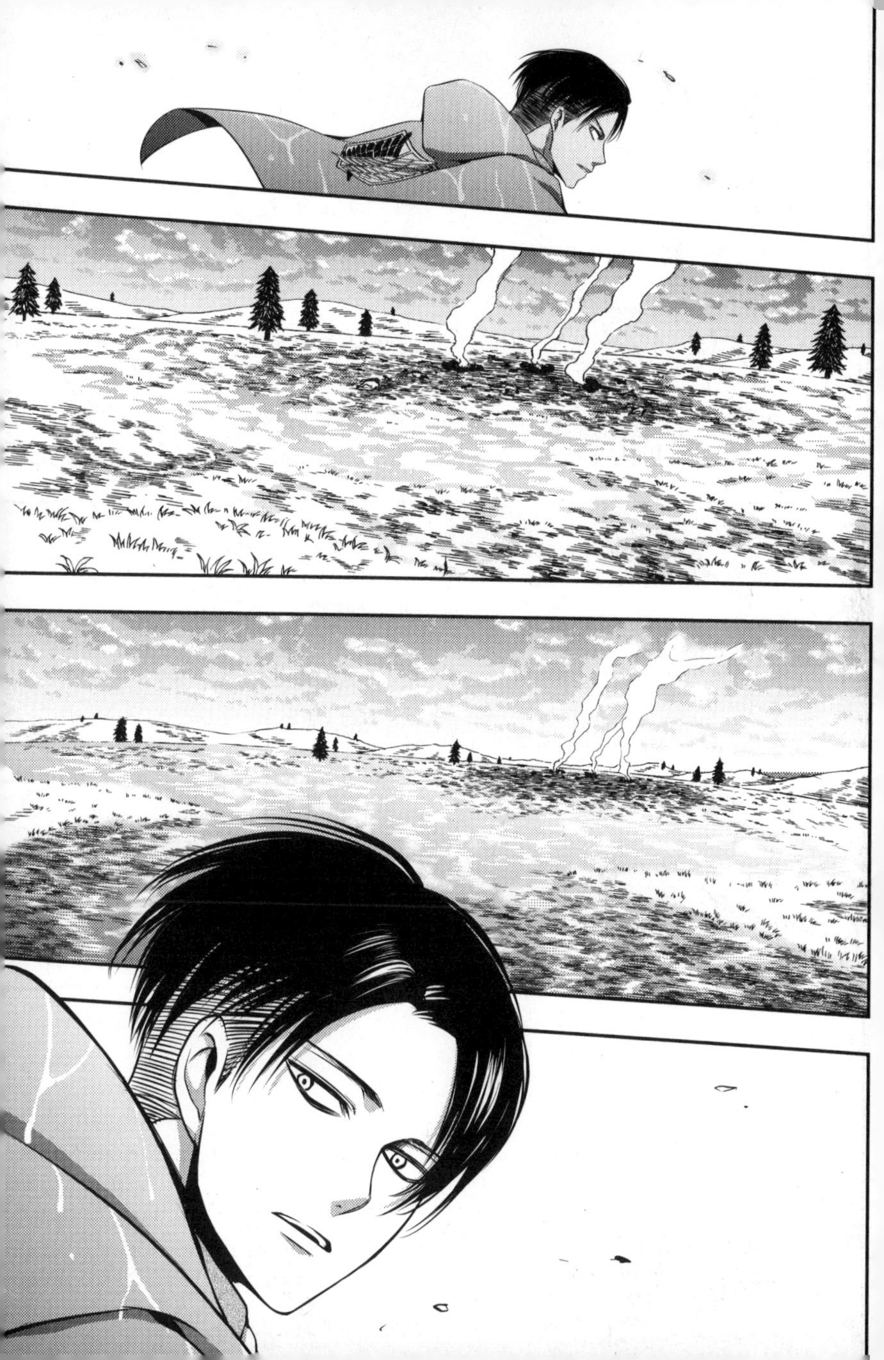

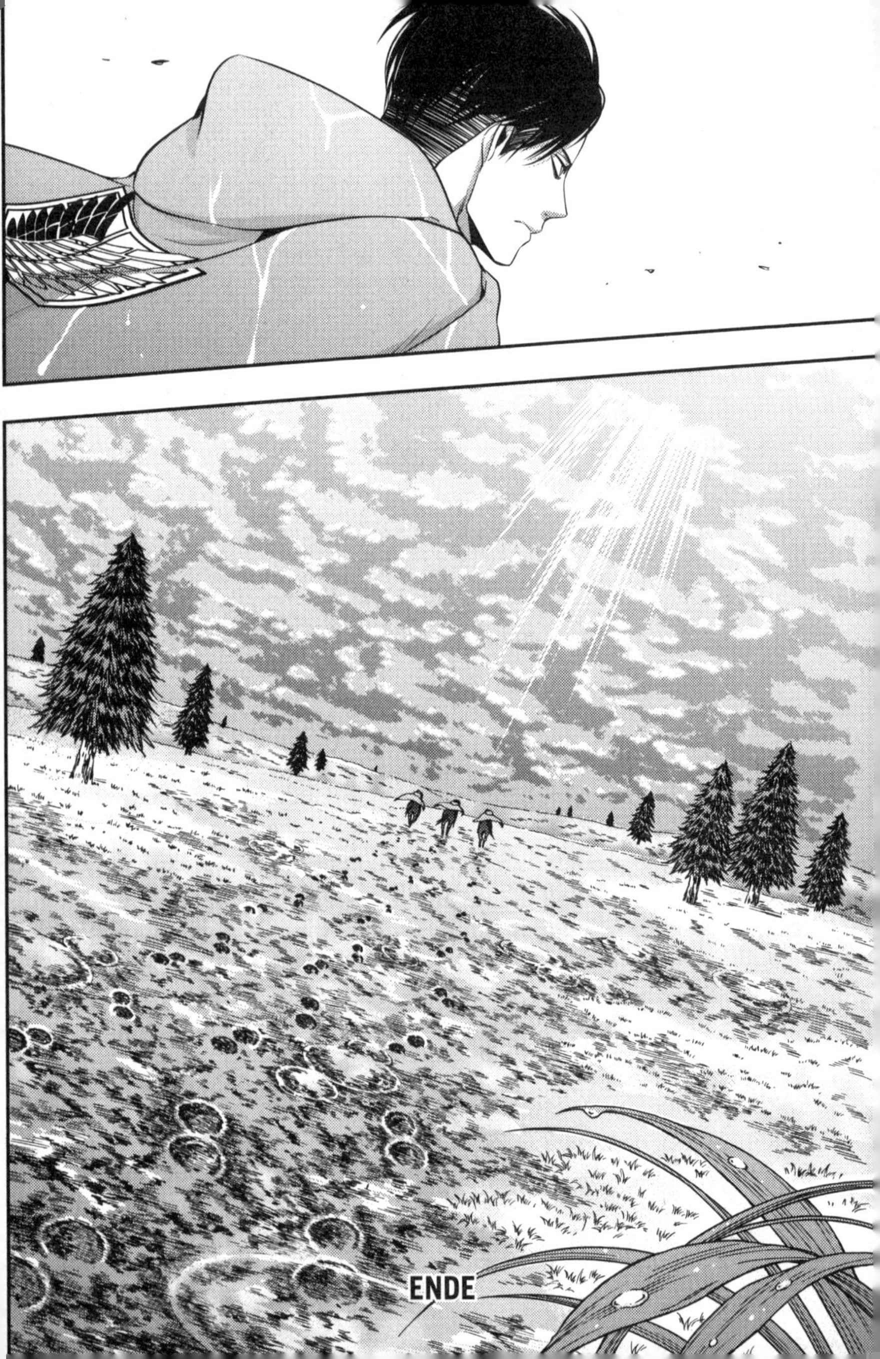
ENDE

## NACHWORT

Guten Tag,
ich bin Hikaru Suruga. Und ich bin äußerst erleichtert, dass ich auch das letzte Kapitel glücklich über die Bühne gebracht habe. Das waren acht lange Kapitel, die mir unglaublich kurzweilig vorkamen.

Und es ist ein Werk, in das viele Menschen viel Liebe gesteckt haben, allen voran Gun Snark, der die Story dazu geschrieben hat. Und wenn dieser Manga den Fans von »Attack on Titan« ein wenig Freude bereitet, würde mich das sehr freuen.

Und nun noch ein paar Worte an Isayama-sensei, den Verfasser des Originalwerks. Vielen herzlichen Dank, dass ich den Spin-off über Levi, diesen zentralen Charakter aus »Attack on Titan« zeichnen durfte. Die besondere Weltsicht Ihres Originalwerks aufzugreifen und weiterzuspinnen war eine schwierige und gleichzeitig unglaublich erfüllende Zeit. Wenn ich vor meinem weißen Blatt saß, um den Rohentwurf zu zeichnen, war ich jedes Mal ganz überwältigt von dem Gedanken, dass Sie diese Welt aus dem Nichts erschaffen haben. Jedenfalls hat mir diese Arbeit großen Spaß gemacht. Und als einer Ihrer Fans freue ich mich jetzt schon von ganzem Herzen auf die kommenden Geschehnisse und Entwicklungen dieser fantastischen Story!

Abschließend möchte ich mich noch bei den vielen Leuten bedanken, die mich bei der Fertigstellung dieses Werkes unterstützt haben, und natürlich auch bei meinen treuen, verlässlichen Freunden und Mitstreitern. Ihr wart großartig, vielen herzlichen Dank!

Ein Dankeschön an:

Fumiko Kikui
Tomoko Nagai
Ryui Watanabe
AT
Studio302
Die Morita-Familie

ATTACK ON TITAN
NO REGRETS

»No regrets« erzählt die Geschichte, wie und warum Levi zum Aufklärungstrupp kam, und ist damit lediglich ein Prolog zu der Story: »Wie ein Ganove der Königlichen Hauptstadt zum stärksten Vertreter der Menschheit wurde.« Denn die wahre Hölle, die selbst die bisherigen dramatischen Szenen noch lahm und halbherzig erscheinen lässt, wird er wohl erst in den noch bevorstehenden Kämpfen durchleben.

Hauptgefreiter Levi ist neben Eren und Mikasa einer der wichtigsten Charaktere von »Attack on Titan«.

Abschließend möchte ich noch sagen, dass ich mich sehr geehrt fühle, an diesem großartigen Werk beteiligt gewesen zu sein, und Isayama-sensei, Suruga-sensei und allen anderen Involvierten meinen tiefen Dank aussprechen.

Er wird noch unzählige Gefährten an die Titanen verlieren, jedes Mal von herzzerreißender Wut und Enttäuschung erschüttert werden und umso entschlossener weiterkämpfen müssen, bevor er der stahlharte Hauptgefreite Levi mit den eisernen Muskeln und den Nerven wie Drahtseilen wird... davon bin ich überzeugt.

**Gun Snark**

## Ein Charakter, der Großes ahnen lässt

– Wie wurde der Charakter Levi geboren?

**Isayama:** Aus der Vorstellung heraus, dass die kleinsten Kerle oft die stärksten sind, wie es bei Kyuzo in »Die sieben Samurai«* oder bei Ushiwakamaru** der Fall ist.

**Suruga:** Hatten Sie auch von Anfang an eine Vorstellung von seinen Augen?

**Isayama:** Ja, ich dachte: ›Er muss Sanpaku-Augen*** haben.‹ Augen wie die von Hiei aus »Yu Yu Hakusho«****.

– Haben Sie die gegenwärtige Popularität von Levi vorhergesehen?

**Isamyama:** Ich weiß zwar nicht genau, wieso, aber als ich ihn das erste Mal skizzierte, wusste ich es tatsächlich. Ich habe einen Soldaten mit etwas längerem Haupthaar, kurzem Hals und Seitenscheitel von einem Foto abgezeichnet, und in dem Moment, in dem ich sein Gesicht skizzierte, hatte ich wirklich das Gefühl, dass dieser Chara ziemlich populär werden könnte.

– Gibt es noch andere Charas, bei denen Sie sofort ein Bild vor Augen hatten?

**Isayama:** Oh ja, die gibt es, auch unter den mehr oder weniger namenlosen Charas aus der Masse.
Rico z.B. ist so ein Chara, den ich sofort vor mir sah und der für mein Gefühl »einfach so entstanden ist«. Und auch Ymir (in ihrer Titanenform) wollte ich von Anfang an bringen. Als Chara, der sich wie »Youkai Ningen Bem«***** in ein furchtbares, hässliches Monster verwandelt. Ich wünschte, ich hätte auch Erens Titanen noch ein bisschen furchterregender gezeichnet.

**Suruga:** Heißt das, Ymirs Augen sind ganz schwarz?

**Isayama:** Ja, ihr Titan hat Augen mit ganz wenig Weiß.

**Suruga:** Solche Augen sind wirklich gruselig. Möglichst noch mit gezackten Rändern.

**Isayama:** So wie diese Kontaktlinsen, die die Pupillen riesig erscheinen lassen...

**Suruga:** Ja, genau.

**Isayama:** Dass wir vor solchen Augen Angst haben, ist ein Instinkt. Die Augen von Affen z.B. sind deshalb so schwarz, weil man dann nie weiß, wohin sie gerade blicken.

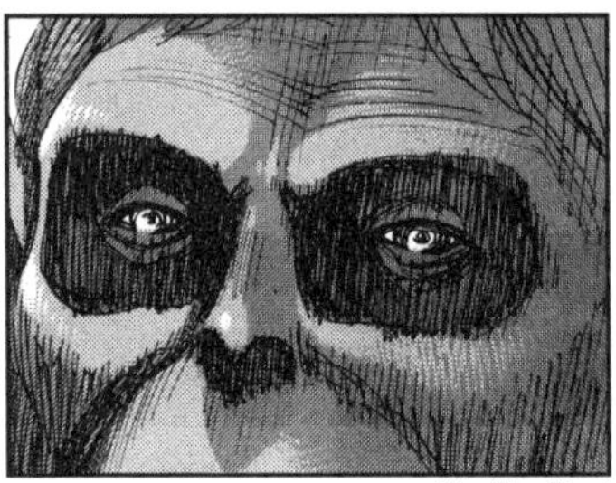

*(Der Tier-Titan)*

* Filmklassiker von Akira Kurosawa (1954)

** Jugendname des Generals Minamoto no Yoshitsune (1159–1189), dessen Heldentaten u.a. im Literaturklassiker »Heike Monogatari« (13.Jahrhundert) beschrieben werden und der als einer der fähigsten und beliebtesten Samurai-Krieger Japans in die Geschichte einging

*** Wörtl.: »Drei-Weißes-Augen«, bei denen man unter- bzw. oberhalb der Iris das Weiße sieht Einer Theorie nach sterben Personen mit solchen Augen eines frühen, gewaltsamen Todes.

**** Ein ruhiger, exzellenter Kämpfer und Krimineller mit einem besonderen Blick aus dem »Weißbuch der umherwandernden Geister«, einem Shonen-Manga (1990–94) von Yoshihiro Togashi

***** Übers.: »Monster-Mensch Bem«, TV-Anime 1968/69

**Suruga:** Ach wirklich?!
**Isayama:** Ja, offenbar sind die Augen der Menschen im Laufe der Evolution deshalb immer weißer geworden, damit wir besser kommunizieren und die Blicke der anderen leichter interpretieren können.
**Suruga:** Also kann es sein, dass ein Affe, der vermeintlich mich anschaut, in Wahrheit ganz woandershin blickt.
**Isayama:** Richtig. Man weiß nicht, was sie fokussieren.

## Ein ungewöhnlicher Körper

– Mochten Sie Levi von Anfang an, Suruga-san?
**Suruga:** Ja.
– Das kam ja jetzt wie aus der Pistole geschossen. Nach ca. 0,2 Sekunden…
**Suruga:** Ja, mit leichter Verspätung. (*lach*) Aber Eren als Titan mag ich genauso gern.
– Aha! Und aus welchen Gründen?
**Suruga:** Na ja, ich mag z.B. das wilde, wirre Haar seines Titanen, aber vor allem mag ich den Kontrast zwischen Groß und Klein. Oder besser: Ich mag große Dinge und Leute. Annie (in ihrer Gestalt als weiblicher Titan) mag ich z.B. auch…
**Isayama:** Ich mag die Titanen auch am liebsten. Den gepanzerten Titanen, den weiblichen Titanen und den Tier-Titanen…
**Suruga:** Der Tier-Titan! Das ist der, den ich persönlich jetzt am gruseligsten finde. Ich freue mich schon drauf, ihn wiederzusehen.
**Isayama:** Verstanden. (*lach*)
**Suruga:** Aber Levi ist auch total cool, vor allem im 55. Kapitel, wo er Sanes* verprügelt.
**Isayama:** Vielen Dank.
**Suruga:** Da sieht man seine Rückenmuskulatur so schön…
**Isayama:** In dieser Szene schlägt ein Junge von gerade mal 1,60 Meter einen großen, kräftigen Mann mit ungeheurer Kraft und Intensität zusammen. Damit das überzeugend wirkt, habe ich es so gezeichnet. Aber eigentlich glaube ich, je schwerer jemand ist, desto kräftiger sind seine Schläge.
– Levi wiegt so um die 70 Kilo, richtig?**
**Isayama:** Ja. Aber genau wie bei Kenny***…

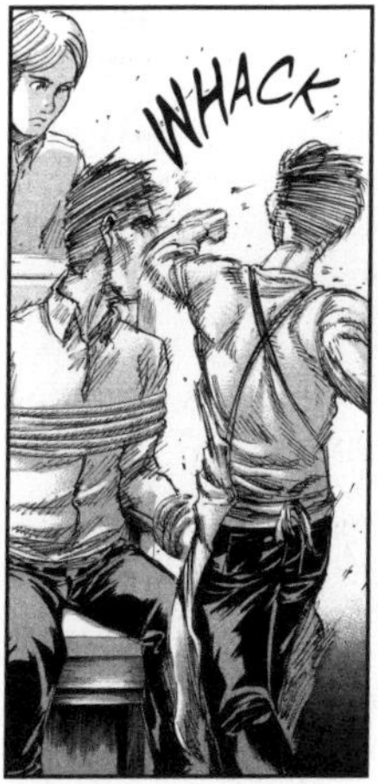

*(Aus »Attack on Titan« Band 14.)*

* Djel Sanes, Mitglied der Militärpolizei
** Tatsächlich sind es 65 Kilo
*** Kenny Ackermann, ein Kommandant der Militärpolizei

... wollte ich bei ihm Stärke vermitteln, die man ihm nicht ansieht. Selbst wenn Levi nackt wäre, würde man ihm nicht ansehen, dass er so viel wiegt, womit ich zeigen will, dass er keinen gewöhnlichen Körper hat. Und nur drei Kilo Differenz beim Körpergewicht machen einen Riesenunterschied bei der Wucht der Schläge aus.

## Das Erwachen des Soldaten in Levi

**Suruga:** In »No regrets« verlässt Levi die Unterwelt, um dem Aufklärungstrupp beizutreten. Wie stellen Sie sich die Gefühle vor, die ihn umtrieben, als er vom Ganoven zum Soldaten wurde?
**Isayama:** Wenn es etwas gibt, das Levis Gedanken und Gefühlen in dieser Situation nahe kommt, dann steckt es in dem Film »Tödliches Kommando – The Hurt Locker«*...
**Suruga:** Ah! Der Protagonist, genialer Teamleiter eines Bombenräumkommandos, wird anfangs als Typ dargestellt, der eine Bombe nach der anderen entschärft und sie dann stolz den Tätern zeigt oder der ohne das geringste Interesse am Krieg einfach nur Spaß daran hat, Bomben zu entschärfen, und der keinerlei Angst vor dem Tod hat. Aber dann wird er von seinen Kameraden verprügelt etc. und ihm wird klar, dass er in der Falle sitzt. Er wird sich seiner eigenen Fehler bewusst und merkt, was sein Land anderen Ländern antut. Er kehrt nach Hause zurück. Aber obwohl er das Soldatenleben einfach hätte an den Nagel hängen können, sieht man zum Schluss, wie er sich für ein weiteres Jahr als Soldat verpflichtet. Ich denke, so ähnlich muss sich auch Levi gefühlt haben.
**Suruga:** Wie jemand, der sich sich nur dann lebendig fühlt, wenn er kämpfen kann...
**Isayama:** Wie jemand, der zeigen will, was er kann, und der seine Fähigkeiten bis zum Äußersten ausbauen und nutzbringend einsetzen will. In der Unterwelt hatte er zunächst alle Hände voll damit zu tun, selbst zu überleben, das war sein Lebensinhalt. Aber dann baut er Beziehungen auf und beginnt darüber nachzudenken, etwas für andere zu tun. Aber als er die Unterwelt verlässt, findet er sich innerhalb der Mauern wieder und ihm fällt auf, dass er bzw. die Menschheit, gemessen an der Welt als Ganzes, in der Falle sitzt... Und wie der Protagonist von »Hurt Locker« beschließt er, seine eigenen Fähigkeiten in den Dienst der Menschheit zu stellen. Er folgt seiner Berufung.

## Welchen Weg wählen sie?

**Suruga:** Es gab eine Zeit, in der ich viel darüber nachgedacht habe, wofür ich eigentlich lebe. Damals hatte ich keine größeren Ziele und war unzufrieden und beunruhigt darüber, dass ein Tag wie der andere war.

* Film aus dem Jahre 2008, der im Irakkrieg spielt und den Kampf zwischen einem amerikanischen Bombenräumkommando und den Bombenlegern beschreibt

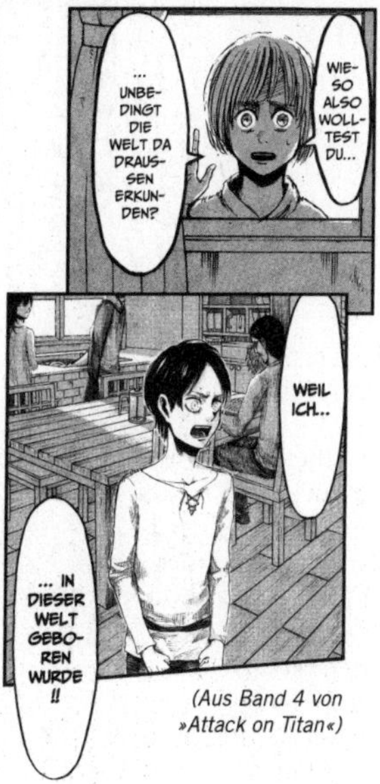

*(Aus Band 4 von »Attack on Titan«)*

Und als ich dann zum ersten Mal »Attack on Titan« las, konnte ich Erens Gefühle sofort verstehen.

**Isayama:** Ah, verstehe.

– Meinen Sie die Stelle, an der Eren sagt: »Dann ist man nichts anderes als Vieh!«?

**Suruga:** Genau.

**Isayama:** Sie wollten also quasi ihre Mauern verlassen.

**Suruga:** Ja. Und als Erwin Eren in Band 4 fragt: »Wieso wolltest du unbedingt die Welt da draußen erkunden?«, war ich plötzlich ganz aufgeregt, weil ich dachte: »Gleich bekomme ich meine Antwort.«

**Isayama:** Sie haben Recht. In Band 4 habe ich es an dieser Stelle auf Grund der Kürze der Mangatexte so ausgedrückt, als sei es falsch, wie Vieh zu leben. Aber ich glaube, der Ansatz, »wie Vieh zu leben ist auch okay«, hat ebenfalls seine Daseinsberechtigung.

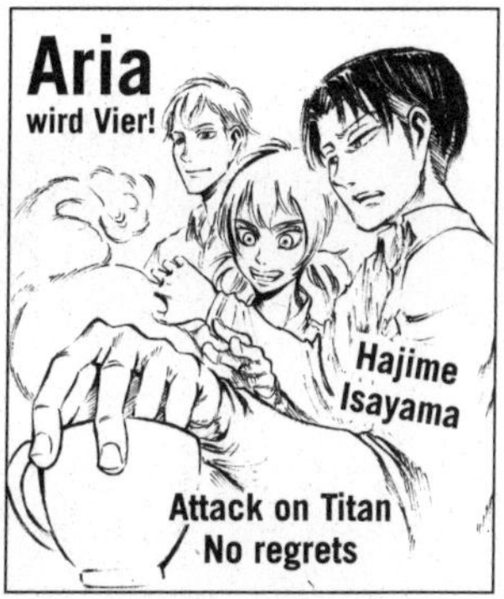

*(Illustration der in Ausgabe 9/2014 von Aria enthaltenen Geschenktafel anlässlich des vierten Jahrestages von Aria.)*

Wenn zum Beispiel in der Story jemand denken würde: »Ich kämpfe innerhalb der Mauern«, wäre das gleichbedeutend mit dem Versuch »eine Firma von innen heraus zu verändern«. Ich finde, auch das ist ein Ansatz, um eine unbefriedigende Situation zu verändern. Und ich möchte auf keinen Fall von oben herab ein einseitiges Urteil darüber fällen, welcher der beiden Ansätze der richtige ist.

**Suruga:** Verstehe. Als Eren auf Armins Frage antwortete: »Weil ich in dieser Welt geboren wurde!«, dachte ich: »Auf die Idee wäre ich nicht gekommen!« Ich weiß zwar nicht, welchen Weg Eren und die anderen im weiteren Verlauf des Mangas wählen… aber ich kann es kaum erwarten, die Fortsetzung zu lesen!

ATTACK ON TITAN
NO REGRETS

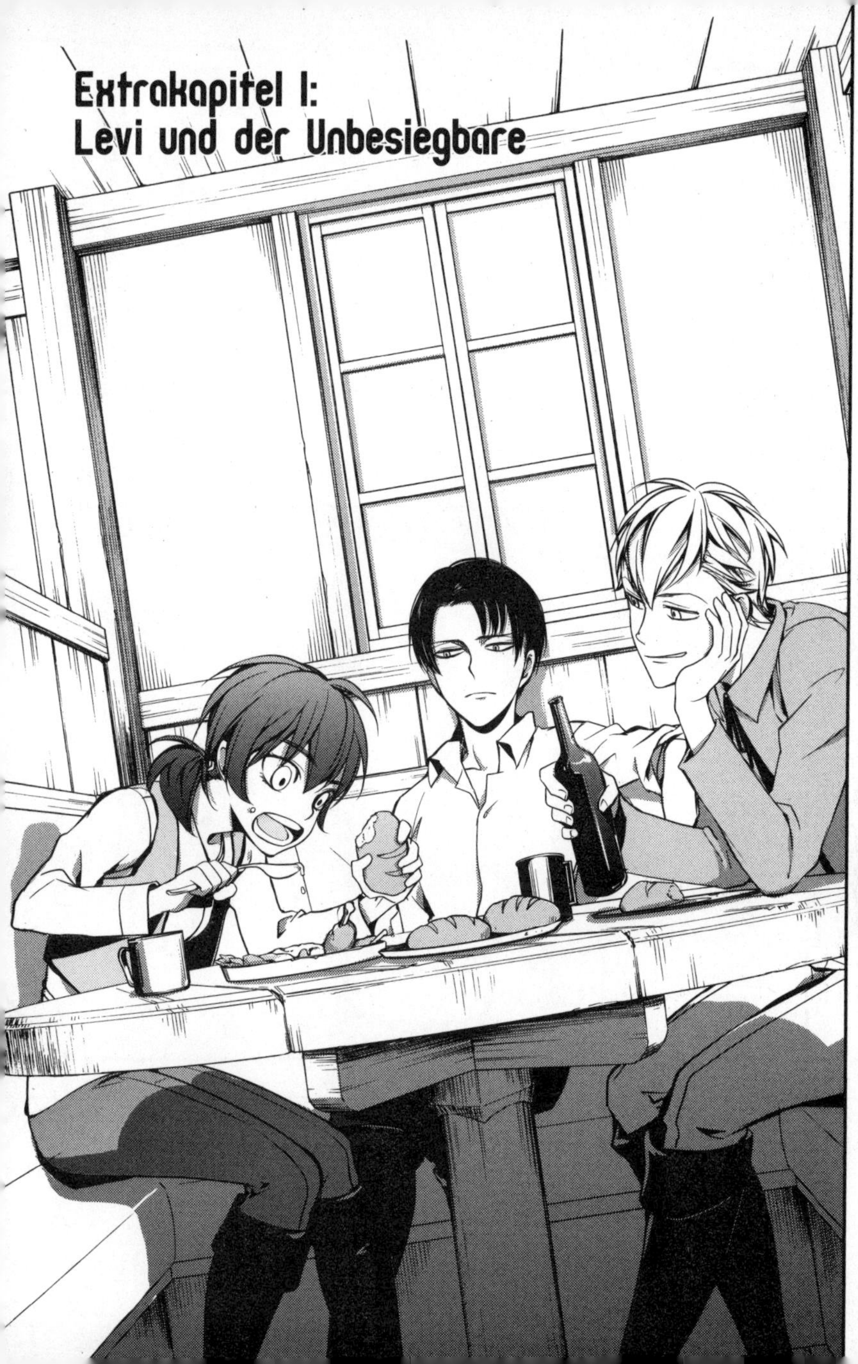
Extrakapitel 1:
Levi und der Unbesiegbare

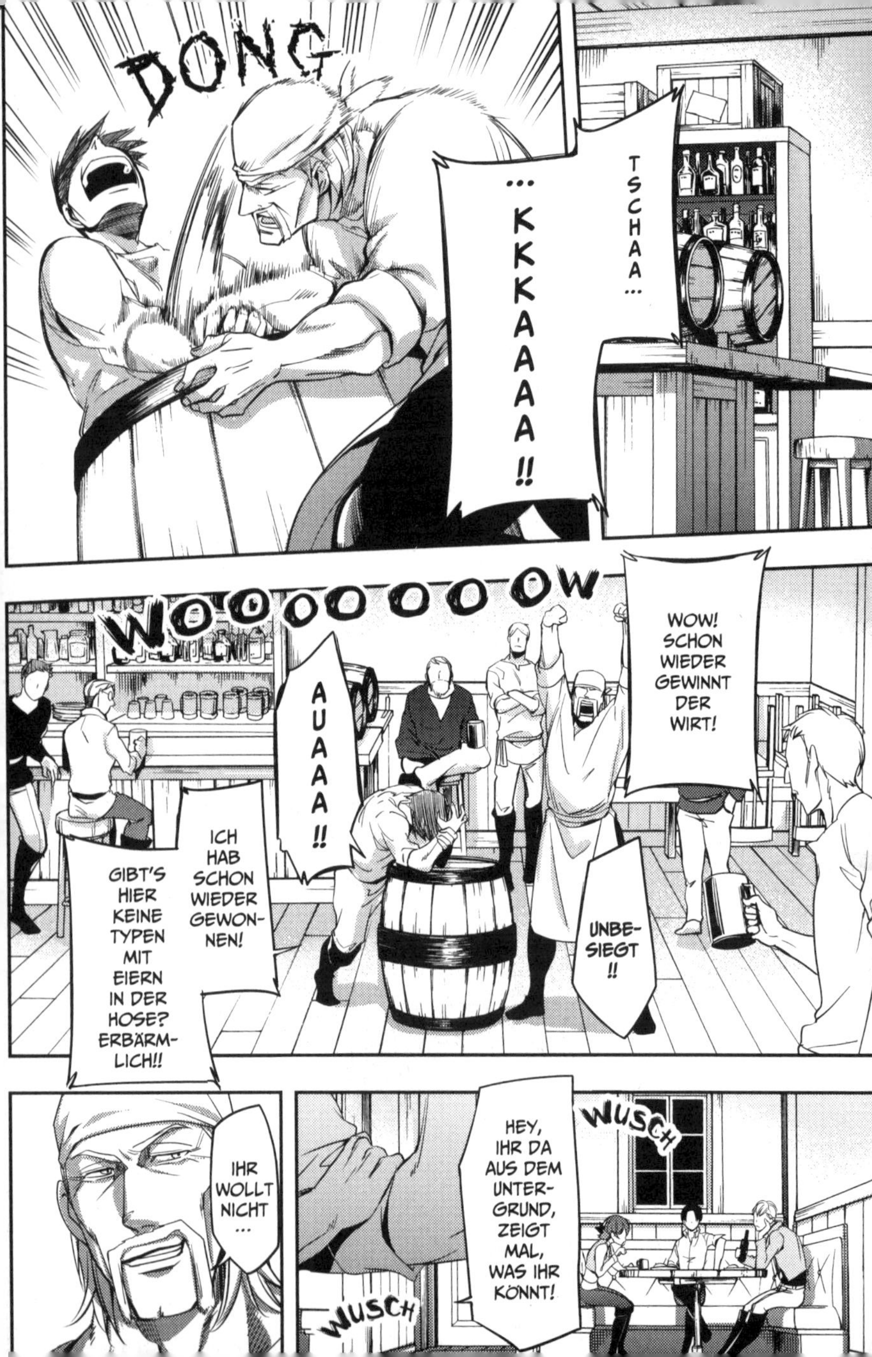
DONG
TSCHAA ...
... KKKAAAAAA!!
WOOOOOOOOW
WOW! SCHON WIEDER GEWINNT DER WIRT!
UNBE-SIEGT!!
AUAAAA!!
ICH HAB SCHON WIEDER GEWON-NEN!
GIBT'S HIER KEINE TYPEN MIT EIERN IN DER HOSE? ERBÄRM-LICH!!
WUSCH
HEY, IHR DA AUS DEM UNTER-GRUND, ZEIGT MAL, WAS IHR KÖNNT!
WUSCH
IHR WOLLT NICHT ...

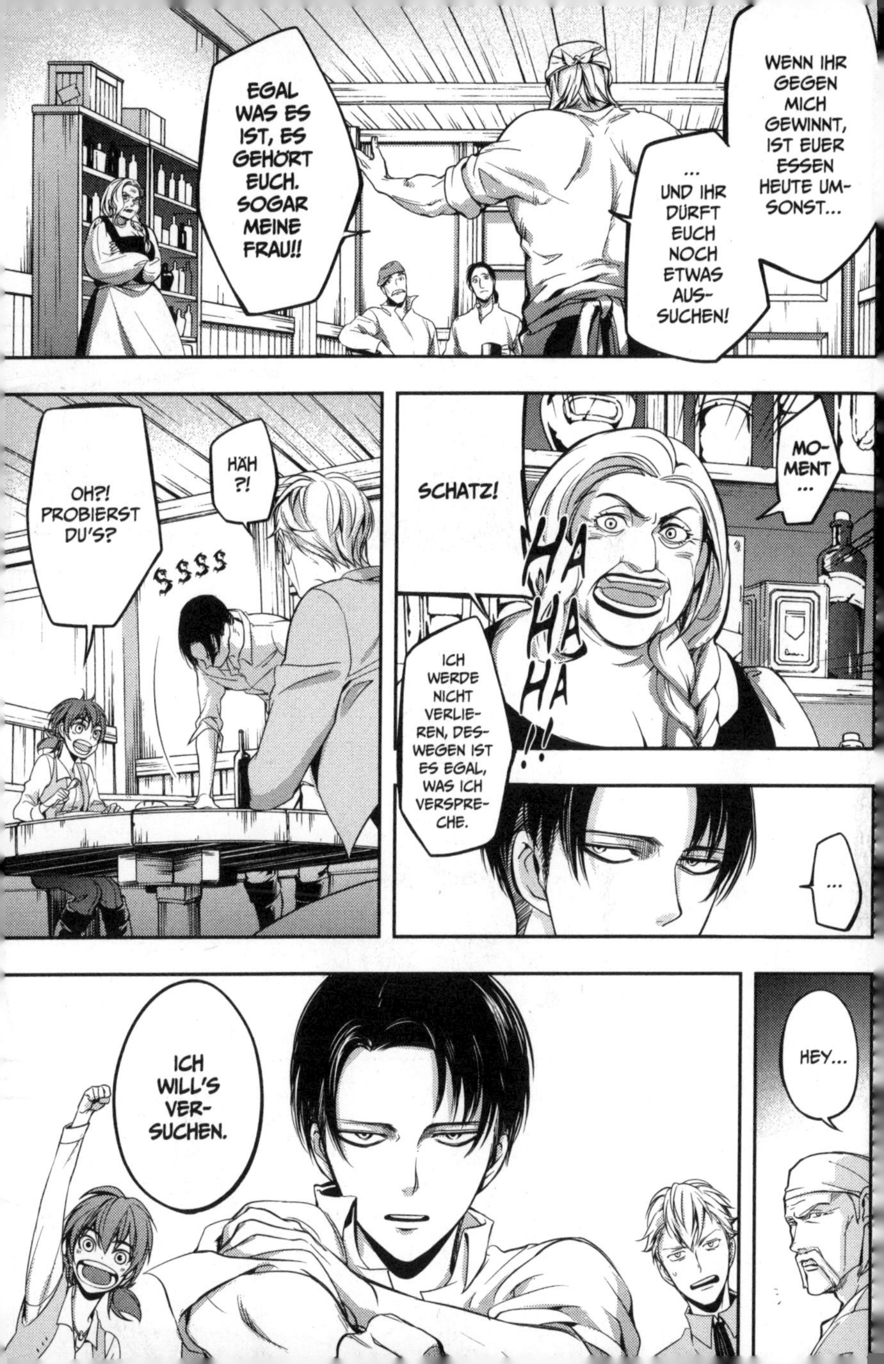
WENN IHR GEGEN MICH GEWINNT, IST EUER ESSEN HEUTE UMSONST...
... UND IHR DÜRFT EUCH NOCH ETWAS AUS-SUCHEN!
EGAL WAS ES IST, ES GEHÖRT EUCH. SOGAR MEINE FRAU!!
MO-MENT ...
SCHATZ!
HAHAHAHA!!
ICH WERDE NICHT VERLIE-REN, DES-WEGEN IST ES EGAL, WAS ICH VERSPRE-CHE.
...
HÄH ?!
OH?! PROBIERST DU'S?
SSSS
HEY...
ICH WILL'S VER-SUCHEN.

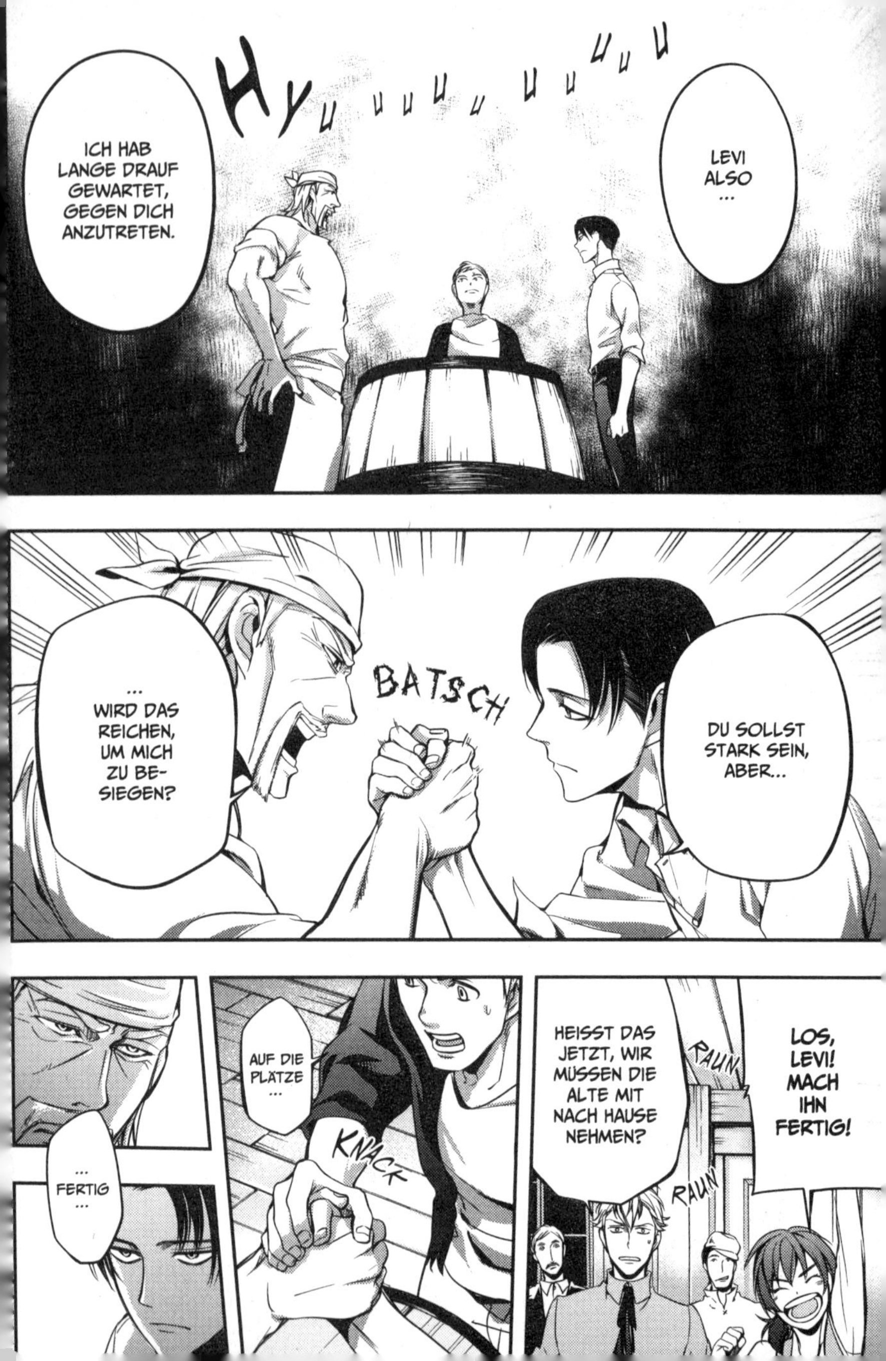
HYUUUUUUUUUUUU
LEVI ALSO ...
ICH HAB LANGE DRAUF GEWARTET, GEGEN DICH ANZUTRETEN.
DU SOLLST STARK SEIN, ABER...
BATSCH
... WIRD DAS REICHEN, UM MICH ZU BE-SIEGEN?
LOS, LEVI! MACH IHN FERTIG!
RAUN
HEISST DAS JETZT, WIR MÜSSEN DIE ALTE MIT NACH HAUSE NEHMEN?
RAUN
AUF DIE PLÄTZE ...
KNACK
... FERTIG ...

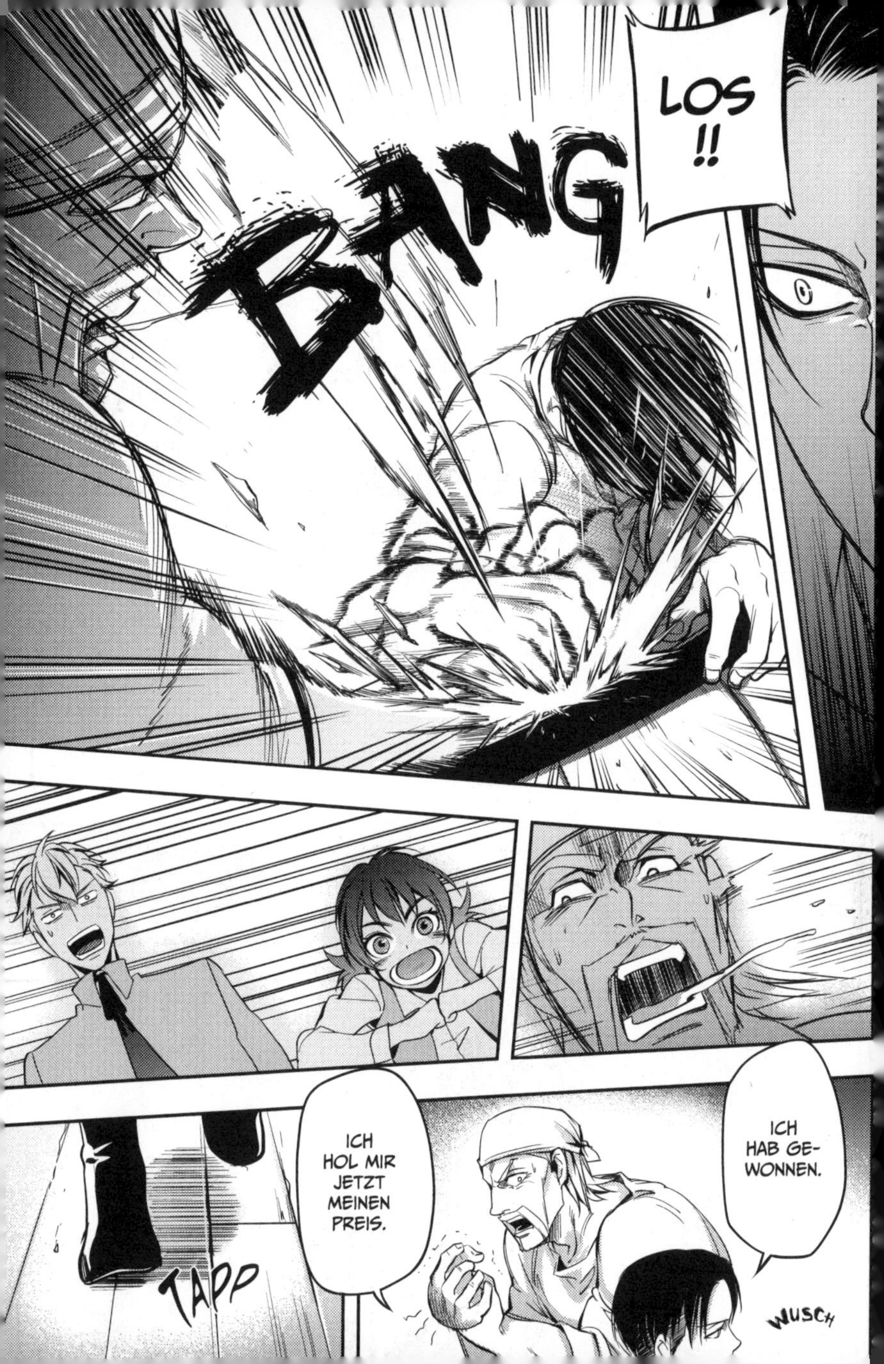
LOS !!
BANG
ICH HAB GE-WONNEN.
ICH HOL MIR JETZT MEINEN PREIS.
WUSCH
TAPP

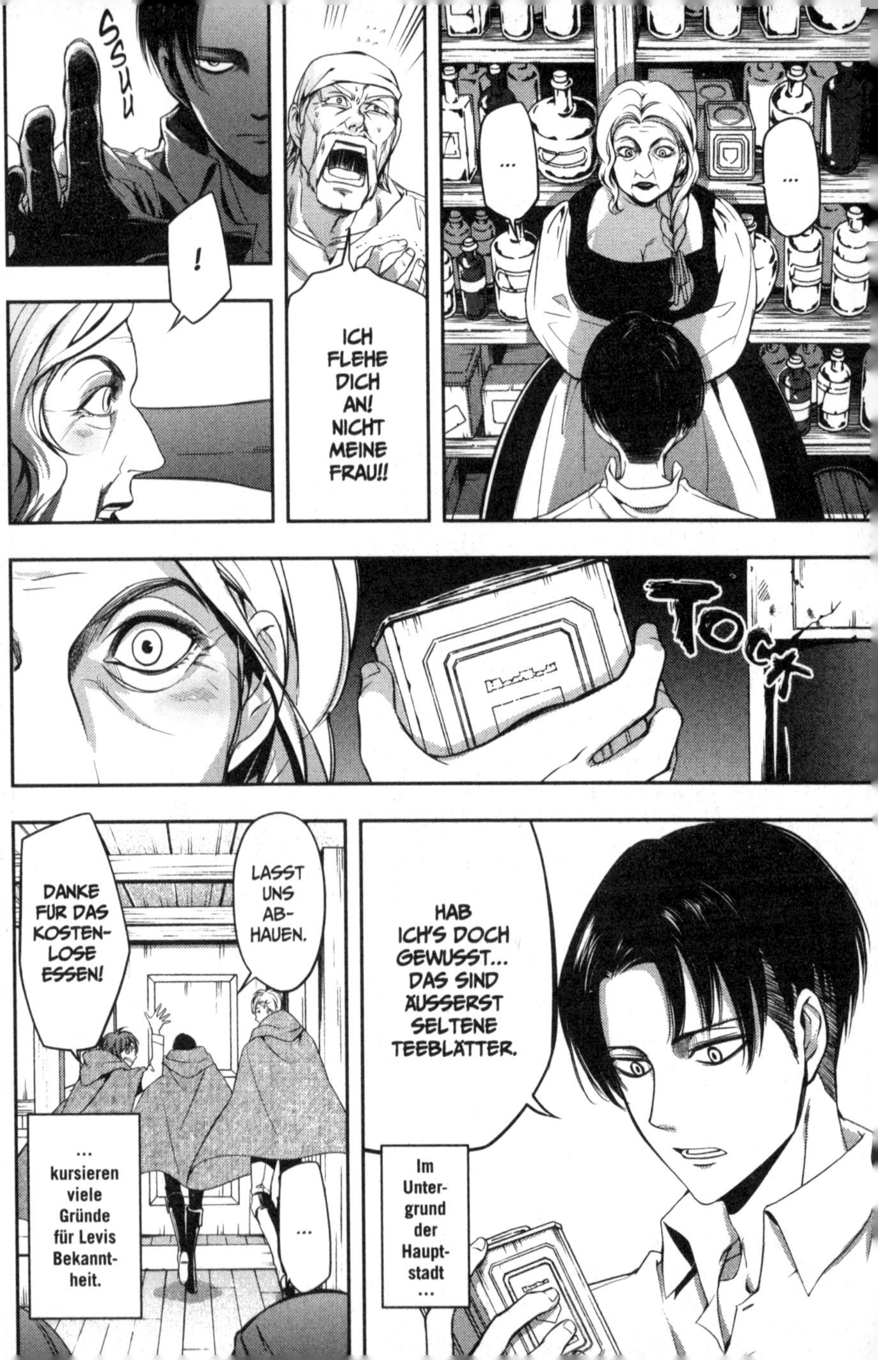
...
...
ICH FLEHE DICH AN! NICHT MEINE FRAU!!
SSUU
!
TOCK
HAB ICH'S DOCH GEWUSST... DAS SIND ÄUSSERST SELTENE TEEBLÄTTER.
Im Untergrund der Hauptstadt ...
LASST UNS AB-HAUEN.
DANKE FÜR DAS KOSTEN-LOSE ESSEN!
...
... kursieren viele Gründe für Levis Bekanntheit.

# Extrakapitel II:
# Levi und das Putzmonster

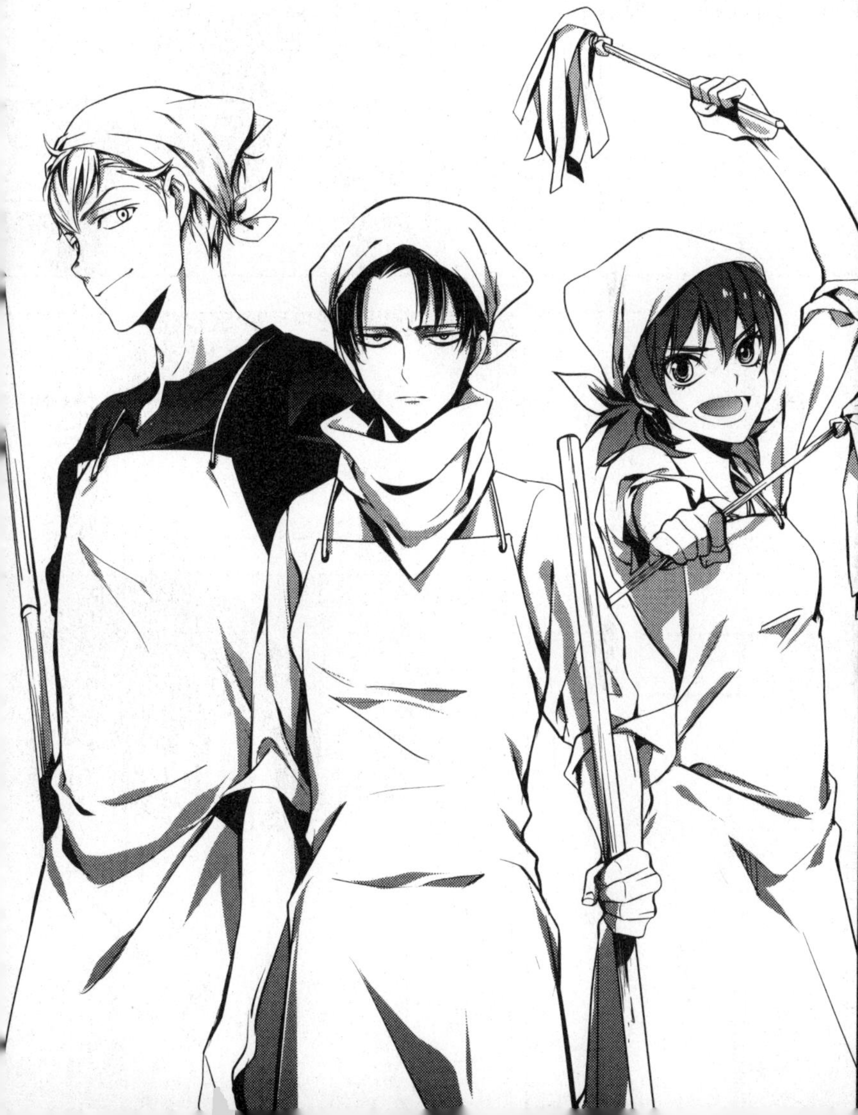

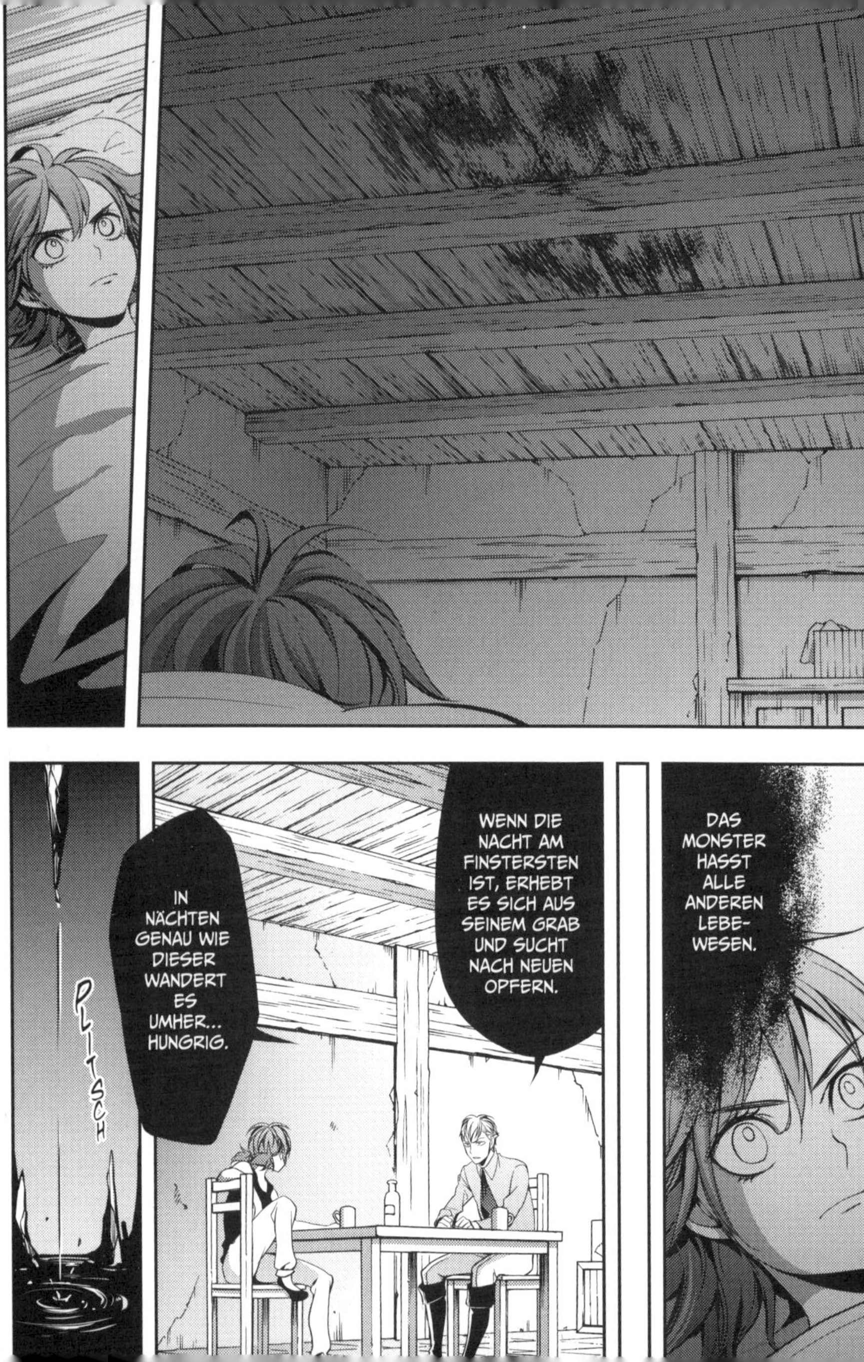

DAS MONSTER HASST ALLE ANDEREN LEBE-WESEN.
WENN DIE NACHT AM FINSTERSTEN IST, ERHEBT ES SICH AUS SEINEM GRAB UND SUCHT NACH NEUEN OPFERN.
IN NÄCHTEN GENAU WIE DIESER WANDERT ES UMHER... HUNGRIG.
PLITSCH

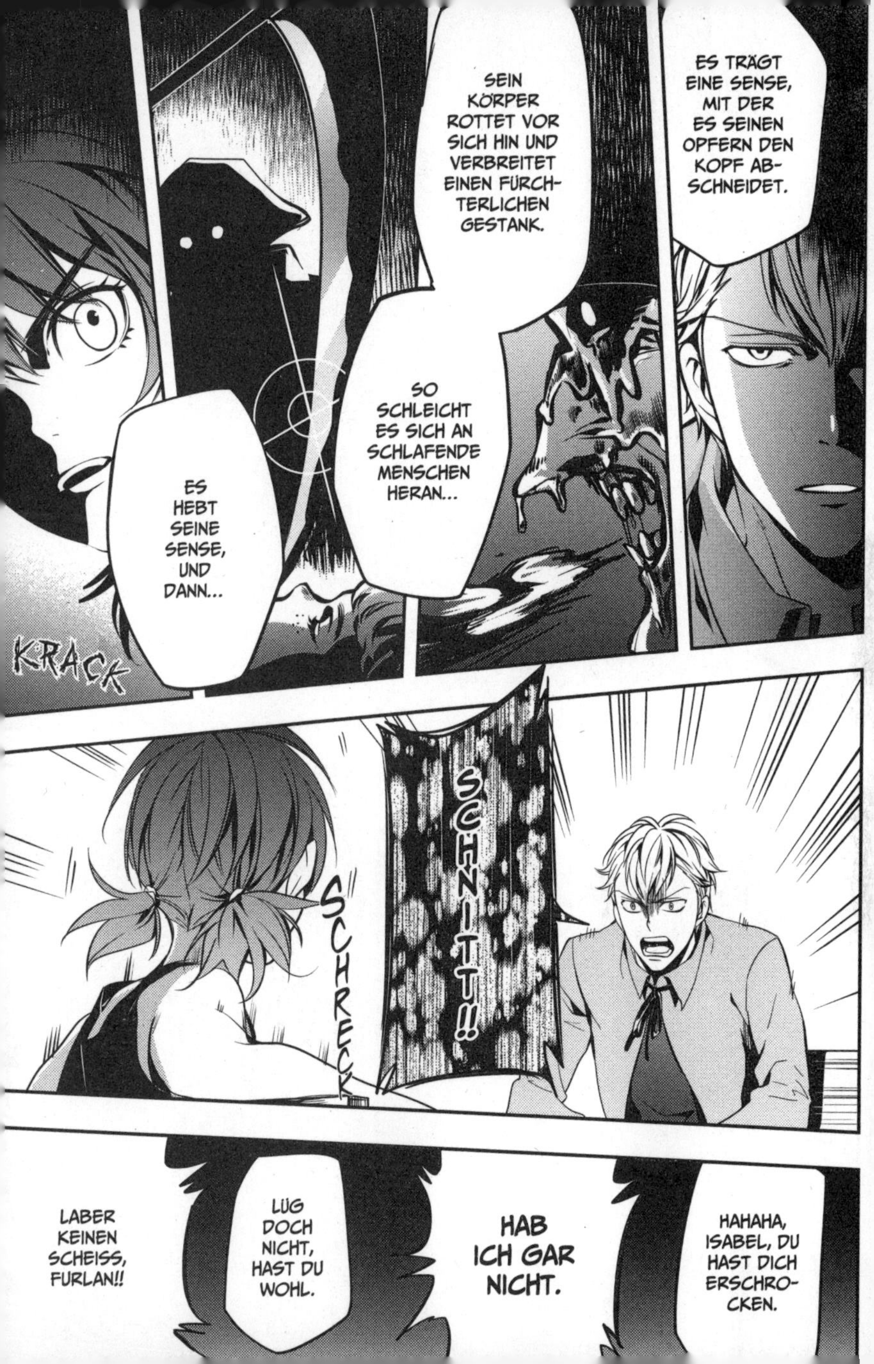
ES TRÄGT EINE SENSE, MIT DER ES SEINEN OPFERN DEN KOPF ABSCHNEIDET.
SEIN KÖRPER ROTTET VOR SICH HIN UND VERBREITET EINEN FÜRCHTERLICHEN GESTANK.
SO SCHLEICHT ES SICH AN SCHLAFENDE MENSCHEN HERAN...
ES HEBT SEINE SENSE, UND DANN...
KRACK
SCHNITT!!
SCHRECK
HAHAHA, ISABEL, DU HAST DICH ERSCHROCKEN.
HAB ICH GAR NICHT.
LÜG DOCH NICHT, HAST DU WOHL.
LABER KEINEN SCHEISS, FURLAN!!

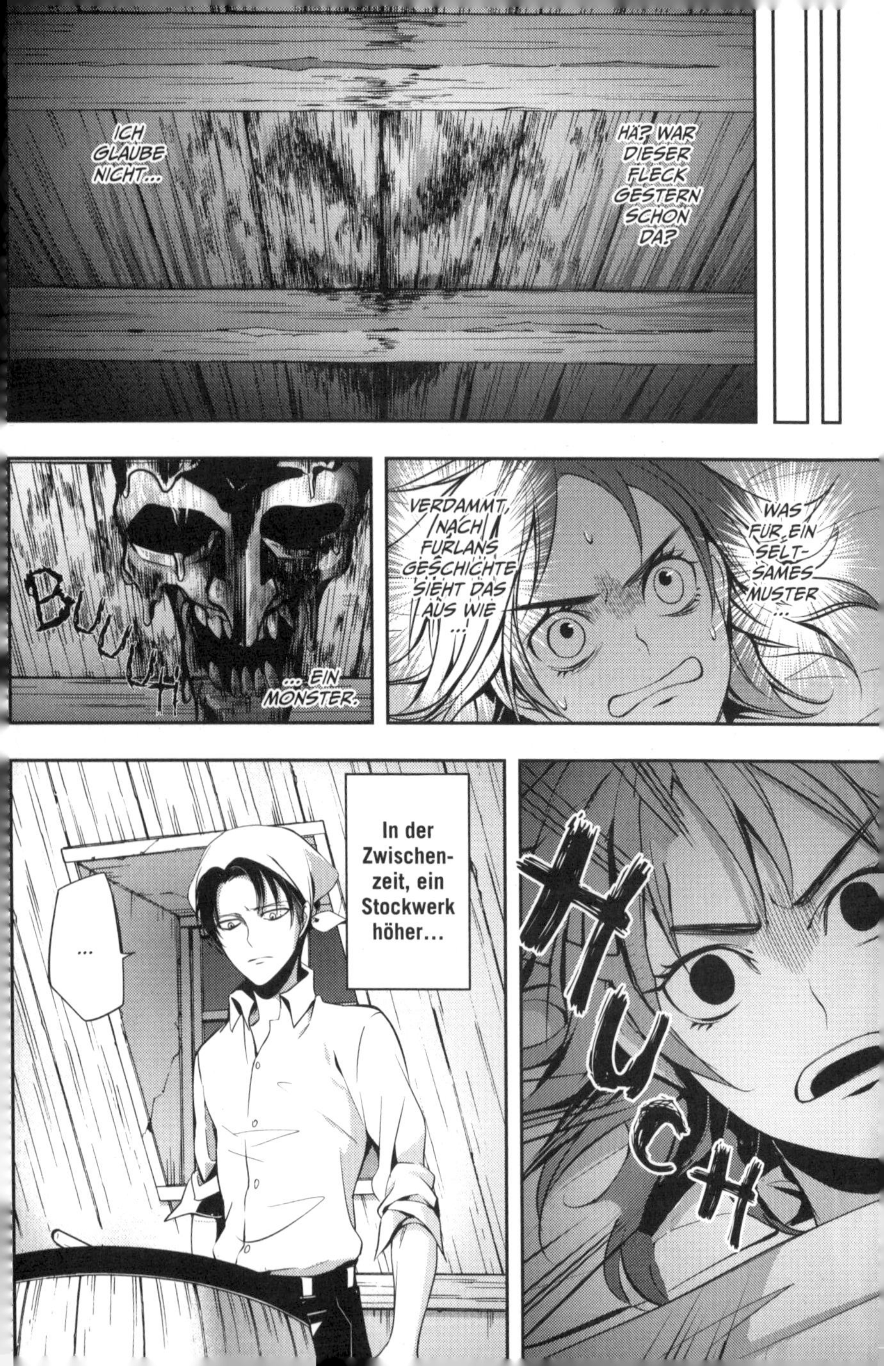
HÄ? WAR DIESER FLECK GESTERN SCHON DA?
ICH GLAUBE NICHT...
WAS FÜR EIN SELT-SAMES MUSTER ...
VERDAMMT, NACH FURLANS GESCHICHTE SIEHT DAS AUS WIE ...
... EIN MONSTER.
BUUUH!
HUCH
In der Zwischen-zeit, ein Stockwerk höher...
...

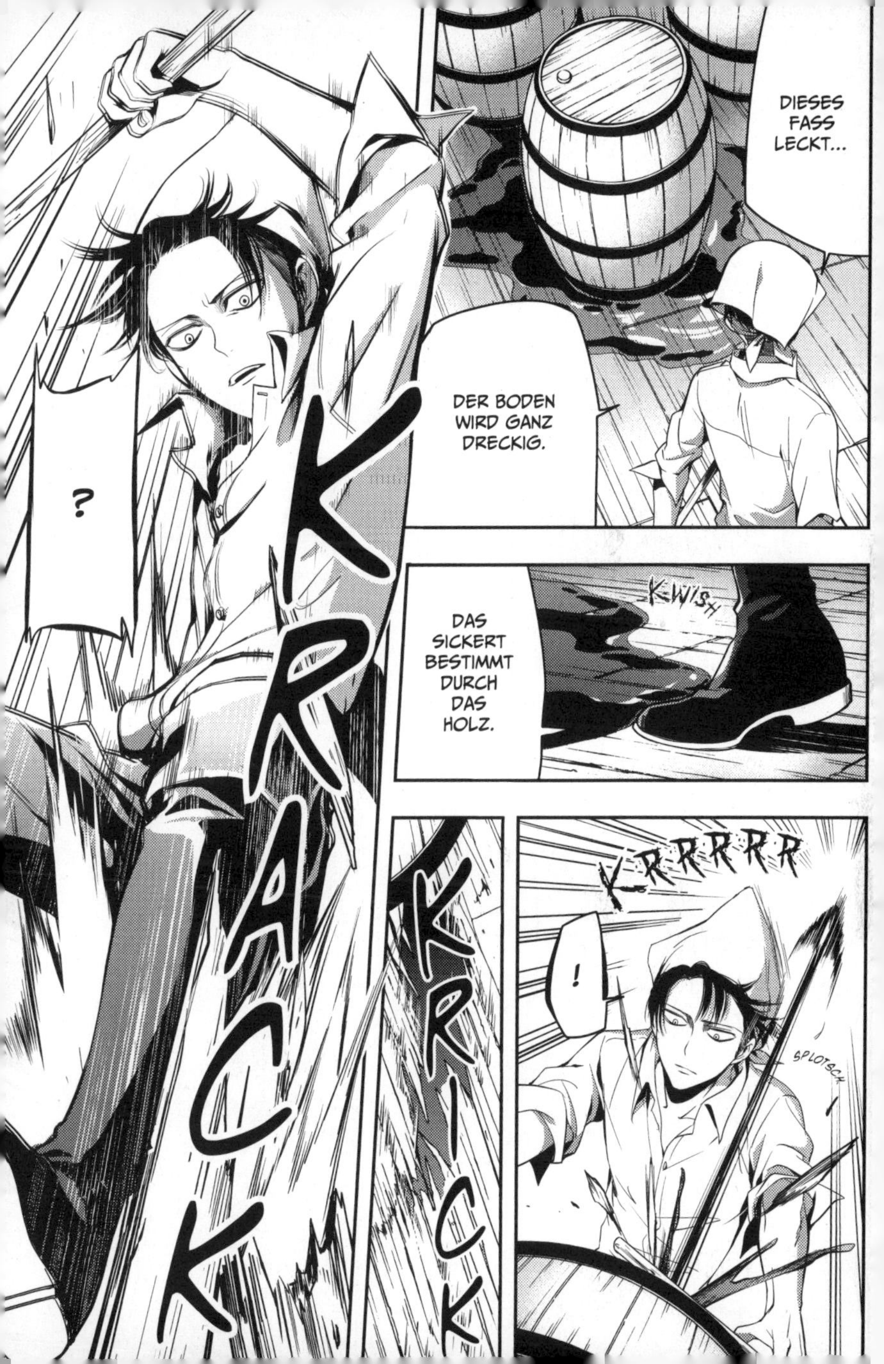
DIESES FASS LECKT...
DER BODEN WIRD GANZ DRECKIG.
KWISH
DAS SICKERT BESTIMMT DURCH DAS HOLZ.
KRRRRRR
!
SPLOTSCH
KRICK
KRACK
?

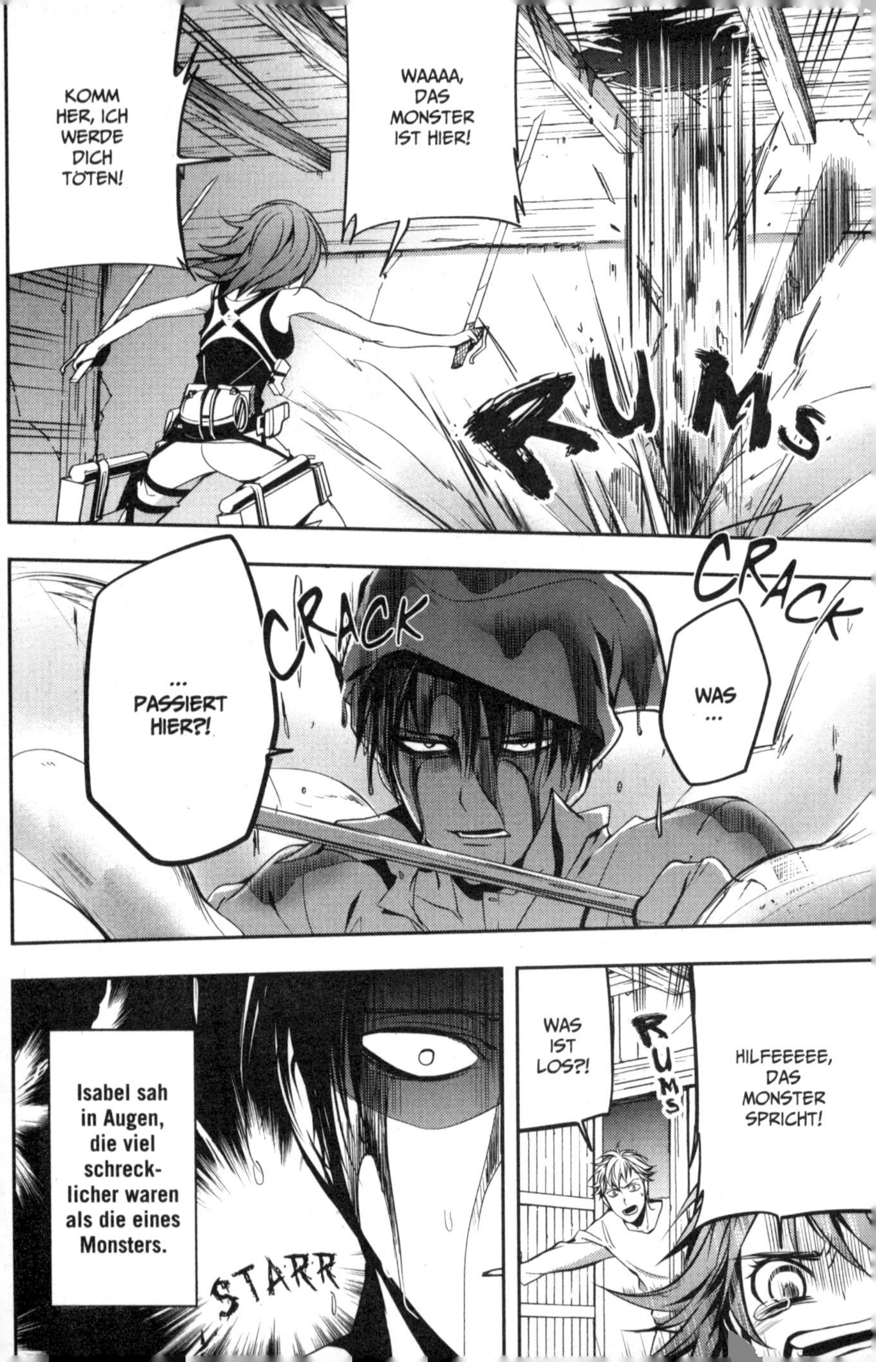
WAAAA, DAS MONSTER IST HIER!
KOMM HER, ICH WERDE DICH TÖTEN!
RUMS
CRACK
CRACK
WAS ...
... PASSIERT HIER?!
HILFEEEEE, DAS MONSTER SPRICHT!
RUMS
WAS IST LOS?!
Isabel sah in Augen, die viel schreck-licher waren als die eines Monsters.
STARR

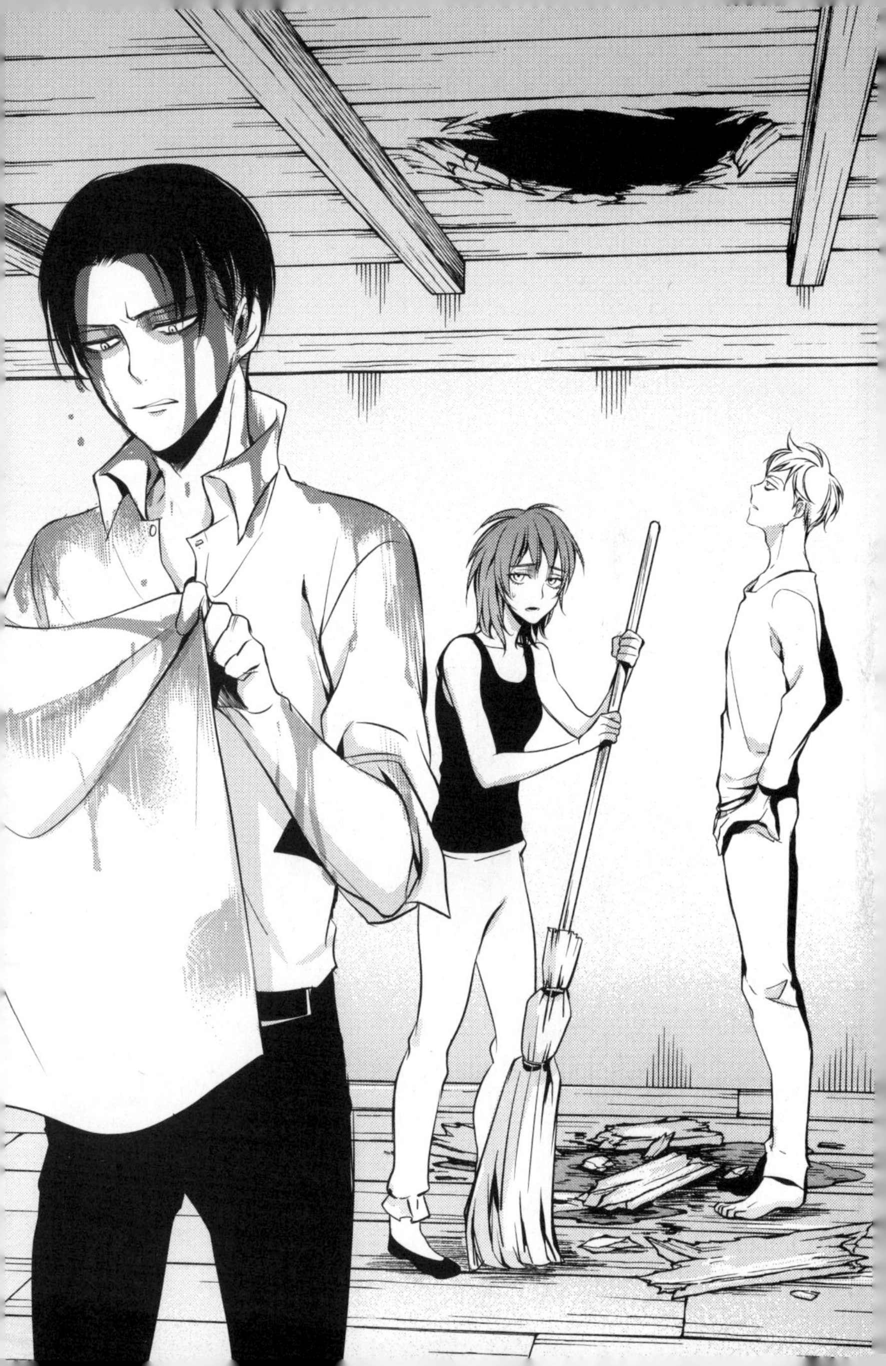

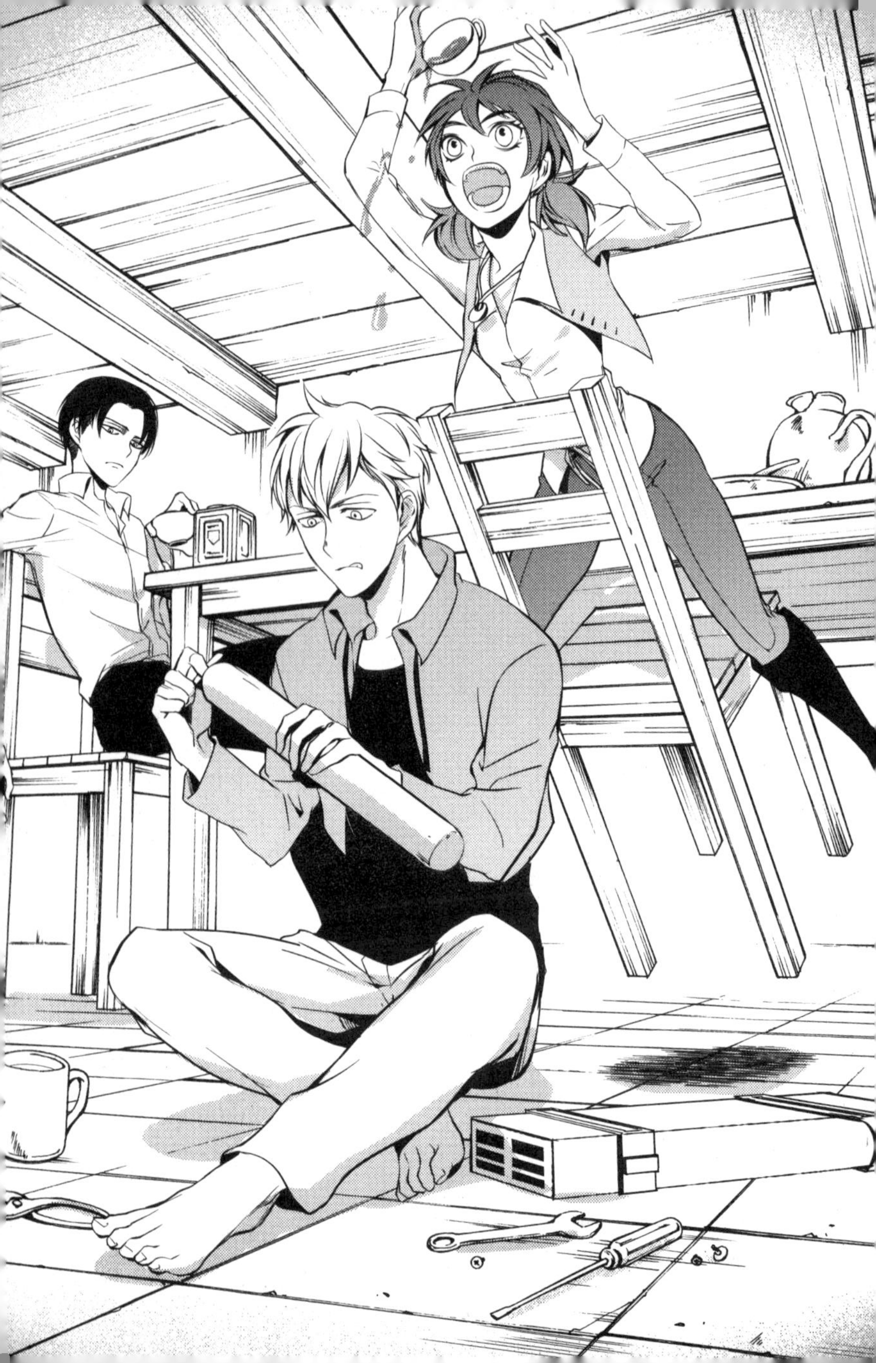

# CHARACTER SKETCH

## Fragon

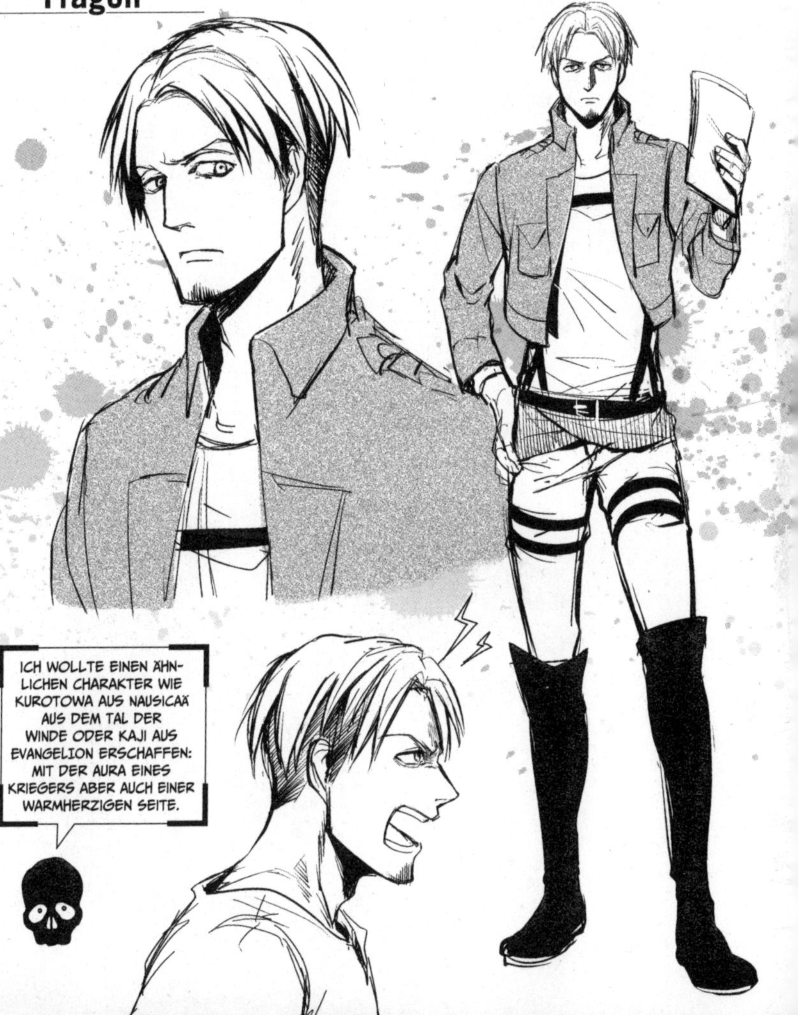

ICH HATTE IHN URSPRÜNGLICH MIT BRILLE GEZEICHNET. ER SOLLTE DAMIT ERNSTHAFT UND VOLLER TATENDRANG AUSSEHEN. STATTDESSEN SAH ER AUS WIE EIN SCHÜLER DER SICH ALS SCHULSPRECHER BEWIRBT. SCHLIESSICH ENTFERNTE ICH DIE BRILLE WIEDER.

## Sayram

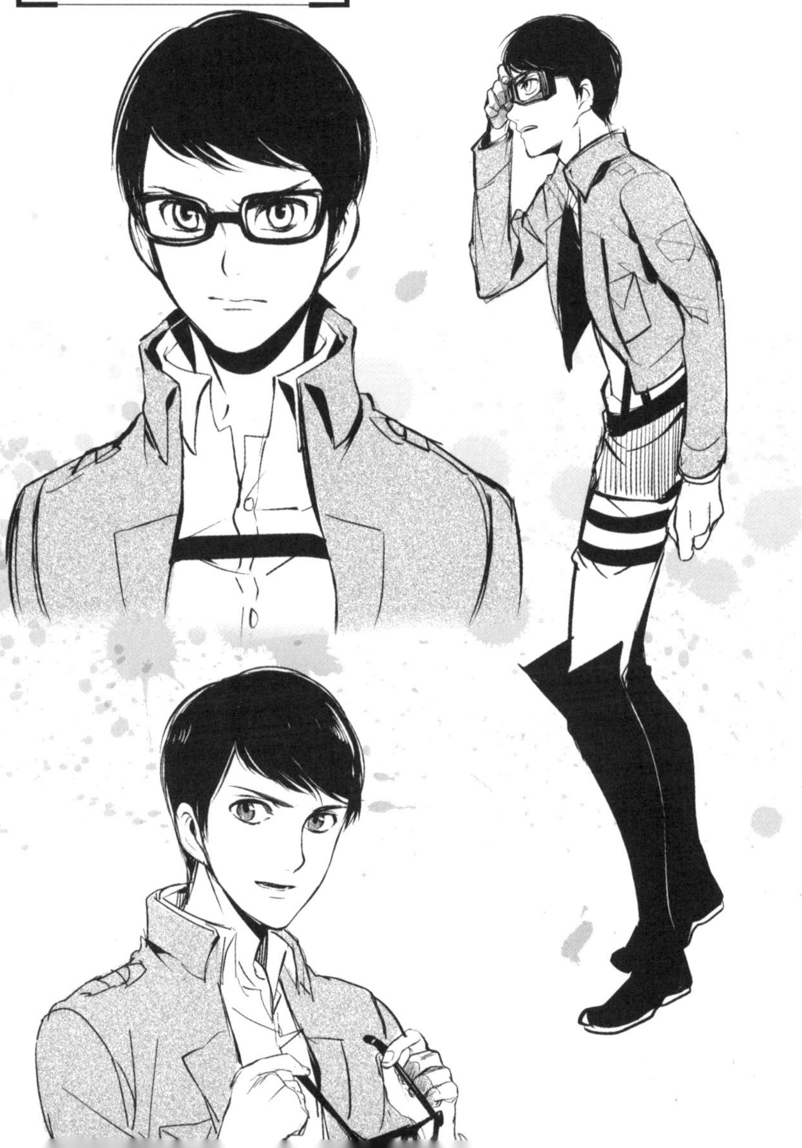

ATTACK ON TITAN
NO REGRETS

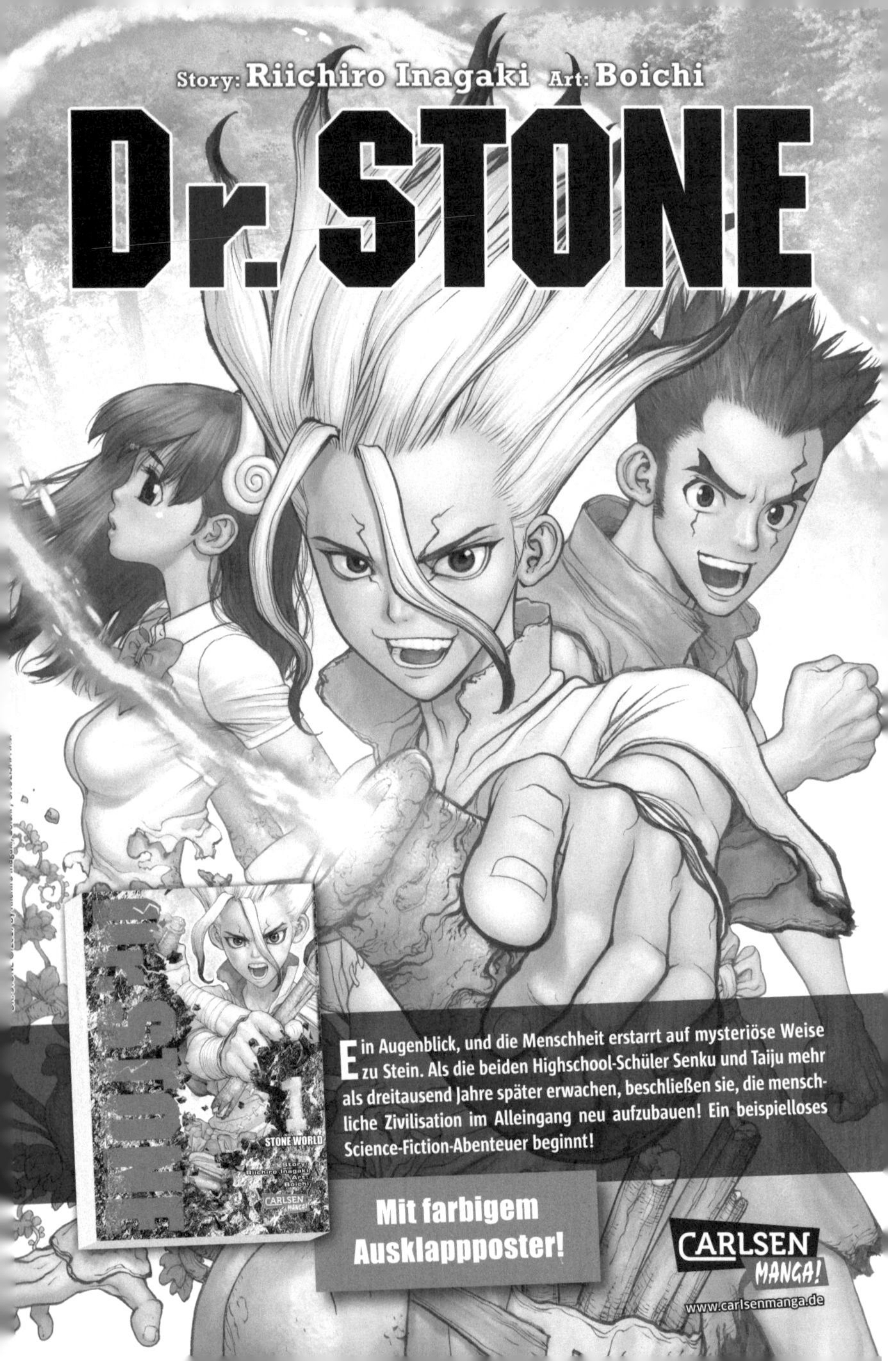
Story: Riichiro Inagaki Art: Boichi
Dr. STONE
STONE WORLD
Ein Augenblick, und die Menschheit erstarrt auf mysteriöse Weise zu Stein. Als die beiden Highschool-Schüler Senku und Taiju mehr als dreitausend Jahre später erwachen, beschließen sie, die menschliche Zivilisation im Alleingang neu aufzubauen! Ein beispielloses Science-Fiction-Abenteuer beginnt!
Mit farbigem Ausklappposter!
CARLSEN MANGA!
www.carlsenmanga.de